阅

阅读成就思想……

Read to Achieve

MARTIN PRING'S INTRODUCTION TO TECHNICAL ANALYSIS

2ND EDITION

马丁·普林格技术分析法

（第2版）

【美】马丁·普林格（Martin Pring）◎著
汪涛　郭宁　谢文武◎译

中国人民大学出版社
·北京·

图书在版编目（CIP）数据

马丁·普林格技术分析法 : 第2版 / （美）马丁·普林格（Martin Pring）著 ; 汪涛，郭宁，谢文武译. -- 北京 : 中国人民大学出版社，2020.5

书名原文：Martin Pring's Introduction to Technical Analysis (Second edition)

ISBN 978-7-300-28016-5

Ⅰ. ①马… Ⅱ. ①马… ②汪… ③郭… ④谢… Ⅲ. ①投资分析 Ⅳ. ①F830.593

中国版本图书馆CIP数据核字(2020)第058005号

马丁·普林格技术分析法（第2版）

[美] 马丁·普林格（Martin Pring） 著

汪 涛 郭 宁 谢文武 译

Mading · Pulinge Jishu Fenxifa (Di 2 Ban)

出版发行	中国人民大学出版社		
社　址	北京中关村大街 31 号	**邮政编码**	100080
电　话	010-62511242（总编室）		010-62511770（质管部）
	010-82501766（邮购部）		010-62514148（门市部）
	010-62515195（发行公司）		010-62515275（盗版举报）
网　址	http://www.crup.com.cn		
经　销	新华书店		
印　刷	天津中印联印务有限公司		
规　格	170mm×230mm　16 开本	**版　次**	2020 年 5 月第 1 版
印　张	18.25　插页 1	**印　次**	2020 年 5 月第 1 次印刷
字　数	290 000	**定　价**	79.00 元

Preface

前言

这本书是为那些没有股票技术分析基础，但又希望能够快速了解并掌握该领域相关知识的人所写的。对于已经掌握股票相关技术分析知识的人来说，阅读这本书，也会为他们带来不一样的分析视角。

我一直都认为技术分析是一门艺术。在相对早期的阶段，用科学推导出来的指标确认趋势反转，并参与这个趋势，直到有**足够分量的证据**表明现有的趋势再次发生逆转。足够分量的证据指的就是本书将要讨论的众多技术指标。一个普通的交易员或者投资者可以同时使用的技术指标实在是太多了。我的工作就是向你们详细地描述这些指标的优点和弱点。而你的工作就是根据自己的喜好选择最适合自己的分析指标。因此，一旦你做出选择，要以最有分量的方法使用这些指标。你可以根据自己的偏好，重点选择四五个你最有信心的指标。指标选择太多会让你们感到困惑，指标选择太少又不能为你的投资决策提供有力的证据。请记住：你是用自己的钱在投资，不是我的钱，你要对自己的钱负责！如果你对自己所使用的方法都没有信心，那就很容易在错误的时刻做出错误的判断和选择。

技术分析研究的是概率问题

技术分析永远不会给出绝对的意见，它研究的都是概率问题。如果你觉得某个技术分析方法将会带来短期的经济利润，最好综合考虑一下，因为你信赖的这个方法，包括其他我曾追随的方法，都不是那么容易实现短期盈利的目标的。我经常将技术分析与宗教信仰看成类似的活动。宗教信仰的目的是为了探寻真相，如果你愿意，你会探究生活的意义是什么，以及如何让自己达到一种思想完全自由、放松的境界。在技术分析领域，这一目标就是追逐利润。人们追求宗教信仰的方式方法是多种多样的，与此类似，对交易员和投资者来说，选择适合自己的技术分析法，并以此获得盈利的方式方法也是多种多样的。你会注意到我用的是盈利，因为这个词语包含了成功投资的所有意义。它讲究的是循序渐进，而不是追求一夜暴富。不要忘记，作为交易者，你想要通过市场赚钱，就是在跟专业人士打仗。你是否曾经梦想过自己不经过广泛系统的练习和培训，就可以打败专业的高尔夫选手？当然不可能！你怎么能幻想自己没有经过系统而广泛的准备，就可以战胜市场上的专业人士呢？这里我是特指投资交易，在长期的牛市行情里，买入并持有的交易策略适用于每一个人，这个交易策略是双赢的，会让每个投资者赚钱。

心理因素驱动价格变化

驱使价格变化的背后动力是心理因素，这是一件非常重要的事情。要相信，经济周期和货币要素对行情的发展非常重要，但市场参与者对各类市场工具和市场基本面的态度比这些基本面要素本身更重要。这就意味着**技术分析研究的是市场行为而不是市场交易的商品本身**。本书的目标是为了更好地帮助你理解市场行为意味着什么，以及你如何运用自己的专业知识预测价格的趋势。幸运的是，决定价格运行的态度是有趋势方向的，一旦新的趋势方向确立，它就会一直运行下去。当你研究图形的时候，你就会明白其中的含义。如果试图从市场参与者的情绪视角来解读和预测价格趋势，你只要你支持科学的原则，就会提前知晓趋势运行的方向。

重要的技术分析原则：始终用常识来解读，简单化处理这一切！

由于技术分析法包括心理学的知识，我们同样会探讨人性。就技术分析的角度来看，有一点还是非常幸运的，那就是人性或多或少保持不变。无论我们分析的是19世纪投资者的行为还是20世纪投资者的行为，无论我们分析的是芝加哥的铜期货交易者还是上海的日交易者或者孟买的外汇交易者，人性基本不变。因此，图形和指标解读的所有原则方针适用于任何国家、任何时间和任何年龄段的人！这就意味着即使你是日间交易者，你用来分析月数据图形与分析小时数据图形的方法是完全一样的。它们之间唯一的差别就在于月数据形成的趋势要比小时数据形成的趋势更长。同理，长期投资者在解读短期小时数据时，方法类似。所以，不管你是日间交易者，还是区间交易者（三四天的交易周期），甚至更长时间周期的交易者，请记住这些分析解读原则，并将它们运用到你特定的时间周期分析框架里。人们经常问我是否可以写一本关于外汇市场交易的书，或者推荐一本这方面的书。我总是说，外汇市场交易并不需要什么特别的分析原则，因为我们研究的是人的行为，不管交易的品种是什么，人性是不会改变的。当然，它们之间确实存在一些差别，比如，银行间外汇交易规模的数据就从来没有公布过。不管怎么样，从指标的角度来分析，在一个市场上适用的卖出信号，在另外的市场上自然也适用。

因此，投资领域的技术分析法是思想的反馈，这个思想就是价格会沿着趋势前行，而这些趋势是由面临各种经济、货币、政治和心理压力影响的投资者的态度决定的。

人们总是在犯相同的错误，在这图形上一目了然

人性总是保持不变的，对相同的情形做出的反应都是类似的。通过研究以前市场在转折点时表露出来的人性，我们可以总结出一些规律，帮助我们更好地确认市场的顶部和底部。技术分析建立在以下的假设基础上，即在面临相同的情况时，人们总是在重复过去的错误。人的情感是极其复杂的，从来不会做出与过去完全一致的反应。市场是所有参与者集体行为的反应，虽然不能完全复制过去的行为，但其相似程度非常高，这对技术分析来说已经足够了。因为没有任何单一的指标可以精确地找到市场顶部或底部，所以技术分析师开发出了一系列的研究工具，帮助人们确认不同的指标给出的信息。

市场是一套折现机制

所有的价格行为都有一个共同的特征：它们都是对市场参与者的希望、恐惧、

专业、乐观和贪婪行为趋势的反馈。这些情绪的总和反映在价格上，就好比传奇分析师加菲尔德·德鲁（Garfield Drew）所说的那样："股票并没有任何价值，人们认为它有多少价值，它就有多少价值。"当然，他的观察结论适用于任何可以自由交易的证券。

其中的含义就是投资者都是往前看的，他们买入证券是期待未来有预期的利好消息或者其他事情发生时，可以在更高的价格上卖出证券。如果未来的发展比预期的要更好或者更坏，那么通过市场机制，投资者或早或晚选择卖出证券主要决定于证券的特定环境。因此，"在利好出来时卖出"适用于利好消息是对的或者弱于市场（或投资者）的预期。如果消息确实是好的，但没有预期的那么好，市场将会快速重估证券的价值，价格（在其他情况都相同时）会下降。如果消息的利好程度超过预期，证券重估升值的概率就大很多。当然，在下跌的市场背景下，相反的情况也完全成立。这一过程能够解释当经济形势最好时权益市场见顶，以及经济形势最差时权益市场见底的悖论。

正如我在前面提示的那样，任何人如果想通过掌握这些分析技术从市场上快速盈利，那他还是不要读这本书了。这本书没有什么隐藏的秘密，也没有什么神奇的公式。努力工作、勤奋学习、耐心、自律、避免贪婪和恐惧是交易和投资取得成功的武器。请记住：并不存在什么神器！事实上，真正（金融）的神器就是要明白世间没有神器！在你之前，很多人已经发现技术分析是一件非常有吸引力的事情。我希望你也有这样的发现。

Contents

目录

第一部分

基础概念

第二部分

趋势指标

第三部分

高级技术分析法

第一部分

基础概念

第 1 章

技术分析的基本要素

一些基本原则

通常情况下，一部精彩的小说作品，在最开始的时候，作者都会通过引人入胜的故事来吸引读者的眼球，让读者有耐心、有兴趣继续读下去。然而，我们要阅读的这本书却不是小说。我们将会从一些看上去枯燥无味的材料入手，随着阅读的深入，读者才能慢慢感觉到生动有趣。从一些基本概念出发，虽然无趣，但却很有必要。请牢记：这个方法并不是那么完美，它可能会时不时地让你感到无用。正如我在前言里面所说的那样，技术分析处理的就是一个概率问题。这意味着，即使你有95% 的概率会成功，也仍然有 5% 的概率会失败，所以事情很可能并不是像我们期待的那样发展。

1. 只有当你带着足够的耐心和纪律性要求自己公正客观地运用这些基本原则，技术分析才会按照你的意愿发挥其作用。之所以要特别强调公正客观，是因为想要在金融市场上收获成功，学会控制自己的情绪是至关重要的一环。
2. 并不存在永远正确的系统。你可能会在电视上看到很多这样的广告，就是向你承诺相信它们就可以获得持续、方便和快速的致富途径。我可以向你保证，这绝对是骗人的。不妨想一想，如果这些广告商发现了这一稳赚不赔的终极系统，它们一定会悄悄地在市场上利用这一系统闷声发大财，才不会浪费时间和金钱向我们兜售这一系统和方法。
3. 对普通的投资者来说，借助电脑和程式化交易的帮助，贯彻或实施一些复杂的交易系统和交易方法变得非常简单。我个人的感觉是很多人宁愿用复杂的系统去替代认真的思索，这种做法其实并不对。最好的办法是让事情尽可能简单可行，充分发挥常识在交易中的作用。
4. 在本书中，我们所说的证券的范围很广，包括股票、债券、商品、货币以及其他可以自由交易的任何实物。这一界定可以帮助我们很好地展开讨论。同时，有必要再次强调一遍：技术分析的基本原则适用于所有自由交易的市场环境。

什么是技术分析

为了更好地了解什么是技术分析，我们准备从一个更高的视角加以描述。从某种意义上来讲，技术这个词其实很容易引起误解，因为我们关注的是图表展示出来的、各种各样的股票价格走势。其核心思想是，通过价格自身波动的形态，更好地了解和掌握交易双方的内在心理活动是如何变化的。如果能通过这些价格图形的走势，探究交易双方脑海里的真实想法，我们就可以很好地把握他们接下来会对市场走势有什么样的判断，以及可能采取的行动。这样就可以克服我们内心的恐惧，而不会摇摆不定。事实上，控制我们内在的交易情绪与解读股票价格走势图形具有同样重要的意义。我会时不时地强调那些我脑海中印象深刻的原则，因为我希望你们也能牢记这些原则。这些原则都会用特殊的格式标注出来。

重要的技术分析原则：任何时候，某一特定证券的市场价格都会受到证券持有人以及准备购买这一证券的投资者的知识、希望、担忧和预期的影响。

如果我有足够多的现金，而且我还可以像众多的证券购买者那样影响证券的价格，那我肯定会想尽办法让买入的价格尽可能地低。投资者对证券的态度至关重要。正如我在前言中所说的那样，了解市场参与者是如何预测市场走势并在当前采取行动的过程是非常重要的。

如果你现在正在铁轨上行走，并看到迎面正驶来一辆火车，你会等到火车开到你跟前才跳离铁轨吗？你不会这么做的！当你发现火车将会碾压你时，你会立刻从铁轨上下来。市场上的投资者同样也会做出类似的反应。两者之间的差异就在于，市场上所有的参与者并不是在同一时间获得消息的。比如，一名机构投资者可能会从分析师那里获得消息，然后立刻采取相应的行动。而市场中的个人投资者，可能要等上几天，有些甚至是几个星期，才能从财经媒体或者关注的博客上获得这一消息或者市场走势分析。根据这一消息，两者所采取的行动都是一样的，所以并不能说机构投资者就一定比个人投资者聪明。他们的区别就在于机构投资者要比个人投资者早获知相关消息。有时候，视角不同，对相同的消息或者市场走势分析会有不同的判断，进而采取不同的行动。比如，你是一名投资者，你预测即将公布的负面消息将会让市场陷入短期调整中，但由于当前的市场正处于牛市行情中，所以你可能也不会采取任何行动；相反，如果你是一名高杠杆短期投机者，在这种情形下，明明短期市场将会面临调整，而你却不卖出，这样做就显得特别愚蠢。因为你很可能亏掉所有的利润，甚至连本金都无法保住。因此，即使是同一个消息，对不同人群的影响也是不一样的。所有市场参与者以及潜在参与者的态度总和都反映在一件事情上，而且还是唯一的一件事情上，那就是证券的价格。这一贴现机制决定着：当市场面临负面消息时，市场就会下降；当市场面临正面消息时，市场就会上涨。市场情绪的波动都会反映在市场指数涨跌上，市场上的价格水平已经反映了所有参与者对今天各种头条信息的态度，并且会影响参与者对明天市场价格走势的预测。

这看上去很不错，但其实没有什么作用，**除非价格处于趋势中，而且趋势一旦形成，就不会轻易改变**。因此，技术分析的艺术就在于，在趋势形成的早期阶段就试图确定趋势已经发生改变，并且按照这一趋势进行投资操作，直到有足够明显的证据表明，趋势即将发生新的逆转。就技术分析而言，趋势发生改变的“证据”体现在各种各样的指标体系和交易原则上，本书将会详细介绍这些指标和原则，它们包括价格形态、趋势线、移动平均线、量能等。

从技术分析定义中延伸出来的一个基本原则就是，一旦新的趋势出现，市场将会沿着这一趋势前行，除非有足够的证据表明这一趋势将会发生逆转。换句话说，技术分析认为市场将会沿着既定趋势发展，除非有信号显示趋势发生了改变。技术分析不能帮你准确地预测真实的顶部或底部是多少，它仅仅能够帮助我们找到顶部区域或底部区域在什么位置。

因为趋势总是会延续，所以在大多数情况下，我们都有可能做得很成功。然而，我们最好还是牢记这一点：与其他艺术形式类似，即便技术分析被准确地解读出来，它也远远谈不上完美。它可以帮助我们确认市场趋势的方向，但到目前为止，并没有什么良策让我们可以持续稳定地预测趋势的大小，或者说，趋势将会运行多久。

时间框架

技术分析的原则适用于任何时间框架，从分钟线到周线和月线。对这些柱线的解读都是一样的，唯一的不同就在于，分析的时间周期越长，买方和卖方之间的战斗规模就越大。这意味着，日交易图形的解读与月交易图形的解读是完全相同的。不过，由于月交易图形的时间框架要长很多，所以对这一事件的解读，内涵自然要丰富得多。以小时为周期的图形会体现在当日交易中，或者说是日交易图形的重要组成部分，就好比以月为周期的图形会体现在 5 个月或者 10 个月的图形中，以此类推。当我们对此进行分析时，你会发现，由于时间框架不同，会呈现出各种各样的案例情形。

> **重要的技术分析原则：**从技术图形解读的角度来说，时间周期并不重要，真正重要的是图形的特征。

比如，如果你是一位长线投资者，当你发现以 10 分钟为周期的图形发生了趋势转变，你肯定不会采取任何行动，因为你不会在意这么短的周期给出的交易信号。不过，当同样的信号发生在以周或者以月为周期的图形上，你可能会很重视，并将以 10 分钟为周期的图形走势经验，运用到这些长周期图形走势的分析判断上。

画图的各种方法

经过这么多年的发展，技术分析人员已经设计出许多方法，用各种各样的图形来描绘市场交易数据。接下来的内容，我们将对一些重要的图形加以介绍。

柱状图

大多数柱状图的画法都是用纵轴，也就是 y 轴表示价格；用横轴，也就是 x 轴表示时间。毫无疑问，柱状图是运用最广泛的一类图形，证券的价格都是用垂直柱状线来表示的，详见图 1–1。在横轴上的每个点，柱状图都会有对应的标记，其高度代表着那个时间点的交易价格波动范围。最高点代表着交易的最高价格，最低点代表着交易的最低价格。左边的标记表示开盘价，右边的标记表示收盘价或者结算价。柱状图同样可以反映出不同的时间周期。如果是以周为时间单位，那么柱状图相应的数据对应的就是周一开盘价、周五收盘价、本周最高价和本周最低价。如果柱状图是以日为时间单位，那么柱状图的各个标记反映的就是当天的开盘价、收盘价、最高价和最低价。柱状图的优势就在于，简单的一个图能够反映出很多有价值的信息。最重要的信息就是开盘价和收盘价。开盘价的价值体现在，它反映的是市场参与者在准备交易时的各种心理活动。收盘价的价值体现在，它展示的是交易者和投资者愿意持股过夜的心理状态。这一规律并不适合日间交易，因为日间交易是连续进行的，当市场收市时，投资者无须被迫做出决定。即便如此，收盘价对这类交易活动也有比较重要的参考价值。在第 8 章里，我们将会重点分析单一柱状图的特征，也通常会为期货市场交易提供有意义的信息。

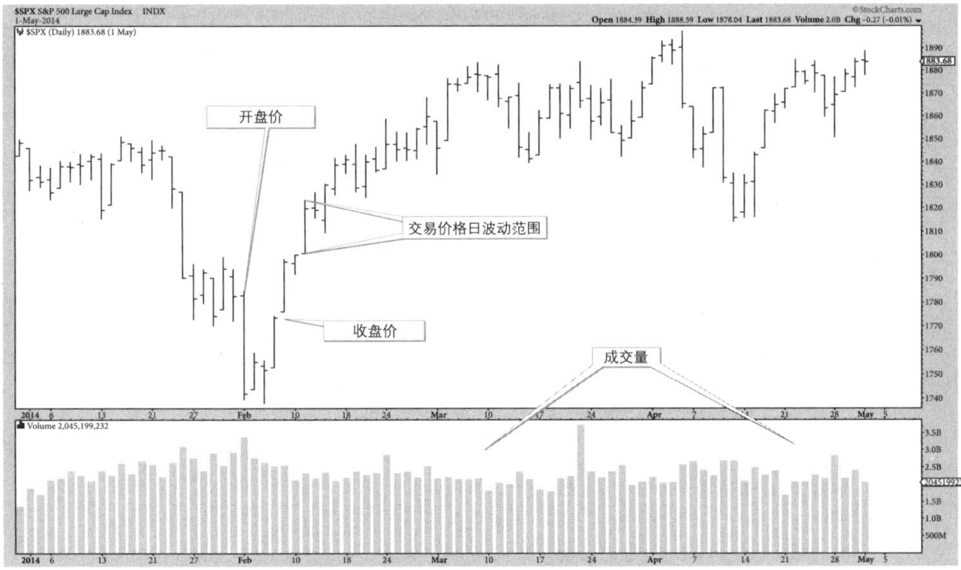

图 1–1　柱状图（标准普尔综合指数）

在绝大多数价格图形中，你会发现窗口的下面都有很多垂直柱体，这些柱体衡量的是对应时间段的交易量。技术分析里用到的大多数指标和技术其实都是对价格的另类统计，所以时刻关注成交量的变化就显得尤为重要，因为这是与价格完全不同的另外一个变量。遗憾的是，在大多数时候，成交量都没有引起我们的重视，当我们需要关注成交量时，成交量这个指标就变得格外重要了。

连线图

在连线图或者只有收盘价构成的图形里（见图 1–2），开盘价、最高价和最低价都被自动过滤，图形只记录收盘价。把每一个交易日的收盘价连在一起，就画出了连线图。尽管连线图不能像柱状图那样提供各种有价值的信息，但是从某种意义上来讲，这类图形更有用。第一，由于不考虑最高价和最低价，所以在交易周期内的随机干扰就少了许多。第二，由于图形看上去简单明了，所以对趋势的判断就变得更加容易，这表明，当趋势即将发生逆转时，也更容易判断。第三，收盘价是非常重要的价格信息，因为它反映的是当日或者当周愿意持股过夜、持股过周末的投资者信息。这些投资者对市场更加关注，更加敏感，也更容易受到市场趋势的影响。当然，这些规律并不适用于日间交易趋势分析，只适合于以日、周和月为交易周期的分析。第四，由于只画一条线，所以与柱状图相比，连线图可以反映更长时间跨度的市场走势，这更有利于我们对市场趋势的判断和分析。

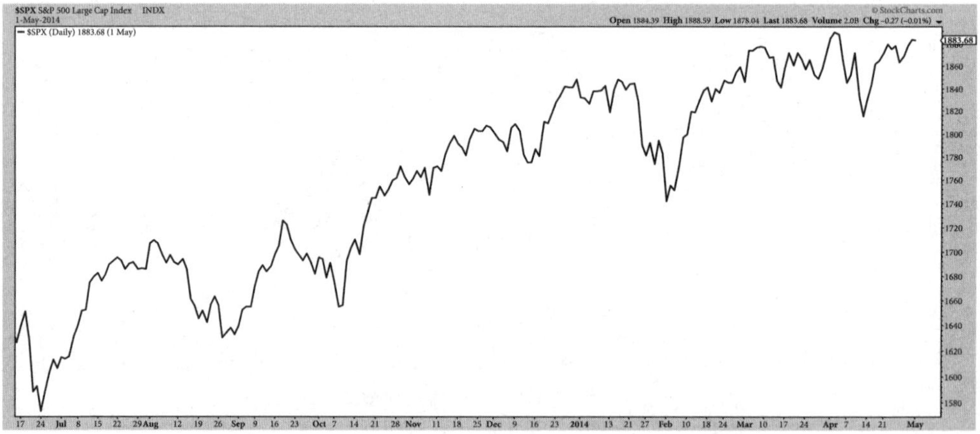

图 1–2 收盘价格图或者连线图（标准普尔综合指数）

点状图

点状图方法与其他的绘图方法都不一样（见图 1–3），其横坐标并不是表示时间，而是表示一段时间范围内的交易量大小。点状图是由一系列 O 与 X 构成的，我们一般称 O 与 X 构成的图形为格。价格持续走低时，我们就用 O 来表示，价格持续走高时，我们就用 X 来表示。

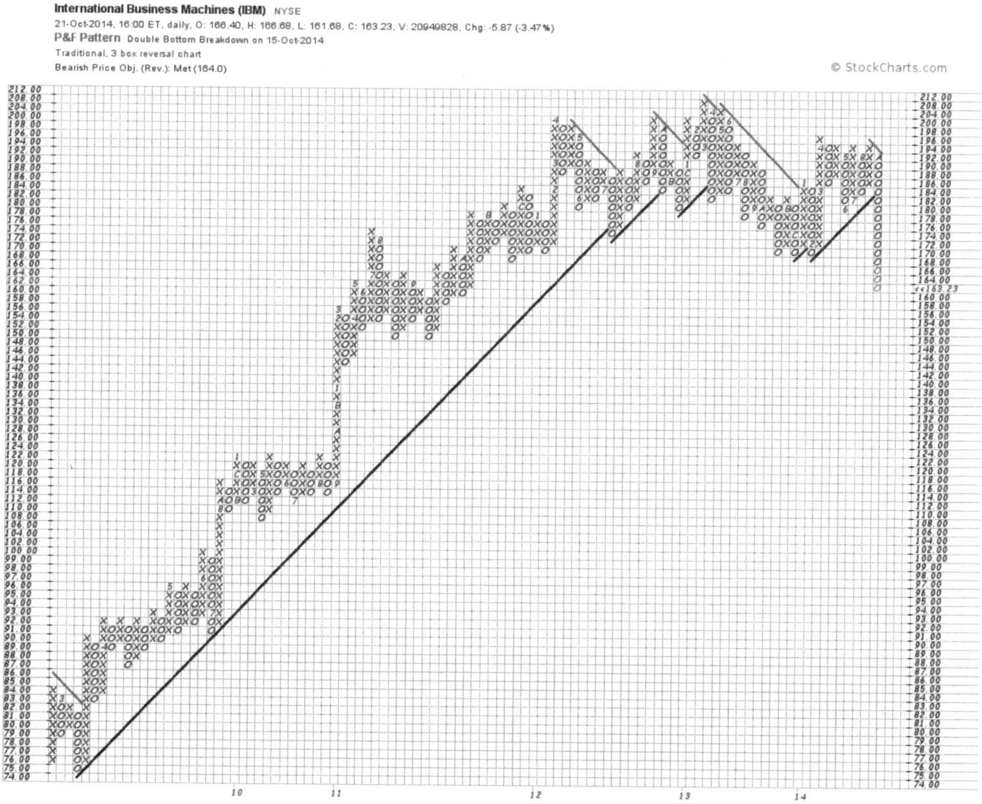

图 1–3　**点状图（标准普尔综合指数）**

每一格代表的是一系列价格集。当交易价格在 20 美元以上时，通常情况下，每一格代表 1 美元，当交易价格低于 20 美元时，每一格代表的是 50 美分。当价格不断上涨，每增加一个 X，表示价格上涨幅度达到 1 美元。如果价格上涨幅度只有 99 美分，也就是说，没有涨到 1 美元，就不会增加一个 X 格。价格开始下降时，同样的规则也适用：**当价格走势向相反的方向发生改变，且变动的幅度超过了特定**

的金额，那么我们将会画出一系列新的 X 格或者 O 格。这个特定的变动金额肯定大于我们需要记录的每个 O 或者 X。因此，这一反向技术的运用，可以很好地帮助我们降低误判的概率，增加图形的信息含量，从而可以让图形涵盖更多的数据资料。由于只需要记录价格信息，所以在画新格之前，图形可以横跨好几个周期。在具体画图的时候，常见的做法是，从图形的底部开始，或者在恰当的位置标注具体的格子。

对于具体的证券而言，价格波动通常都是时间函数。这就意味着，长期的图形需要画很多很大的格子（每个格子代表的金额较大），短期的图形所需要画的格子就比较少。尽管点状图不再像之前那么盛行，但它的支持者们一直坚信这一画图方法仍然很有价值。

K 线图

在过去几十年时间里，K 线图非常受欢迎（见图 1–4）。这个方法来源于几个世纪前的日本，它的作用与功能同前面介绍过的柱状图类似。两者之间的差别就在于，K 线图能够更容易识别出技术走势，而柱状图则显得复杂一些。在图 12–1 中，我们可以清楚地看到两者之间的不同（详见第 12 章）。

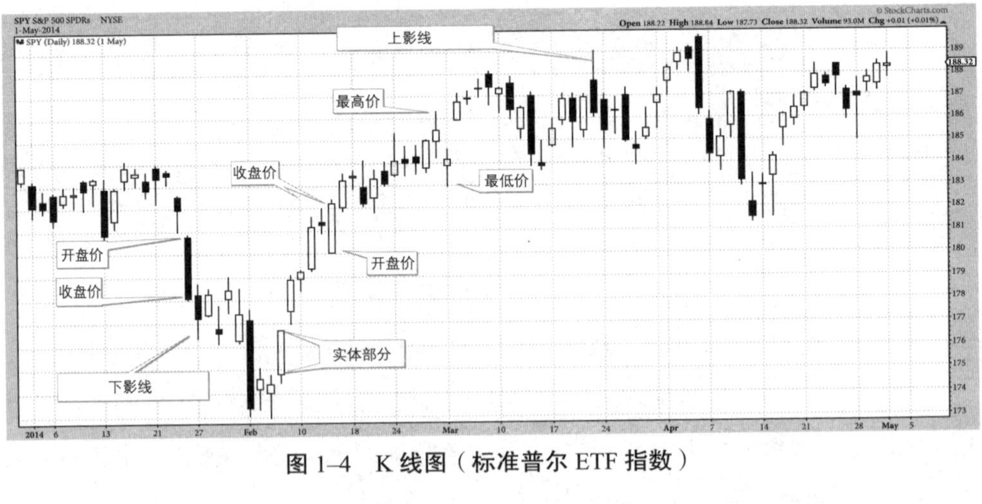

图 1–4　K 线图（标准普尔 ETF 指数）

K 线图是带有上下影线、立着的长方形图形。垂直的矩形就是我们所熟悉的实体部分，包含开盘价和收盘价的交易活动。例如，对日 K 线图来说，当开盘价高于收盘价时，开盘价落在实体部分的上端，收盘价落在实体部分的下端。实体部分上端的上影线，代表的是当天的最高价与开盘价或收盘价之间的差距。实体部分下端的下影线代表的是当天的最低价与开盘价或收盘价之间的差距。当天开盘价高于收盘价的实体部分是虚的（白色），而当天开盘价低于收盘价的实体部分是实的（黑色）。尽管可以用 K 线表示不同时间周期的价格走势，但日 K 线图还是最常见的形态。

K 线图比柱状图更重视开盘价和收盘价。K 线图的一个不足之处就是它比较费空间，所以同样大小的图形，它能够涵盖的时间周期比较短。幸运的是，K 线图的趋势反转信号都是在比较短的时间内显现出来的。尽管 K 线图并没有什么魔力，但对于短线投资者来说，它依然是最有效的分析工具。我们将在第 12 章详细分析 K 线图这一技术工具。

画图与技术分析

画图这一术语指的是绘制能够反映交易价格和成交量的各类图形，前面我们已经对此有过比较全面的介绍。技术分析这一术语所指的范畴则要宽泛许多。它包括一系列技术指标以及在分析交易价格和成交量关系时所用到的各类方法与技术。在后面的分析中，我们将会着重介绍这些概念。在描述趋势的时候，你务必要在脑海里经常想到“证据的重要性”。我们分析如此众多的指标体系，就是为了找到趋势是否发生反转的证据。纵观全书，你会发现我一直在反复强调“证据的重要性”，因为它确实很重要，可以帮我们确认趋势是否延续或者发生逆转。按照这种方式进行分析，会提高我们判断的准确率。遗憾的是，我们无法彻底消除判断失误的可能性。

制图的各类方法

柱状图和线图的价格都显示在纵轴上，也就是 y 轴上。我们可以用两种方法来

绘制 y 轴：算术法与比例法（有时候也称为对数法或者半对数法）。算术法（见图1–5）绘制 y 轴是用等价的方式来标注价格差的。因此，5美元与6美元之间的距离，跟100美元与101美元之间的距离是完全相等的。我们会发现，用这个方法绘图的时候，前面价格变化很小，但随着时间不断延长，波动性就显得越来越明显，累积效果就更突出。

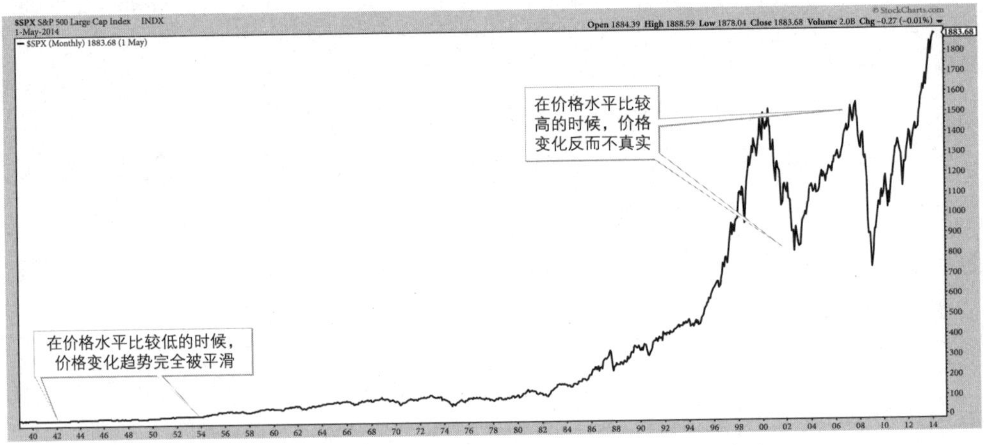

图 1–5 算术法（标准普尔综合指数 1939—2014 年）

第二个方法是比例法（图1–6），这个方法是将 y 轴的每个单位距离赋予相同的变化比例。比如，我们可以用1英寸来表示翻倍的速度，这个可以是具体价格从1美元涨到2美元，也可以是100美元涨到200美元。用这个方法绘制图形，我们会发现，即使价格比较低，但趋势还是比较明显的。例如，在图1–6中，我们就可以看到在20世纪40年代的时候，上涨趋势很明确；但在图1–5中，用算术法来绘制时，就没有那么显著。同样地，在图1–5中，21世纪初的距离波动走势，在图1–6中就没有那么夸张。

从短期来看，如果时间跨度为两到三个月，不管用什么方法来绘图，差别都不是很大；但时间一长，两者之间的差别就显现出来了，而且有时候差别还非常显著。

不妨考虑一下，当一只股票卖4美元的时候，1美元的波动，不管是上涨还是下跌，幅度都是很大。当价格涨到50美元的时候，1美元的波动，对其价格的影响就很小。但在算术法中，这两种情况的波动在图形上的反映都是一样的。后面我还会谈到这个问题，但现在，我希望你们至少能够树立这样的观念：如果非要做一个选择，最好选用比例法来制图。从众心理也表现出比例的趋势，所以不管从哪个角度来衡量，比例法在反映价格波动方面会比算术法更有效。

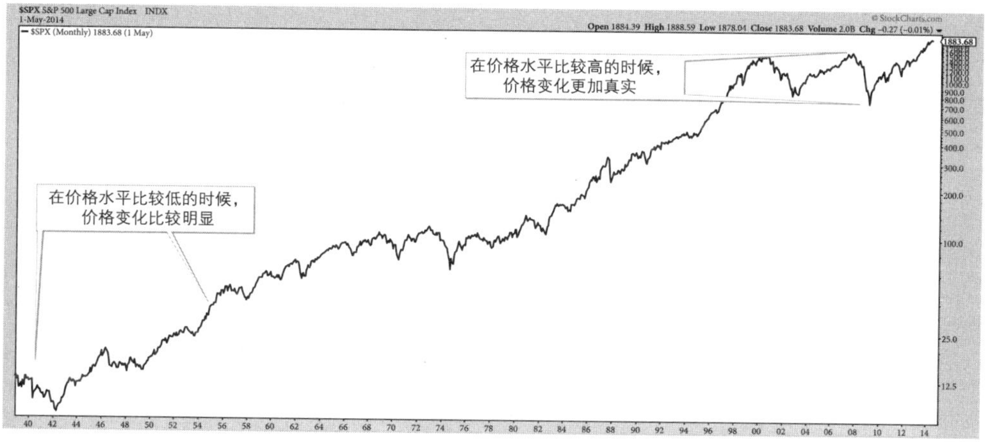

图 1–6 比例法（标准普尔综合指数 1939—2014 年）

日间交易图、日图、周图和月图

我在前面就说过，在解读技术图形时，不管时间周期是什么状态，其蕴涵的意义都是类似的。最大的区别就在于，当分析的时间周期越短，随机事件的影响就越明显，从而分析的可信度就会下降。但这并不是说，以小时为周期的图形就完全受随机噪音的影响，而以月为周期的图形就能够得到很好的解读，因为现实并非如此。我们只是强调，考虑的时间周期越长，技术分析的可信度就越高。

前面我们同样也提到过一个事实：并不存在一个万能的方法，可以一直准确地预测市场趋势变化的强度与期限。此处我们有必要强度一下，日间交易的技术分析效果与以周或月为周期的分析效果相比，要逊色不少。事实上，以 10 分钟为分析周期的技术图形解读，对数小时的交易影响会比较明显，而同样的技术图形，如果出现在以月为分析周期中，那么其对交易量和趋势持续时间的影响则要大得多。

小结

1. 自由交易市场上的成交价格，是由市场已有的参与者以及准市场参与者，对可能出现的各类市场事件的态度所决定的。
2. 他们的态度形成合力，便形成了市场趋势。
3. 技术分析的魅力就在于很早就能够确认市场趋势发生了改变，并且一直追随趋势的发展，直到找到具有足够说服力的证据，证明已有的趋势再次逆转。
4. 技术图形的绘制方法主要有四种，分别是柱状图、连线图、点状图和K线图。
5. 绘制图形纵坐标有两种方法：算术法和比例法。比例法比算术法更有优势，因为受到从众心理的影响，价格是成比例发生变化的，比例法能够更加精确地反映这一变化。

第 2 章

与趋势做朋友：识别你所追随的趋势

一些基本的观察

华尔街有句谚语："与趋势做朋友！"这句话的意思是，一旦趋势形成，将会一直延续下去。这又回到了前面我们所提到的思想，趋势将会沿着既定的方向前行，直到有足够的证据表明趋势发生了逆转。本章主要谈的就是趋势以及对趋势的解读。对趋势的解读可以让我们更好地评估各类技术分析工具的价值和意义。在我们确认趋势以及发生逆转之前，我们首先必须明白现在的趋势处于什么状态。不同的趋势对应着不同的时间跨度。日图表反映的是非常短的趋势，可能只持续一周或者两周的时间；而时间跨度包括几十年时间的图表反映的趋势则比较长，这些图表中包括的月度数据很全面，一般都可以反映出 5 到 10 年的市场趋势。两者之间存在着非常显著的差别，那就是：

重要的技术分析原则：趋势延续的时间越久，其发生反转的信号就越重要。

考虑到实际运用过程中的可操作性，我们将趋势主要分为四类：短期趋势，一般持续时间为 3 到 6 周；中期趋势，一般持续时间为 6 周到 9 个月；主要趋势，一般持续时间从 9 个月到 2 年；长期趋势，通常情况下，包含好几个主要趋势，一般持续时间在 15 到 20 年之间。这只是一个大概的分类，基本上将所有可能出现的情形都囊括了，但凡事不可能那么完美，我们还是应该慎重，因为偶尔会出现意外。对各种类型的证券来说，不管是债券、股票、商品、外汇还是其他品种，这四类趋势都是适用的。

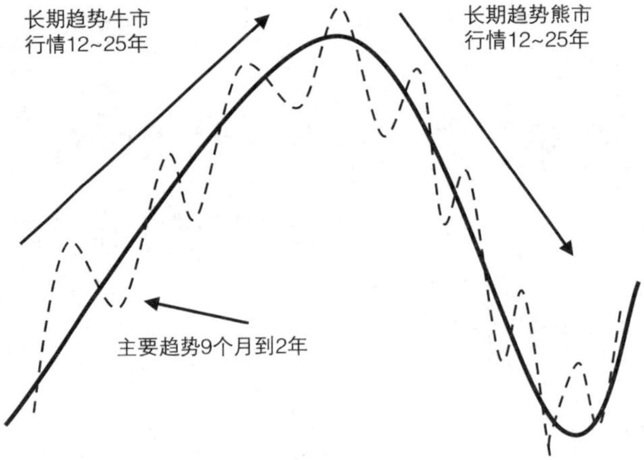

图 2–1　典型的长期趋势与主要趋势关系图

对短期投资者来说，长期趋势（时间周期特别长）基本上没有什么意义，不过，长期趋势能够为他们提供非常重要的背景信息。图 2–1 向我们展示了长期趋势与主要趋势之间的关系。图 2–2 向我们揭示了 1970 年到 1989 年长期牛市走势和从 1990 年到 2009 年的长期熊市走势。由于长期趋势持续的时间非常久，所以它们的价格走势不会轻易发生改变。一旦趋势发生了改变，那说明肯定发生了非常重要的事情。在随后的分析里，我会对此加以说明。

图 2–2　日经指数长期走势（1976—2009 年）

主要趋势与经济周期基本同步（详见图 2–3）。当经济周期处于上涨阶段时，主要趋势表现为牛市的走势；当经济周期处于下降阶段时，主要趋势表现为熊市的走势。短周期大概为六个月左右，偶尔长周期会持续四到五年。

通常情况下，主要趋势持续的时间为 12 到 18 个月。同样，在长期牛市的大趋势下，主要趋势为牛市的走势比主要趋势是熊市的走势时间更长一些。我们可以从图 2–4 中发现这一规律，图 2–4 描述的是 10 年期的美国长期国债收益率变化情况。

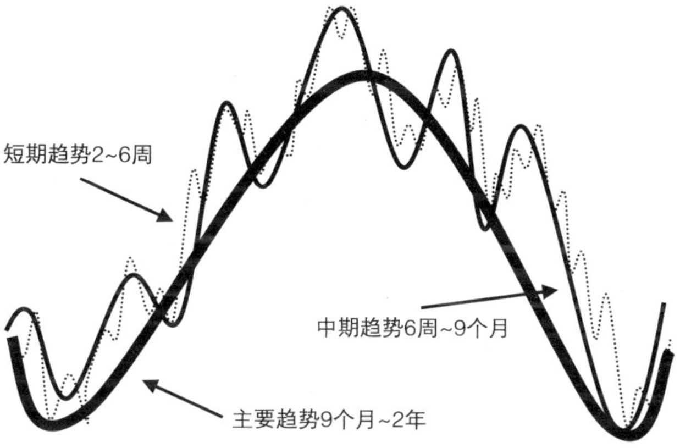

图 2–3　市场周期模型

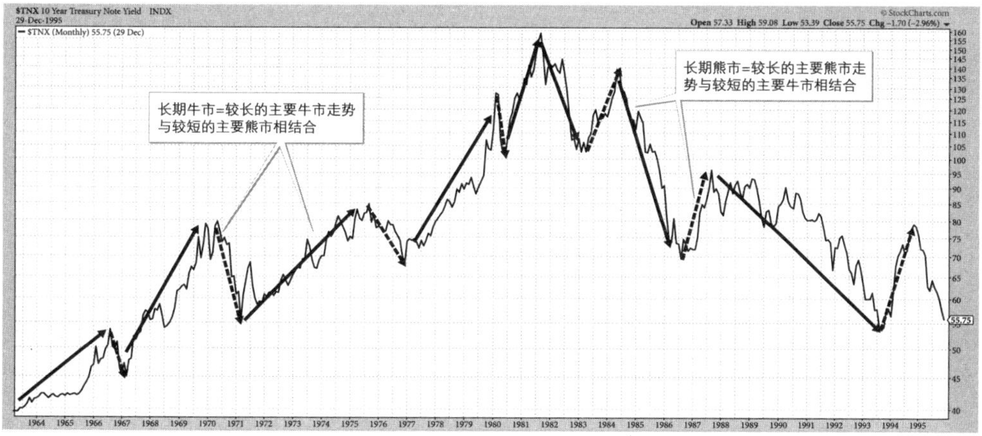

图 2–4　10 年期国债收益率长期趋势（1964—1996 年）

当长期趋势向下时，类似的规律同样存在，那就是熊市的走势时间要比牛市的走势时间更久一些。当长期走势的方向并不是非常明确时，一般来说，主要趋势为牛市的走势时间要长于主要趋势是熊市的走势时间，这是因为市场的一般规律是慢牛快熊。准确判断主要趋势的方向和时间周期当然非常重要，但对中期趋势的分析同样也很有意义，这对提高交易的成功率非常有帮助，特别是在主要趋势的运动方向已经确定的前提下。

投资者们最关心的还是主要趋势，因为长期趋势对他们来说，时间跨度太大，参考意义不大。因此，在判断主要趋势方向的前提下，如何分配资产就变得至关重要。与此相关的技术分析原则：

重要的技术分析原则：尽管短期投资者只参与短期价格波动带来的交易机会，但他们同样重视主要趋势的运行方向。

那是因为当市场处于牛市时，所有的股票都会上涨，就好像在大海里涨潮的时候，所有的船只都会被潮水推高一样。毫无疑问，当投资者采用自动交易机制指导自己的交易时，当他的交易仓位与主要趋势的走向不一致时，亏损在所难免。例如，在熊市大背景下，除了极少数幸运者能获利外，大多数投资者很难从市场上赚到钱。这就好比在一条河里划船，当河水向下奔流时，你顺着河水往下划很容易，但想要逆水行舟，往上划，就要费劲不少。于是，我们有了下面这样的交易规则：

重要的技术分析原则：交易要与市场主要趋势方向保持一致！

图2–5向我们展示了CRB综合指数向上的主要趋势走向。

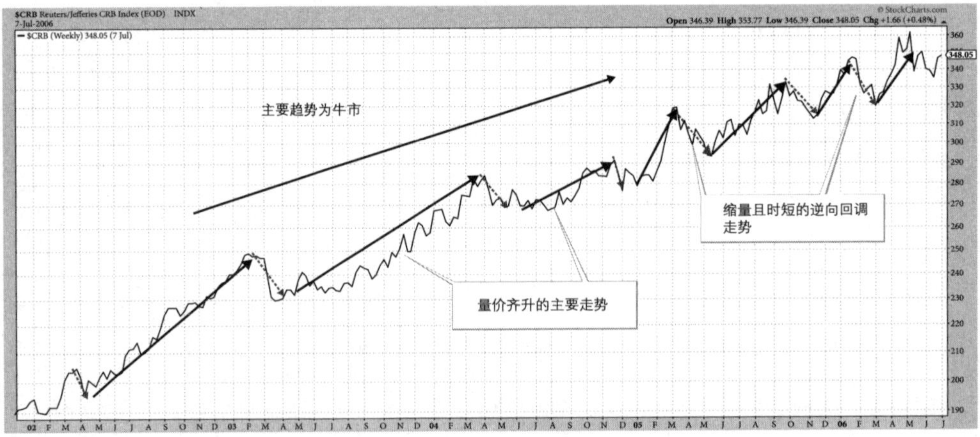

图2–5 大牛市背景下的CRB综合指数中期趋势走势与调整

从图2–5中，我们可以发现，凡指针向下的虚线部分，成交量和时间跨度都比较小，而指针向上的实线部分，成交量和时间跨度都比较大，处于量价齐升的状态。图 2-5 也表明，在市场走势向下的时候，想要从市场上盈利是一件很困难的事情。

市场周期模型

前面图 2–1 向我们展示了三种市场趋势及其相互关系，它们的这种关系都是建立在一个基本概念之上，这一基本概念来自我亲密的朋友伊恩·诺雷（Ian Notley）。主要趋势要么是上涨，要么是下跌，看上去没有任何改变，但实际上，它的走势经常被中期趋势打断。记住，趋势的描绘有时候只能看成大概或者接近事实的做法，不可能做得那么精准，因为总是有一些波动存在。尽管图 2–1 已经尽可能将所有的价格变化趋势都包括在内，但非常精准地区别还是有一定困难的。在牛市行情下，中期向上的走势、存续的时间和成交量的规模都比向下调整的时间要久、规模要大。在熊市行情下，情况则刚好相反。技术派分析师们都认为牛市行情下，一般存在三个中期波动周期。通常我们都认为，在上涨大趋势的三分之一和三分之二阶段存在逆周期的下降趋势。换句话说，就是：

> **重要的技术分析原则：**牛市大背景下，在上涨阶段的三分之一到三分之二的中间段，市场通常会选择向下调整；熊市大背景下，在下跌阶段的三分之一到三分之二的中间段，市场通常会选择向上反抽。

最后，我们再来看看短期趋势会有什么样的影响，短期趋势一般都是用虚线来表示的。与时间较长的中期趋势与主要趋势相比较而言，短期趋势更容易受到随机新闻事件的影响，因而更不容易确认。通常说来，趋势的时间周期越长，趋势方向就越容易判断。

到目前为止，有一点是非常清晰的，那就是在任何时刻，价格都会受到各种趋势的影响。在此，我们主要考虑三种趋势：短期趋势、中期趋势和主要趋势。除日间交易者之外，对市场上的所有参与者来说，识别市场处于趋势的什么阶段，是非常重要的一件事情。对投资期限超过一年乃至更长时间的投资者来说，有必要弄清楚，当前的市场是处于主要趋势的开始阶段、中期阶段还是快要结束的阶段。很显然，在牛市初期或者上升阶段主升浪的回调期间购买，比在最后一个中期趋势顶部或下跌阶段购买，要安全得多。

另一方面，对短期交易者来说，也有必要搞清楚主要趋势的方向是什么。这是因为在主要趋势前进的过程中，也会经常遭遇各种意外。通常情况下，牛市行情下，市场会不断走高，熊市行情下，市场会逐步走低。

市场周期模型应该成为你战略分析的核心内容。虽然市场周期模型并不是那么完美，但是它能够为你的其他分析提供一个完整的框架和基础。

趋势之间的相互作用

当我们分析某一具体的技术图形时，我们的首要目标是要确认趋势将会发生什么样的逆转。例如，与主要趋势发生逆转相比，短期趋势发生逆转带来的价格反方向波动会小很多。所以，当进行技术分析时，我们首先要确认是什么样的趋势将会发生改变，我们必须非常慎重地对待这个问题。

> **重要的技术分析原则**：当交易者构建的头寸与主流趋势相反时，亏损就很容易产生。

趋势发生反转的信号，可能是价格的突然暴涨暴跌或者量能发生突变，都是与主要趋势相背而行，呈现出逆周期的走势。例如，当某只证券本处于下跌的熊市走势时，突然对外公布可能会引发中期走牛的消息，这种反转最终会被证实是假的，因为这样的反转是逆周期的，是不会长久持续下去的。我们不能说所有熊市出现的牛市反转信号都是假的，都不会成功反转；但我们知道，如果逆周期的反转一旦成功了，市场就会真正迎来逆转。

日间价格趋势的市场周期模型

很多对长期趋势适用的规律也适用于日间交易。在这里，日图形中的短期趋势便成了日间交易图表中的长期趋势。图 2–6 代表三种主要的日间交易的时间周期，分别是日间交易的短期趋势、中期趋势和长期趋势。

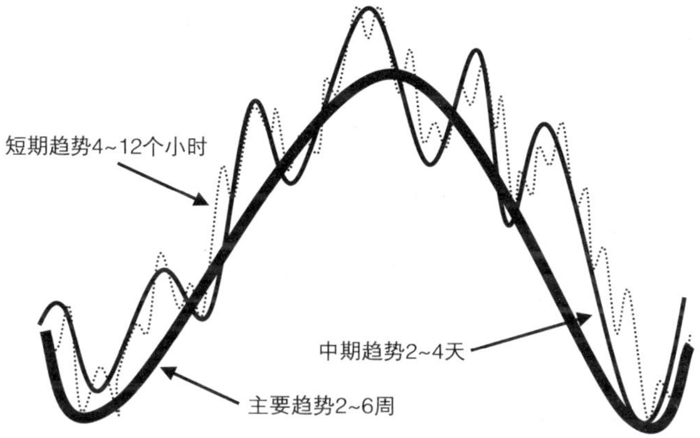

图 2–6　日间交易的市场周期模型

与普通技术分析相比较而言，日间交易的技术图表有两个主要的不同之处。第一，由于分析的时间周期都比较短，它们的分析效应持续的时间也比较短。第二，它们对极端事件的短期价格反映要比长期周期的反映更加灵敏。因此，日间交易的决策更情绪化，更能体现出本能的反应。同样地，日间价格的反应更容易被操纵。因此，与长周期的交易数据相比，短周期的交易数据可信度要低得多，存在着很大的不稳定性。

小结

1. 技术分析的各类原则均适用于不同时间周期的分析框架。
2. 证券交易价格是由不同趋势共同决定的。对每天的交易而言，主要趋势、中期趋势和短期趋势都是很重要的影响因素，但真正起主导作用的依然是长期趋势。
3. 技术分析的时间框架越长，技术指标所提供的反转信号价值就越大。

第 3 章

技术分析图表中的各类反转走势都很有价值

引言

前面我们分析过证据的重要性，明白这一分析方法必须找到足够的证据才能够证明趋势发生了改变，为了更好地学习更多有趣的技术分析指标，我们首先应该了解这些重要的证据都是由哪些因素构成的。从它们自身的角度来看，这些代表趋势即将发生反转的证据无疑是没有任何问题的，但当我们开始学习有关价格形态以及动量的指标之后，这些分析方法的基础构成将会为我们提供更有价值的分析框架，所以我们有必要详细了解这些基础概念以及它们运行的基本原理。

特别强调的是，本章以及接下来的三章将会重点讲解波峰与波谷的关系、支撑线与压力线、趋势线以及成交量等相关概念及其特征。现在，让我们先从了解波峰与波谷开始吧。

波峰与波谷的关系分析

电脑的广泛使用，推动了市场分析中复杂的趋势判断技术的快速发展，有一些趋势判断方法还算合情合理，但大多数方法其实并不靠谱。在大家不断追求新奇复杂的分析方法时，技术分析中的一些最简单、最基本的技术往往被我们忽视了。其中之一，就包括波峰与波谷技术分析。

波峰波谷技术分析概念其实非常简单。通常情况下，在上涨趋势行情里，一系列上涨走势会不断地创造新高，而在下跌趋势行情里，一系列下跌走势会不断创造新低。

重要的技术分析原则：当一连串不断上升的波峰与波谷走势被打断，这就是趋势即将发生反转的信号。

在图 3–1 中，价格的波动呈现出一系列波浪式上升态势，每一个波峰都比前一个波峰高，同样地，每一个波谷也比前一个波谷要高。两者都表现为逐步抬高的发展态势。

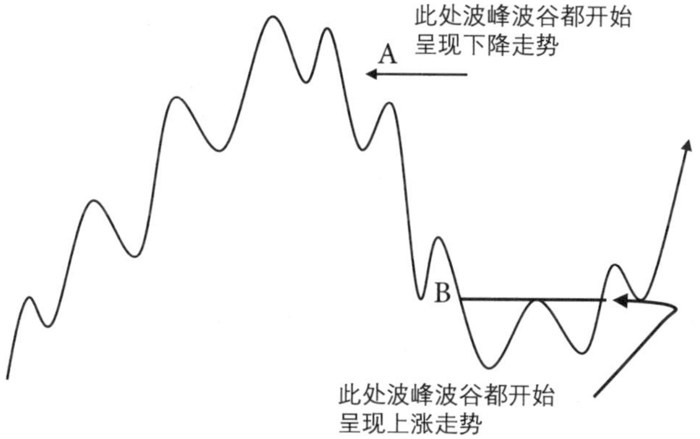

图 3–1 波峰与波谷走势反转

然后，情况开始发生变化，波峰不再继续创新高，而是表现出比前一个波谷还要低的走势。图 3–1 中 A 点的位置，就波峰波谷关系分析来说，就是趋势已经发生反转的重要信号。B 点这个位置，情况类似，只不过，这个地方的反转是趋势由下跌转为上涨。在 B 点这个位置，后面的波峰开始比前面的波峰价格更高，从而走出了最低的波谷位置，趋势重新回到了上涨的通道。我们并不清楚接下来市场会涨到什么位置，但从技术指标的角度来分析，我们可以非常肯定的是，下跌的趋势已经发生了反转。

波峰波谷反转的重要性取决于我们所分析的行情的回调与反弹的期限长短，和成交量的大小。例如，如果每次回调与反弹都是在两到三周的时间内完成的，那么这样的趋势就是一个短期趋势。当一系列短期趋势的回调与反弹发生了彻底的改变，才会形成一个中期趋势的反转走势。这是因为中期趋势的价格波动是由一系列短期趋势（两到三周时间）波动构成的。因此，如果图 3–1 中的回调与反弹代表的是短期趋势，那么 A 点就是中期趋势发生反转的信号。同样地，当一系列下跌过程中的波峰波谷走势开始发生变化，表现出明确的反转信号，那就意味着主要趋势开始由熊转牛。

在图 3–1 中，价格开始回落到上涨前的位置，而在图 3–2 中，价格甚至跌到更低的位置。不过，这依然是处于牛市行情中，因为波峰波谷的总体上涨态势并没有发生改变。

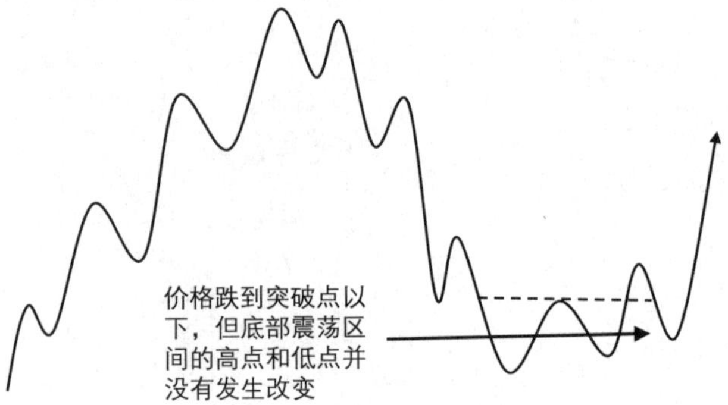

图 3–2　波峰波谷的上升态势

波峰波谷的两维困境

偶尔，波峰波谷的关系变化会比图 3–1 和图 3–2 中的情况复杂一些。在图 3–3 中，市场一开始是沿着一系列波峰波谷的震荡态势不断走高，但在达到最高点之后，价格开始走低，X 点的位置比前面的波谷价格还要低。从这个时候开始，原本不断抬高的波谷趋势发生了逆转，但波峰的态势还没有完全发生逆转。换句话说，在 X 点的位置，彻底反转的信号只出现了一半，比较模棱两可。波峰和波谷都发生逆转，一波都比一波低的走势要到 Y 点的位置才出现。

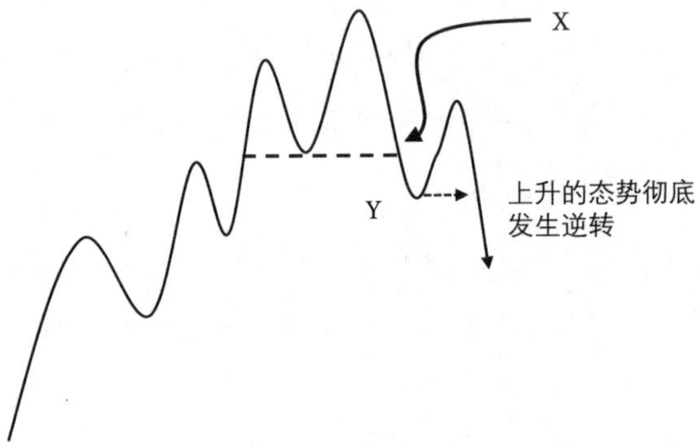

图 3–3　波峰波谷发生逆转的不确定信号

在 X 点的位置，市场分析处于进退两难的困境，市场走势依然可以被认为是继续走高的态势；但另一方面，不断抬高的波谷走势又被打断了，这表明技术分析存在一定的薄弱之处。一方面，我们开始接收到熊市的信号，虽然并不是那么确定，但至少已经来到；另一方面，等到了 Y 点的位置，就意味着我们有必要及时止盈，保住牛市行情里所赚的利润。唯一的问题是，行情并没有像我们之前预测的那样下跌，而是继续创新高，如图 3–4 所示。

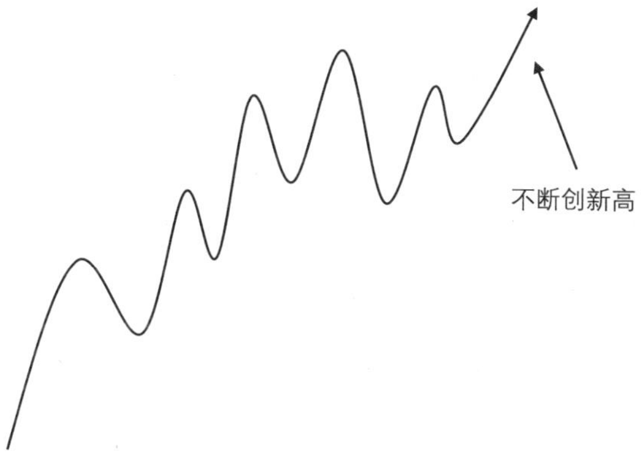

图 3–4 没有发生反转的波峰波谷

这就是为什么我们说需要其他的技术指标来帮忙分析这样的困境，为我们对趋势的判断提供足够的证据。其他的技术指标包括移动平均线（MA）、成交量、动能等。如果这些其他技术指标非常明确地显示趋势已经发生了反转，即便波峰波谷分析并没有给出完整的信号，那我们也应该选择相信这些指标所给出的提示，做出趋势已经发生反转的预测。当然，最明智的做法是，先保持怀疑态度，等到波峰波谷分析显示趋势完全发生反转后再做出最终的确认。

运用这一分析思路，可以发现，图 3–5 向我们展示了市场走势从熊市向牛市的反转。同样地，图 3–3 向我们展示了市场走势从牛市向熊市的反转。

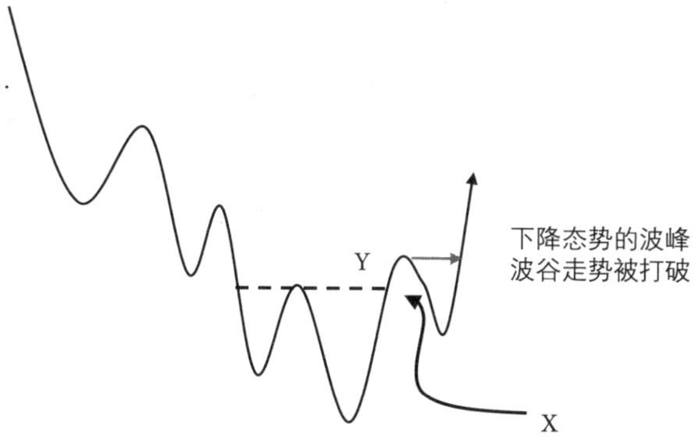

图 3–5 波峰波谷熊市转牛市的模糊信号

买方持续进场，推动市场价格不断走高的能力，不仅反映出他们比卖方更有实力，而且也表明他们对未来市场走势更有信心。当买方实力不足，不能持续推动价格走高时，首先反映出来的就是他们无法克服遇到的第一重阻力。如果价格只是小幅回落，然后很快又创下新高，这没有任何问题。不过，一旦不能创新高，反而开始出现新的低点，那就证明市场走弱。这与足球场上的比赛节奏很类似。当进攻方在进攻的时候受阻，如果不能很快抢断回来并重新组织进攻的话，就很容易被防守方组织反攻。

合理的波峰波谷分析包括哪些内容

大多数情况下，行情的回调与反弹都有比较明显的信号，所以我们比较容易就分辨出哪里是波峰，哪里是波谷。通常，我们都认为，在上升趋势中，回调的力度一般都只到前一个上涨波峰的三分之一到三分之二的位置之间。这就是说，如果我们将前一个上涨周期的最低点到最高点设定为100的话，向下回调的力度一般都是到33与66之间的位置，如图3–6中所示的那样。

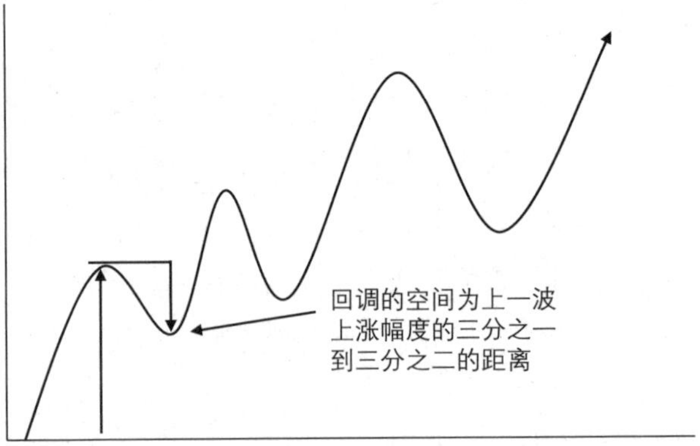

图3–6　以动能态势为标准的波峰波谷回调力度界定

在图3–6中，回调的力度可能刚刚到前一波涨势的一半位置。偶尔，也会有极端情况出现，那就是回撤的力度相当深，基本上回到了前一波涨势的起点位置。技术分析不可能永远那么精准，不过只要回调的力度没有超过三分之一，就可以认为上涨的趋势依然在稳步推进。此时，对波峰波谷的判断会有一定的影响，也就是说，波峰波谷的形态并不是那么清晰，波峰波谷位置的判断存有疑惑。

凡事都有例外。有时候，行情也呈现出区间震荡的走势，而不是单边上涨或下降的走势。由于震荡走势同样是对主要趋势的一种干扰，反映的是投资心理活动的一种调整状态，因此，我们仍然可以用三分之一到三分之二调整幅度原则对此进行分析。只不过，在这种情形下，我们参考的标准不是动能态势，而是时间跨度。图

3–7 向我们展示了具体的分析思路，调整的时间长度为我们前一波上涨走势所用时间的三分之一到三分之二水平。同样的原则也适用于下跌行情中的区间震荡和反弹行情分析。

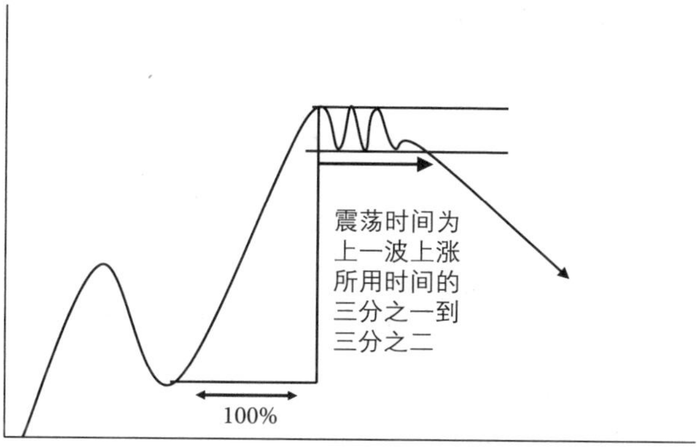

图 3–7　以调整时间为标准的波峰波谷回调力度界定

图 3–8 向我们详细展示了道琼斯 – 瑞银商品指数交易所交易型债券（ETN）的日 K 线图走势。道琼斯 – 瑞银商品指数 ETN 最近被更名为彭博商品指数 ETN。从图 3–8 中，我们可以非常清楚地看到涨跌超过 5% 的波峰波谷走势，在股票分析图上，呈现出的是“之字形”的态势。

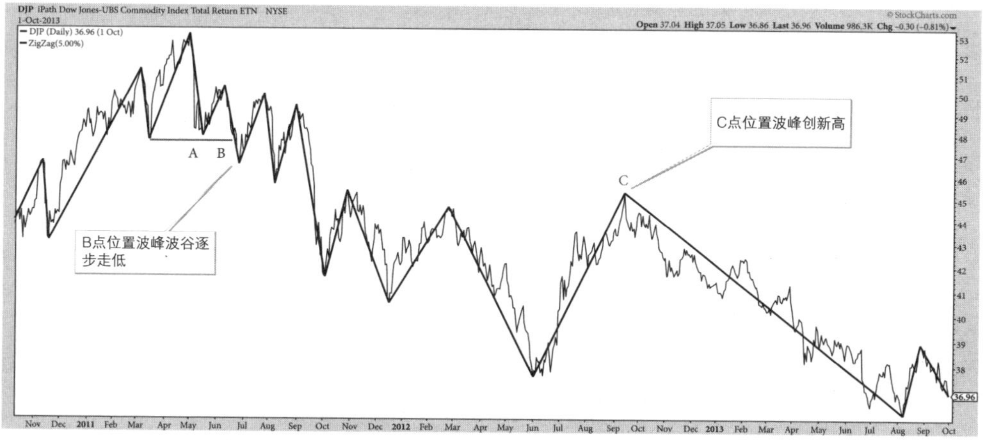

图 3–8　波峰波谷界定（彭博商品指数 2010—2014 年）

之字形的方法为我们快速分析一系列波峰波谷走势提供了方便，我们很容易就能找到波峰波谷所在的位置。图 3–8 中，A 点的波谷位置与 2011 年 3 月波谷的位置基本相当。即使 A 点的位置比 2011 年 3 月的价格更低，我们也不能说行情发生了反转，因为总体上涨的趋势并没有发生改变，波峰依然保持不断抬高的态势。直到 2011 年 6 月，也就是图中 B 点的位置，我们才能确定原来的上涨态势发生了改变。接下来就是熊市的走法，市场不断创新低。但在 2012 年 6 月到 12 月间，市场迎来了一波大反弹，此时波峰位置比前面的波峰点位要高，但波谷却未能保持同步抬高的态势。在接下来的一年时间里，市场继续走低。例如，图 3–2 以 MSCI 国际股票交易所交易基金（ETF）、ACWI 基金的走势为例，向我们详细演示了一系列完美的波峰波谷走势分析。

我们可以认真梳理一下图 3–9 中的 ETF 顶部与底部的形态是如何演变的。在 A 点的位置，可以确认市场下跌趋势形成，因为 2011 年 7 月的波峰位置要低于 2011 年 5 月的波峰位置，2011 年 7 月到 8 月的连续下跌，使得价格远远低于 2011 年 6 月的水平。2011 年秋季之后，波峰的位置开始抬高，但直到 2012 年 1 月，反转的趋势才确认，因为波峰波谷的位置同步抬高。这一走势一直保持到 2014 年年初都没有发生改变。

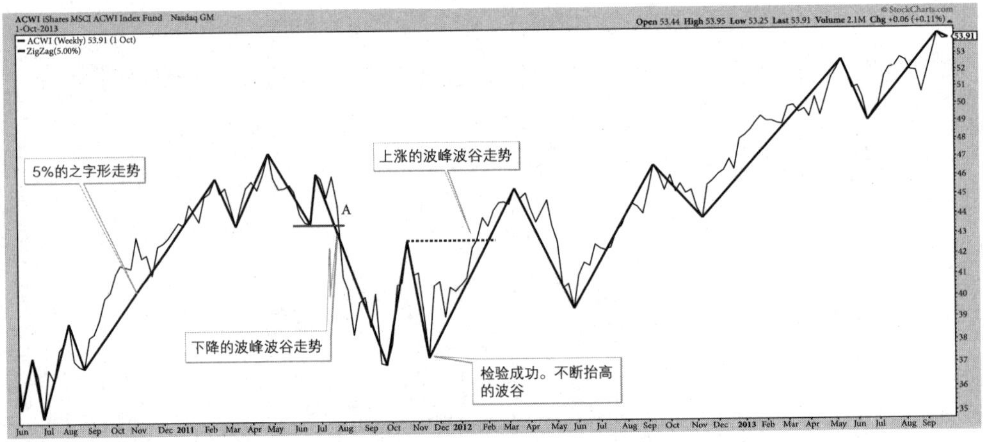

图 3–9 用之字形方法界定波峰波谷（MSCA **国际股票** ETF 2010—2014 **年**）

小结

1. 波峰波谷分析是最基本的趋势确认技术，也是价格变化模式分析的基础构成。
2. 一系列短期的波峰波谷反转是中期趋势发生反转的信号，一系列中期波峰波谷反转是长期趋势发生反转的信号。

3. 为了合理地判断波峰波谷是否发生改变，一个行之有效的方法是看看价格是否回撤到前一波上涨或下跌行情的三分之一到三分之二的位置。

4. 当回撤的位置并没有到达前一波行情顶部或底部的三分之一位置时，表明行情是区间震荡的走势，这个时候，震荡的时间跨度指标可能是判断行情是否发生改变的最佳替代指标。

第 4 章

支撑位与压力位：谁更有效

什么是支撑位与压力位

支撑位和压力位是技术分析领域更重要的两大基石。

重要的技术分析原则：支撑位和压力位指的是图形中特定的点位，在这个点位上，原有的市场趋势遇到了短暂的抵抗。

例如，当价格持续下跌到支撑位的时候，正常情况下，将会迎来一个短暂的反弹，图 4–1 向我们演示了这样的走势。但反弹可能比较短暂，比如在 A 点位置，反弹过后，市场继续下跌。当然，市场也可能在支撑位迎来彻底的反转，比如在更低的 B 点位置，市场接下来的走势就完全扭转了前面不断下跌的熊市态势。

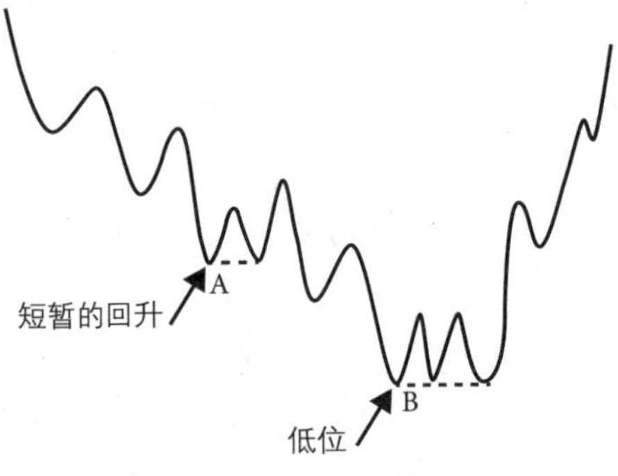

图 4–1　确认支撑位

很多人习惯用支撑位来描述他们实际所说的压力位，而用压力位来描述他们实际所说的支撑位。很显然，这样的描述会带来很多困扰。

爱德华 · R. D.（Edwards R. D.）和迈吉 · J.（Magee J.）所著的经典著作《股市趋势技术分析》（*Technical Analysis of Stock Trends*），是这样定义支撑位的：在相当长的一段时间里，实际的或者潜在的买方，有足够的购买能力阻止价格下跌的趋势。当我们谈到压力位的时候，他们又是这样描述的：实际的或潜在的卖方，有足够的能力压住所有的买单，让价格一直不能突破某个水平，无法保持继续上涨的趋势。

设想一下，压力位就好比临时的天花板，而支撑位就好比临时的地板（图 4–2）。

想要成为图中所示的地板，在支撑位置就必须有大量的需求集中存在。我特别强调用“集中”这个词，是因为需求和供给大多数时候都是出于均衡的状态。不管是什么价位的交易，买方和卖方交易的金额都是相等的。

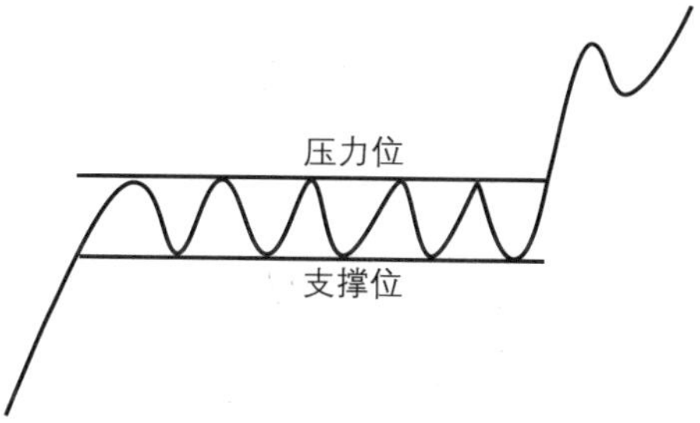

图 4–2 支撑位和压力位

重要的技术分析原则：股票价格水平取决于买方或卖方的相对集中度或者说交易的热度。

于是，在支撑位附近，卖方开始变得惜售，没有什么交易的热情，不愿意在这个位置附近卖出自己手里的股票。从短期的视角来看，此时的买方占据主动地位。很多时候，支撑位和压力位都会出现好几轮来回拉锯。

想了解支撑位和压力位到底是如何形成的，不妨详细研读图 4–3，这是一个非常有说服力的案例。

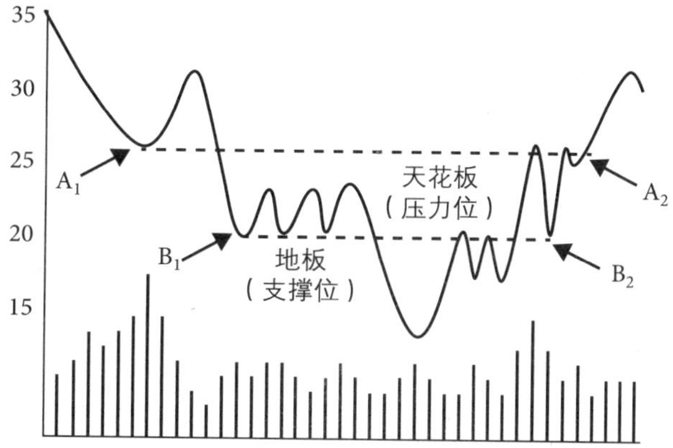

图 4–3 支撑位、压力位和成交量之间的相互关系

最初，我们发现股票价格处于下跌过程中，到 A1 点的位置得到支撑，此时的价格大概为 25 美元，然后迎来了一个完美的反弹。你会发现，在 A1 点这个位置，成交量最大，然后，随着反弹行情延续，成交量逐步减少。即便如此，下跌的趋势只是短暂停住了，很快股价又继续下跌，直到股价跌到支撑位 B1 点。这个位置更有代表性，因为这里的价位更低，震荡的时间更久。实际上，这个地方是一个长方形的震荡区间态势，我们会在第 7 章对这个技术形态展开更详细的分析。随着买方买入

的热情被卖方更强大的卖出冲动给完全碾压，股票价格继续下跌。最后，当股票价格跌到谷底的时候，开始逐步反弹，不断创出新高。如果你把支撑位看成房子的地板，把压力位看成房子的天花板，你会发现，虽然价位相同，但在 B_1 时，你会认为这个价位是地板，而在 B_2 时，你会认为这个价位是天花板。这有点像从地板跌到了地下室，然后，又从地下室涨到地板。地下室的地基层会成为你结实的支撑，但当你真的跌到地下室地基层时，原来的地板层就成为你的天花板。

这引出了另外一个重要的原则：

重要的技术分析原则：一旦支撑位被击穿，它在接下来的反弹过程中，就会演变成压力位。

当投资者在 B_1 位置买入股票，其理性的做法就是耐心等待股票价格继续下跌。当股票价格反弹到 B_2 的位置时，他们看到了股票价格即将突破的机会。只有当 B_2 位置的成交量能够持续放大，买方力量大于卖方力量时，股票价格才会进一步反弹。

随后，股票价格会来到压力位 A_2 的水平。记住，这个时候，股票已经充分换手，有很多新进入的投资者，他们都期待股票价格能够不断向上突破。毫不奇怪，但股票价格回落到 B_2 的位置时，B_2 就由原来的压力位变成了支撑位。我们会发现，股票价格的压力位和支撑位是经常相互转换的。

如何寻找潜在的支撑位和压力位

一旦到了潜在的支撑位/压力位时，股票价格未必总是发生逆转，但试图提前找到这些位置在哪里，还是很有帮助的。因为这些潜在的关键点位被确认后，可以更好地为我们的有效证据服务。脑海中要始终有这样的想法，图形上的一些重要特征能够很好地帮助我们找到支撑位/压力位可能会在哪里。下面的一些技术有助于我们实现这一目标。

1. 前期的高点与低点

通过分析，我们已经明确，前期的高点和低点很可能形成潜在的支撑位和压力位。高点很重要，因为很多市场参与者可能就在高点附近买入，并期待市场能够继续走高。当价格开始下跌时，正常人的反应都是选择持有而不是止损。很明显，这样的选择已经成为一种内在化的机制，因为只要不止损，就不会承担实实在在的亏损。因此，当股票价格重新反弹到前期高点的位置时，价格会有强烈的突破动力，大量投资者会选择在价格突破前期高点后清仓。同样地，那些在低点位置买入的投资者，在股票价格上涨到高点的时候，都有卖出从而保住利润的倾向。按照这一逻辑，任何超过前期高点的价位，对潜在的购买者来说都变得昂贵了。因此，买方的买入热情就会逐渐降低，开始考虑从市场中退出。

当股票价格先拉升，然后再跌回到前期低位的时候，这个位置开始对潜在的购买者变得很有诱惑力。毕竟，他们错过了前面股票价格拉升的过程，他们不想再错过一次机会。遵循同样的分析思路，当股票价格再次跌回到前期低点的时候，卖方不愿意在这个位置继续卖出手中的股票。因为他们发现，股票跌到这个位置就会反弹，所以他们认为同样的情形会再次上演。

图 4–4 以道氏化学（Dow Chemical）公司为例，向我们展示了道氏化学公司股票价格每次回到前期高点和低点的时候，都会出现反复，表现出非常明显的支撑位和压力位特征。27 美元这个位置尤为明显，这个价格既是上涨时候的压力位，又是下跌时候的支撑位。

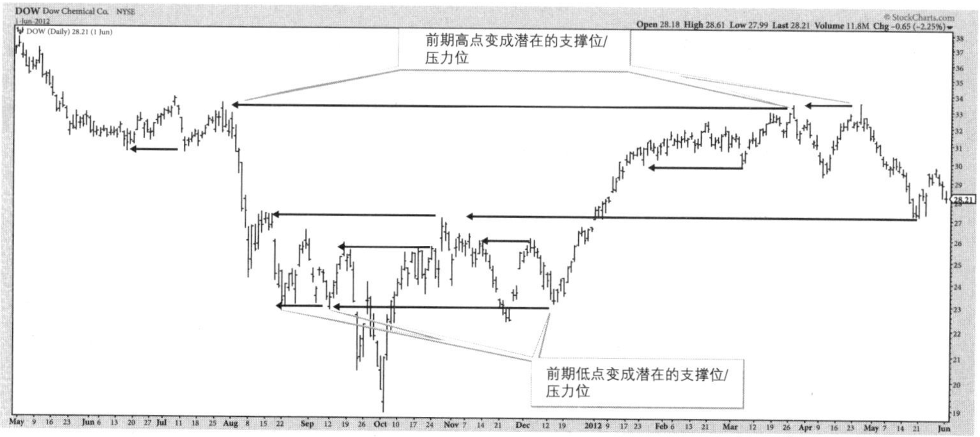

图 4–4 前期高点和低点形成的支撑位与压力位（道氏化学 2011—2012 年）

2. 整数关口

股票价格的支撑位和压力位往往都是在整数关口形成的。这可能是因为交易者和投资者都喜欢以 10、20 和 50 这样的数字，作为他们买入或卖出的心理价位。例如，在 20 世纪 70 年代，道琼斯工业指数在 1000 点的位置上就遇到过阻力，很难越过这一点位。以黄金价格为例，在 20 世纪 80 年代和 90 年代中期的时候，每盎司价格很难突破 400 美元。对于一些很难越过的关键点位，由于前面在冲关的时候遇到过很多次阻力，所以在下一次冲关的时候，依然会面临很大的压力。

3. 趋势线和移动平均线

在第 5 章中，我会详细探讨趋势线，但现在我想强调的是，一条好的趋势线能够很好地反映出未来的行情走势。评价某种特殊类型线的价值到底有多高，一个常见的规则就是看看这条线被提及或用到的次数有多频繁。次数越多，价值就越高。如果价格经常回落到某一价格位置，这里就会形成强大的支撑。对趋势线和移动平均线来说，这一规律也完全成立。如果股票价格每靠近向上的趋势线或上涨的移动平均线时，都会选择反弹，从而形成一个强有力的动态支撑线。反之亦然，就会形成向下的趋势线或移动平均线。这样的话，当股票价格跌到向上的趋势线或移动平均线时，就可以大举买入，当股票价格反弹到向下的趋势线或移动平均线时，就可以大举卖出。当支撑 / 压力区域被突破时，在靠近趋势线或移动平均线附近的位置，就有必要设置止损指令。

图 4–5 向我们展示了 2012—2014 年微软公司股票价格的两条趋势线，分别代表的是压力线和支撑线。

4. 图表上的情绪指标

在第 8 章中，我们将重点讨论情绪指标，分析一段和两段柱状价格图所代表的意思。在这里，我只是特别突出一下一段和两段柱状图在任意图表中所代表的情绪内涵是什么，情绪指标也是我们分析市场压力位和支撑位的重要参考。

缺口是另外一种形式的情绪指标。当买方或卖方对某一消息产生过度反应时，就会在图表上形成缺口。在图 4–6 中，2014 年 1 月，联合太平洋铁路公司的股票价格就出现了跳空高开的缺口。

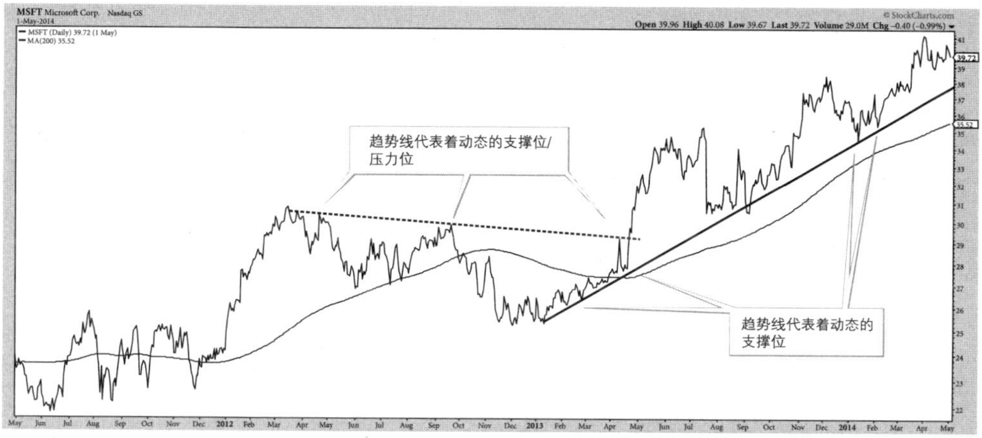

图 4–5　趋势线可以判断出潜在的支撑 / 压力区间（微软 2012—2014 年）

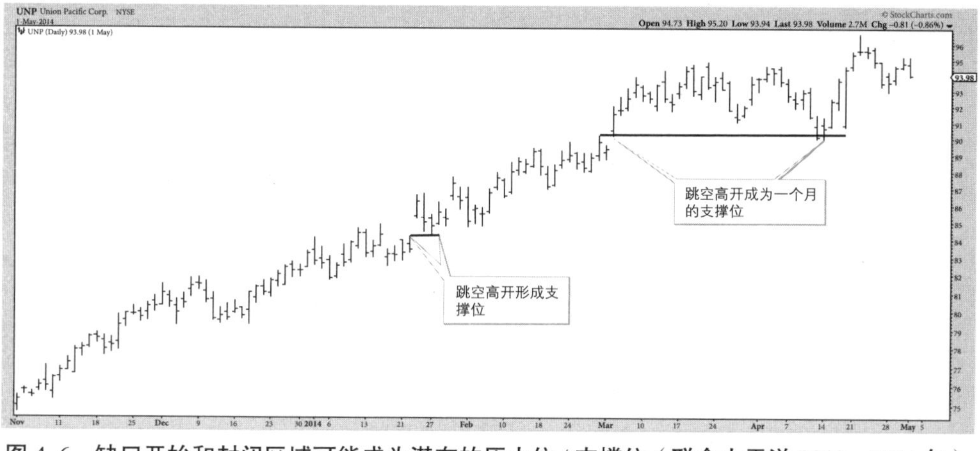

图 4–6　缺口开始和封闭区域可能成为潜在的压力位 / 支撑位（联合太平洋 2013—2014 年）

缺口很快被补回，与此同时，股票价格在这一区域形成了强大的支撑。此外，到了 3 月份的时候，出现了一个更大的高开缺口。你会注意到，这些跳空高开的缺口都会成为股票价格上涨的支撑位。你可能会想，经过四个月时间的交易，市场上的参与者可能都会忘记这些缺口。很显然，事实并非如此，当下跌走势来到时，股票价格会在回补这些缺口，并在这个位置获得支撑。

图 4–6 中，谷歌公司的股票价格走势，向我们更好地展示了缺口的开始和回补位置如何成为未来股票价格的支撑位 / 压力位。

5. 同比趋势前行与回撤

市场情绪规律表明市场的每一个动作其实都是一种情绪的反映。金融市场上的价格走势就是对市场参与者情绪的真实度量，同时也受到市场情绪规律的制约。市场情绪的波动经常会反映在股票价格的同比变化上。

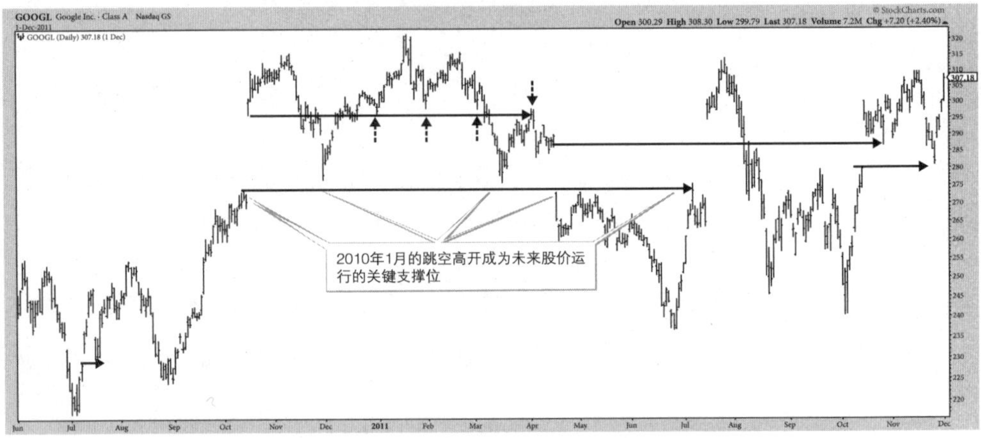

图 4–7　缺口开始和封闭区域可能成为潜在的压力位 / 支撑位（谷歌 2010—2011 年）

最广为人知的比例原则可能就是 50% 原则。以道琼斯工业指数为例，在大多数熊市的时候，指数经常会被腰斩。比如，在 1901—1903 年、1907 年、1919—1921 年和 1937—1938 年，这几次熊市的跌幅分别是 46%、49%、47% 和 50%。一半的调整幅度有时候代表着一种平衡状态，事先给我们提示，市场接下来将会如何演变；或者说，这表明接下来市场会朝相反的方向运动到什么位置。因此，在 1970 年到 1973 年间，市场将从 628 点上涨到 1067 点时，我们可以通过区间半点原则，知道上涨的中间点位是 848 点，这也是 1973—1974 年熊市第一阶段的终结点位置。

同样的道理，当市场处于牛市上升时，从最低点涨上来，一般到翻倍的点位会遇到压力。1932—1937 年的牛市行情是从 40 点涨到 81 点，正好是翻倍的走势。

事实上，市场大概有一半的情况会出现这样的走势，那就是当市场涨到三分之一到三分之二的位置时，会重新跌回去一半的涨势，这个情况在第 3 章关于波峰与波谷的分析中专门提及过。这个三分之一与三分之二的比例关系基本上存在于所有的证券价格发展过程中，所以这个位置可以被认为是支撑区或者压力区。

在确定这些点位的时候，比例规模图表（对数分析法）可以发挥不错的作用，因为相同比例的变化很容易出现在上涨和下跌的趋势中。此外，在波峰和波谷形成的过程中，这些同比例的变化情形会反复出现。我们要记住，技术分析本质上就是概率判断问题，这表明我们在使用这些方法的时候，应该综合考虑，而不是孤立起来运用。

不过，当基于比例原则进行投资分析的时候，看看目标价格是否与前期的支撑位或压力位的价格成比例变化，通常情况下都是一个值得推崇的方法。如果情况正好如此，那么就可以认为该价格区域正好处于反转点位或者至少是临时性的阻力位，这个判断的成功会大大提升。当某只证券的价格达到一个新高，突破了原来长时间横盘的基础，就会出现另外一种可能性，那就是价格变化将会突破原来的趋势线。用比例方法推演出来的趋势线交叉点很可能代表着一定时期的股票价格点位将迎来重要的反转。实践表明，每只证券都有其自身的运行规律，有些证券的价格发展趋势适合用这一方法，而有些证券则不适合。

很多分析师都擅长利用 13 世纪意大利数学家列昂纳多·斐波那契（Leonardo Fibonacci）的斐波那契数列。他发明的数列有很多特征，但最核心的一条是任意一个数字都可以是前面两个数字之和。比如，1 和 2 加起来等 3，2 和 3 加起来等于 5，3 加 5 等于 8，5 加 8 等于 13，8 加 13 等于 21，以此类推。这一数字推理给我们的重要启示就是它能够为我们的比例分析提供重要的参考依据。例如，在数字序列中，第一个数字都是紧挨着的下一个数字的 61.8% 的黄金分割点，是第三个数字的 38.2% 的黄金分割点。

在图 4–8 中，我们可以发现，黄金信托交易所交易基金（GLD）的价格走势在下跌的过程中就很好地向我们演示了斐波那契数列特征。

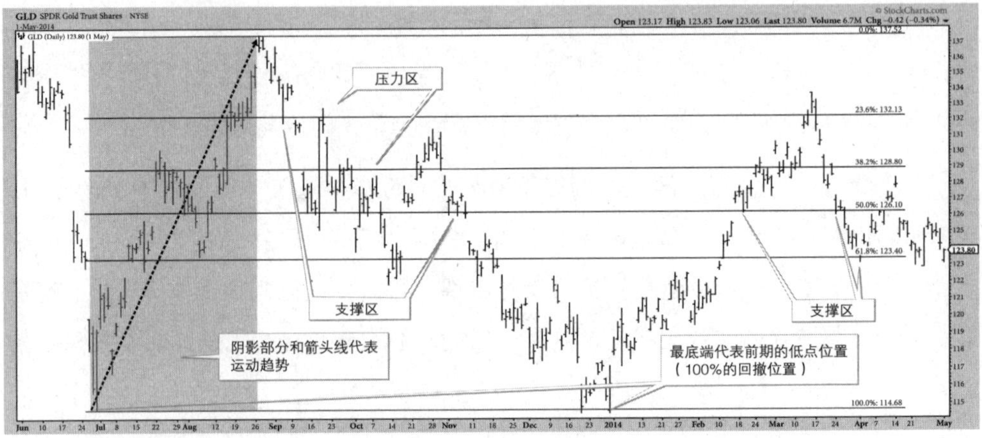

图 4–8　回撤过程中潜在的压力位 / 支撑位（GLD 2013—2014 年）

左边阴影部分和箭头虚线代表着从低位反弹到高点的走势，但接下来在从高位往下回撤的过程中，我们可以清楚地看到回撤的比例和幅度。假设最底端的那条线代表是回撤 100%。所以，反弹自然就是从最低的位置开始。反弹首先到达的是 61.8% 这个位置，这条线在上涨过程中会形成支撑线，在下跌的时候会形成压力线。在继续往上或往下发展的过程中，都会在斐波那契数列位置形成相应的支撑位或压力位，这是一个漫长的过程，但却在图形上得到了非常明显的验证。所有这些证据支持我们在做投资决策的时候应该将这些技术分析手段融入进来，更好地为决策服务。

确定潜在支撑位或压力位重要性的方法

讲到这里，你可能会问这样的一个问题："我怎么确定每个支撑位和压力位的重要性呢？"非常遗憾，对这个问题，并没有快速且有效的答案，但是有一些基本的原则可供我们在做判断时参考。

1. 在某个特殊价位的成交量越大（换手率越高），未来这个特殊价位成为支撑位或压力位的概率就越大

这一原则很容易理解，当很多人都在某个特殊的价格大量买入或卖出时，自然

会印象深刻，所以，到了这个价位，便会出现大规模的交易，如图 4–9 所示。

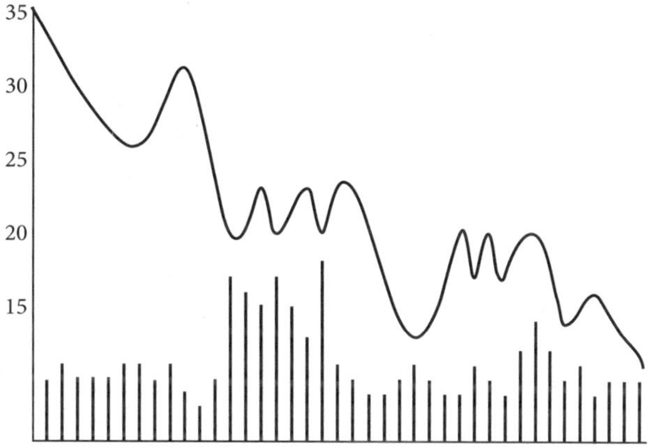

图 4–9 大量的买入和卖出帮助确立支撑位 / 压力位

就像我们前面分析的那样，买方希望通过持续买进实现价格的向上突破。另一方面，卖方则希望价格能够跌破这个位置，以更低的价格买入，他们会认为这个位置就是之前出现过的压力位。于是，买卖双方都希望获利的动机在这个价格区间就变得更加强烈。

2. 之前的趋势变化速度越快、幅度越大，成为支撑位或压力位的可能性就越大

在某一价位试图穿过压力位就好比某个人想努力穿过一扇门。在穿门之前，如果这人先退后 10 到 12 英尺①的距离，通过加速跑获得动能，他就能很容易穿过门了。换个角度来分析，如果此人退后 100 英尺，那么当他冲到门口时，速度和动能已经所剩无几，他可能就没法成功破门。在这两种情形下，门都代表着市场上的压力位，在突破压力的时候，人的速度便显得尤为重要。相同的原理可以运用到股票市场上，100 英尺的冲刺就好比市场上股票价格长期上涨的

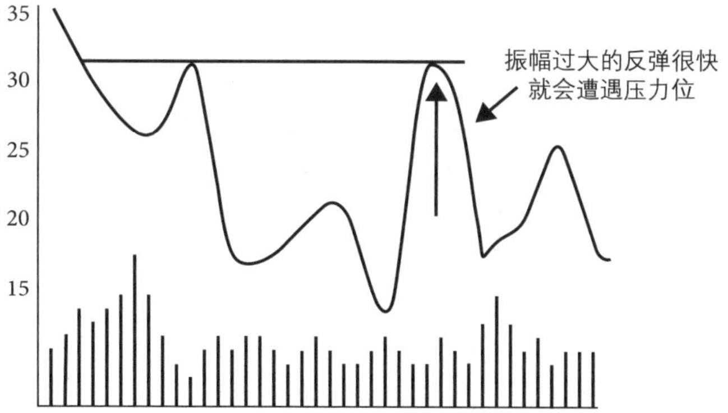

图 4–10 振幅过大的反弹将降低压力位的重要性

① 1 英尺 =0.3048 米。——译者注

走势，压力位就好比要突破的那扇门。因此，之前的价格波动幅度越大，突破压力位或支撑位的能力就越弱。正如图 4–10 所示。

此外，如果价格上涨速度特别快，且势头强劲，那些追求短期暴利的投资者兑现利润的冲动就会更加强烈，这样在压力位就面临数量众多的抛盘，压力位就很难突破。而在熊市里，短线卖空者面临的情况正好相反。在股票价格快速下跌之后，买方会大举进场，因为他们认为价格将会反转，此时买入很容易获利。

3. 前面支撑位或压力位的趋势运行越强劲，越容易被突破

这一原则看上去与前面的原则是矛盾的，但实际情况并非如此。这里有必要将趋势变化的速度与幅度跟运行强劲程度做一个区分。重新回到我们前面提到的穿门比喻（见图 4–11）。

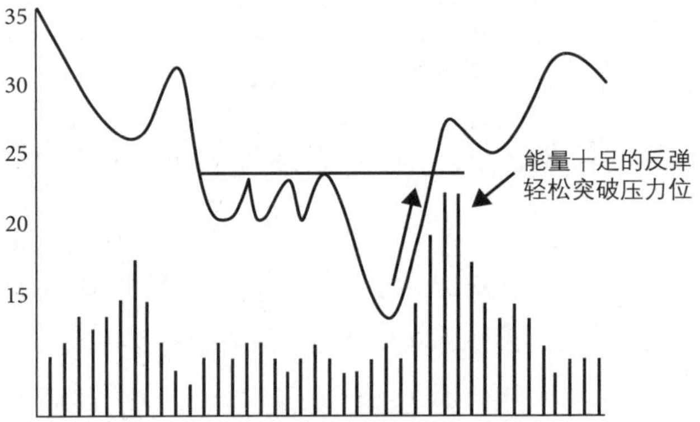

图 4–11　能量越强大，就越容易突破压力位

正常情况下，当穿门的是一个普通人时，前面的穿门原则依然有效。然而，当穿门的是一位奥运会举重运动员时，穿门就会变得轻而易举。股票市场运行表现也是如此。例如，当市场运行到压力位时，如果前面趋势的量能和动能都非常强劲时，突破压力位就变得非常容易。因此，当趋势背后蕴藏着巨大的能量时，支撑位 / 压力位在趋势运行的第一次突破时，就会轻松被拿下。

4. 支撑位或压力位附近运行的市场周期越长或过去的反转所需时间越久，这个位置就越重要

在判断支撑位 / 压力位的重要性时，这一原则可能是最简单且最重要的（见图 4–12）。重新回顾一下 1966 年到 1982 年间的道琼斯工业平均指数，那个时候，1000 点就是要突破的重要关口。前面很多次，市场想挑战 1000 点，但都失败了。但是，一旦 1000 点被成功突破之后，后面的 2000 点、3000 点、4000 点和 5000 点

突破起来就会容易许多、快许多。

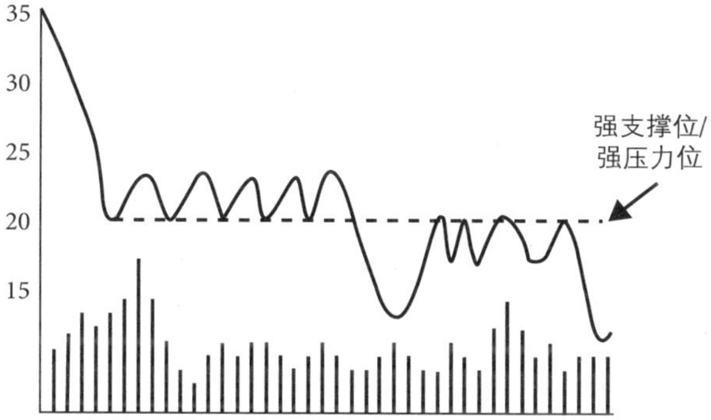

图 4–12　突破关键点位的时间越长，支撑位 / 压力位的重要性就越大

5. 随着支撑位 / 压力位持续时间长度的变化，其重要性便会降低

这意味着，六个月前遇到的关键点位与 10 年前或者 20 年前遇到的关键点位相比，前者的重要性更大。即便如此，我们依然很难判断支撑位 / 压力位具体会在哪个位置出现，它们的作用如何，哪怕时间间隔很久，我们也不能对此做出准确的预测。

小结

1. 支撑位和压力位代表的是股票价格在运行过程中，需求与供给集中涌现，从而使股票价格在某一位置出现反复震荡。
2. 支撑位和压力位不仅是买入或卖出的信号，同时也是预测价格即将发生反转的重要的关键点位。当然，在分析市场走势时，这一指标应与其他指标结合起来使用。
3. 潜在的支撑位 / 压力位可能跟前期的波峰和波谷、震荡的次数、趋势线以及移动平均线、图表上的关键点位以及斐波那契数列都有关系。
4. 支撑位或压力位的重要性取决于这个点位前期股票的换手率、股票价格变化的速度和震荡幅度，以及之前在这个位置波动所持续的时间跨度。

第 5 章

趋势线：最简单的工具之一

在技术分析领域，关于“趋势线可能是最简单的分析工具，但是不是最有效的分析工具”这一点是存疑的。趋势线无疑是非常重要的，在各种各样的价格分析模型中都会用到趋势线，这一概念已成为模式确认与解读的最基本构成要素。在量能分析中，趋势线也发挥着非常重要的作用。在本章，我们将重点分析趋势线的特征，解释单独趋势线的重要性是如何决定的。

趋势线是一条直线，在上升行情中是一系列低点相连，在下跌行情中是一系列高点相连。在牛市行情里，把所有上涨过程中的低点连接在一起就是上涨趋势线；在熊市行情里，把所有下跌过程中的高点连接在一起就是下跌趋势线。通常情况下，下跌的趋势线是将最高点的价格位置与一系列反弹的高点相连接（如图 5–1 所示）。当价格开始突破下降趋势线时，意味着行情可能将发生反转。上涨趋势线的反转情况与下降正好相反（见图 5–4）。

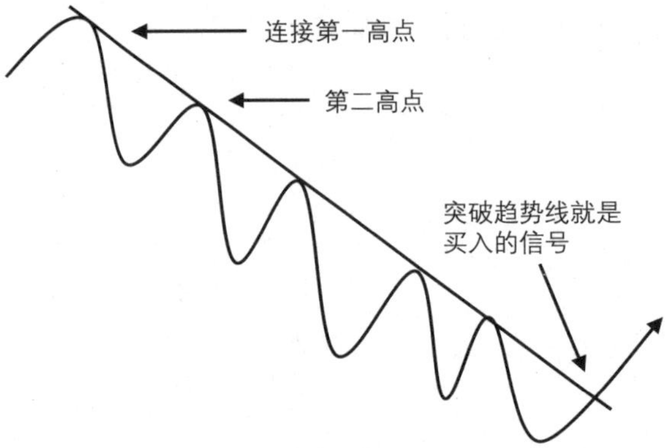

图 5–1　下跌的主要趋势线

如何画趋势线

为了确保所画的线是真实的趋势线，我们有必要将两个或两个以上的波峰或者波谷相连接，这样画出来的线能够真实反映市场的走势；否则，画出来的线就会留有很多空白，那样的趋势线没有什么实际意义。你可能经常会看到只连接一个波峰的趋势线（如图 5–2 所示），或者还有根本不会连接任何一个波峰的趋势线（如图 5–3 所示）。

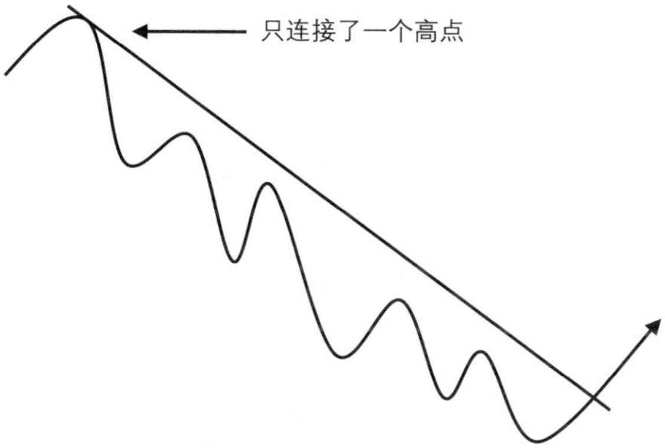

图 5–2　错误的向下趋势线

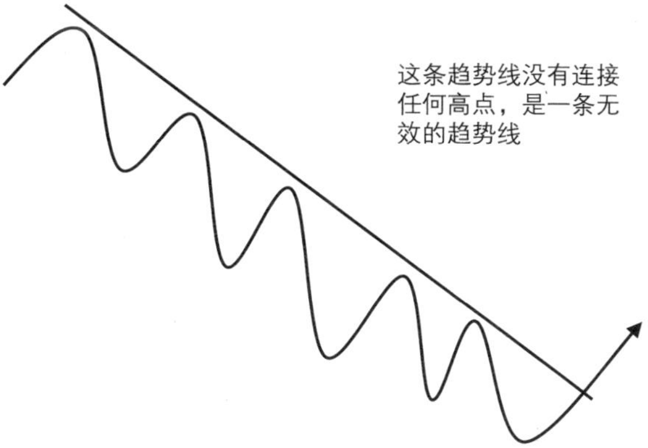

图 5–3　留有空白的趋势线

这样的趋势线没有任何价值，还不如不画，因为它们向分析人员传递出来的信息容易产生误导，这些看上去有价值的信息其实并不存在。这一点很重要：

重要的技术分析原则：一条真实的趋势线是潜在趋势的图形反映。

因此，如果一条趋势线只连接了一个波峰点，那么这不是一条真实的趋势线。一条向上的标准趋势线是会反弹趋势开始时，将最先出现的两个低点相连接画出来的，如图 5–4 中的 AD 趋势线。这条线被称为主要趋势线。

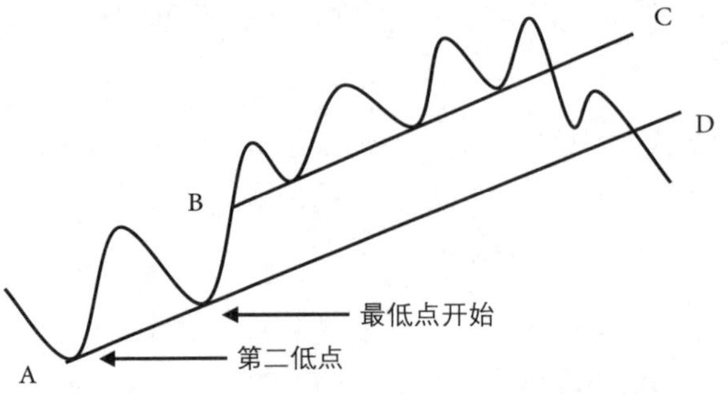

图 5–4 向上的主要趋势线与次要趋势线

当我们谈到主要的市场趋势时，熊市状况下，一般都是向下运行，到中期会见底。图5–4向我们演示了角度比较平缓的上涨趋势。遗憾的是，在上涨的过程中，股票价格波动剧烈，而且在到达高点之后，开始快速下跌。在这种情况下，最好是再画另外一条向上的趋势线。在图5–4中，我们画出了BC趋势线，这条趋势线能够更好地反映出市场的向上走势。这条线又可以称为次要趋势线。向下的行情趋势线也可以遵循同样的原则画出两条趋势线，只不过方向相反。因为趋势都是单向前行的，所以水平方向的趋势线也同样存在。请记住：

> **重要的技术分析原则：**画趋势线更多依赖的是对市场的感觉，而不是遵循一套刻板的规则。

常识往往会告诉我们哪一条趋势线更能反映市场未来的走势。

柱状与线状的趋势线比较或者只记录收盘价的柱状图

在技术分析时，有些图形是柱状图，有些是线形图。那么，问题来了，为了更好地发挥趋势分析的作用，我们应该选择什么形状的图形呢？在大多数情况下，柱状图能够及时发出信号，不管行情是波峰波谷震荡、价格起伏还是趋势出现反复。在技术分析里，时效性对价格的影响非常重要。有时候，价格可能会发出错误的信号，这被称为锯齿效应。对于传统的日或周K线图来说，收盘价是非常重要的参考指标，因为它可以很好地将男人与女人同男孩与女孩区分开来，原因就在于男人或女人会持股过夜或过周末，但男孩或女孩则不会这样操作。不过对于那些每天24小时、从周日到周五都在交易的市场来说，这个指标已经没有什么意义了。但是，由于所有的市场周末都会闭市休息，所以周五的收盘价仍然具有参考价值。即便如此，在大多数技术分析图形中，收盘价比最高价和最低价都重要。同时，由于一天当中经常会出现各种意外情况，所以图形中的最高价和最低价经常会出现很多随机的走势。正是出于这种考虑，在画趋势线的时候，最好还是选择收盘价。但我并不是说收盘价总是最重要的，因为柱状的趋势线就比收盘价趋势线更有价值。当然，这是基于决定重要性的原则，这些原则我将会在后文加以叙述。你可能会继续追问：到底哪条线能够更好地反映市场趋势呢？

突破趋势线既可能是反转信号，又可能是震荡巩固信号

趋势线被突破会导致趋势发生改变。趋势线被击穿，即便不是立即发生真正的突破，至少也会带来一定幅度的震荡。然后，紧接着就面临方向的选择，要么是形成真正的突破，要么震荡巩固，继续沿着原来的趋势前行，只不过是放慢了节奏而已。图 5–5 向我们展示了向上趋势线被击穿后形成了向下发展的突破。

我们从图 5-5 中可以看到，第四个波峰是牛市趋势的最高点，从那里开始，市场掉头向下，突破了原有的上涨趋势线，从而进入了熊市走势。

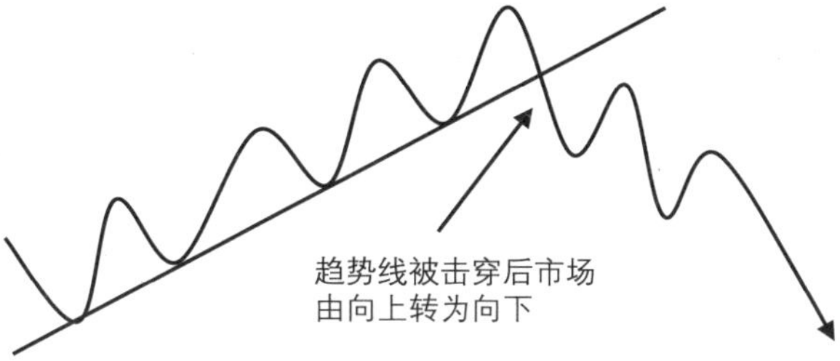

图 5–5　向上的趋势以及随之而来的向下反转

在图 5–6 中，前面的牛市走势与图 5–5 类似，但在原有的向上趋势以及趋势线被击穿后，市场走势却与图 5–5 完全不同。

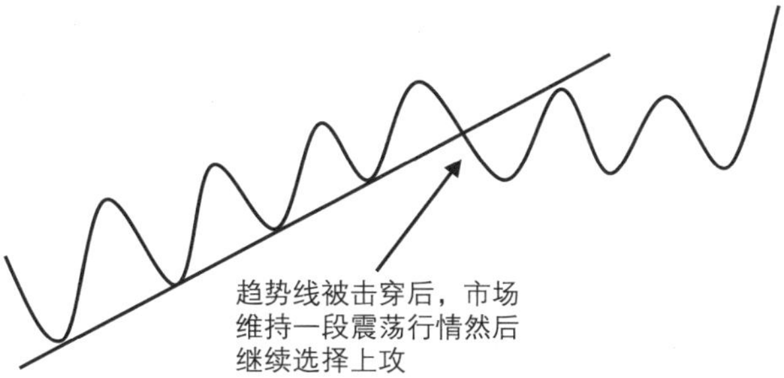

图 5–6　向上的趋势线击穿后继续震荡向上

这是因为尽管上涨的趋势线被击穿，但上涨的趋势并没有改变，只不过是上涨速度减缓了而已。当然，还存在第

三种情形，那就是价格在趋势线击穿后，在一定范围内震荡，然后市场选择反转走势，图 5–7 就是这样的形态。

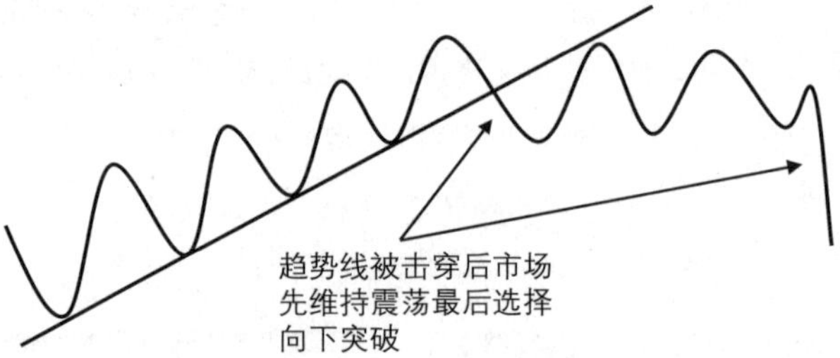

图 5–7　向上的趋势线击穿后先震荡然后再选择向下

因此，只要趋势线被击穿，趋势一定会发生改变。这个改变可能是行情直接反转，也可能是先维持一段时间的震荡，然后再选择是继续原来趋势向上走向还是选择向下突破。

不幸的是，在大多数情况下，我们没法在趋势线被击穿的瞬间就判断出市场接下来的走势。但有一个信号值得重视，那就是趋势线上涨或下跌的角度如何。因为角度较尖锐的上涨趋势很难持续，通常情况下，这样的趋势线被击穿后，市场会选择震荡巩固，而不是直接反转。

在对股票价格进行技术走势分析的过程中，在整个技术分析框架大背景下来评估价格走势的态势，能获得很多有价值的信息：同时，当股票价格形态改变或在改变之前，往往也会出现趋势线被击穿的情况。关于股票价格形态及改变的分析，我们将会在第 7 章加以详细分析。

成交量的形态也能够提供重要的价值信息。例如，在一系列波峰波谷震荡走高的行情中，如果成交量逐步减少，就意味着上涨的行情很快就要结束（成交量减少意味着交易的热情逐渐降低）。在这种情况下，趋势线被击穿比起成交量不断增加的情形更有说服力，更能够体现出行情的反转就在眼前。趋势线向下反转并不一定要伴随出现成交量的急剧放大，如果成交量确实放大了，会进一步坐实趋势线下穿是进入熊市的信号，因为这意味着卖方供给与需求的均衡状态发生了改变。

图 5–8 向我们展示了 2009 年至 2011 年，道琼斯金融 ETF 的价格走势与成交量

变化状况。

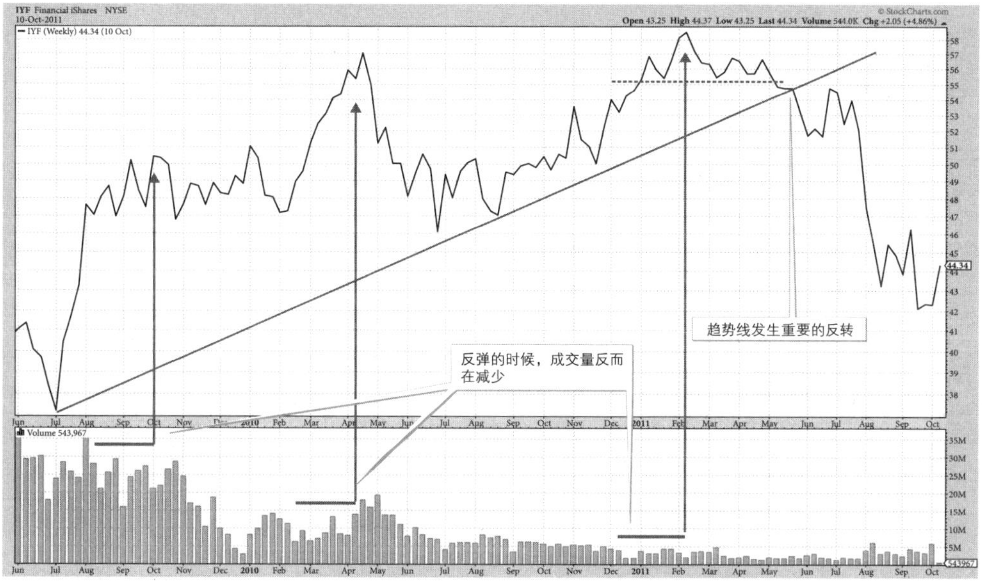

图 5–8 2009—2011 年不断减少的成交量（道琼斯金融 ETF）

我们的目标是为了说明用不同的方法对行情进行解读，解读出来的结果会大相径庭。在图 5–9 中，如果是用柱状图来分析，AB 段的趋势线在 B 处被击穿时并没有表现出非常明显的决定性交易信号，而在下面的只标注收盘价的线形图中则正好相反。同样地，在 CD 段的下降趋势线上，标注收盘价的线形图都是真突破，而柱状图则有两次假突破。正如前面我们所说的那样，如果锯齿震荡很短，那么即使趋势线被突破也是假突破，趋势依然没有改变。在这种情况下，趋势并不会改变，均线依然有效，所以朝相反方向锯齿震荡之后，还是会回到既定趋势上，激进的短线投资者可以在汇率再次低于趋势线的时候，做空加元。行情会在图上压力位的附近中止。一般来说，压力位都在向上击穿的点位附近。只要比这个位置稍微高一点，汇率波动就会停止，然后转向相反的方向发展。

图 5–9 柱状图与线形图对比分析（加拿大元 2012—2014 年）

如何确定趋势线的重要性

趋势线的重要性取决于三个因素：趋势线的长度、触碰或者接近趋势线的次数以及上升或下降的角度。接下来，我们将对这三个因素依次展开分析。

1. 趋势线的长度

趋势线测度的是趋势走向，所以趋势线越长，说明我们观察的趋势就越明显，趋势线就越重要。如果上涨过程中低点连线长度仅维持三到四周，这样的趋势线重要性就要小很多。相反，如果趋势能够持续一到三年之久，只有在非常重要的关口位置趋势才会发生转变。只需要记住：趋势越长久，信号就越明显；反之亦然。

2. 触碰或接近趋势线的次数

趋势线的权威也跟趋势线被触碰或接近的次数相关：次数越多，趋势线就越重要。这一点之所以成立是因为趋势线代表一个动态的支撑或压力区域。每一次触碰或者接近都可以被看成对趋势线的“考验”，考验次数越多，越显示出支撑位或压力位的重要性，从而比较权威地证明了趋势线是潜在趋势的真实反映。要记住：无限接近（或靠近）趋势线与触碰趋势线同样重要，这也因为它同样表明趋势线可以成功地起到支撑或者阻力的作用。

3. 上升或下降的角度

非常陡峭的趋势，如图 5–10 中的 AB 段是很难持续下去的，可能只延续非常短的时间，然后很容易就被反转。因此，有必要画一条角度不是那么陡峭的上升或下降趋势线（AC）。

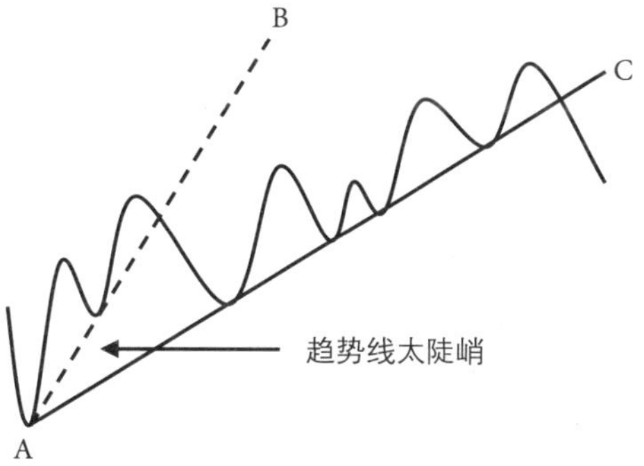

图 5–10　角度越平缓的上升趋势线持续时间越久

所有的趋势最终都会被逆转，但是越陡峭的趋势线被逆转的速度越快。陡峭的趋势线被击穿没有平缓的趋势线被击穿重要。陡峭的趋势线被击穿通常会带来趋势的修正，趋势依然会按照原来的方向前行，只不过速度会降低，但更持久。所以，陡峭的趋势线被击穿，正常情况下意味着趋势依然没有改变，不代表行情发生反转。

扩展的趋势线

大多数人在观察到趋势线被击穿后都会认为趋势已经发生了改变，最终便忘记了原本存在的趋势线。这其实是错误的，因为扩展的趋势线依然会发挥原来趋势线的作用。

例如，如果向上的趋势线被击穿，价格依然会回到扩展的趋势线上。这被称为“回归”走势。图 5–11 向我们展示了原本上涨的趋势线被击穿后，价格再次反抽回到扩展趋势线的位置，但此时这里已经成了压力位。

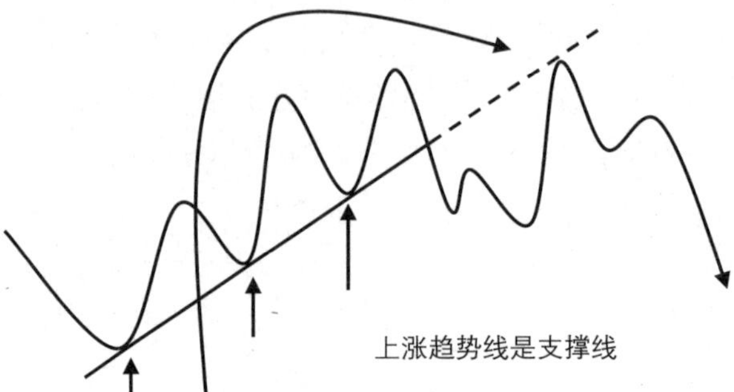

图 5–11　上升趋势线在反转后由支撑线转为压力线

图 5–12 向我们展示了下跌市场行情中趋势线的这种状态。

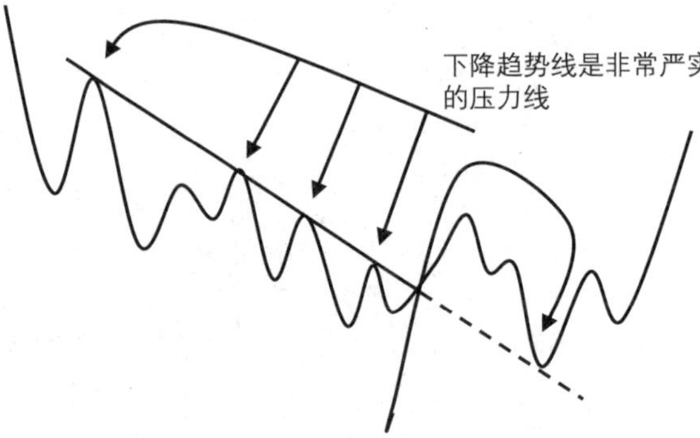

图 5–12　下降趋势线在反转后由压力线转为支撑线

此外，在前面分析的基础上，如果某条趋势线是一条非常重要的趋势线，那么其扩展的形态也具有同等的重要性，只不过是从相反的角度来解读。这是因为扩展的趋势线通常意味着支撑位与压力位发生了反转。例如，当上升的趋势线发生逆转，接下来的价格走势就会在趋势线之下，但价格开始反弹，遇到扩展的趋势线就会停住，趋势线就变成了压力线。

例如，图 5–13 向我们演示了黄金信托 ETF 在经过漫长的上升之后，行情发生了逆转，原来上升趋势线的扩展线在随后的反弹行情中就演变成了压力线。

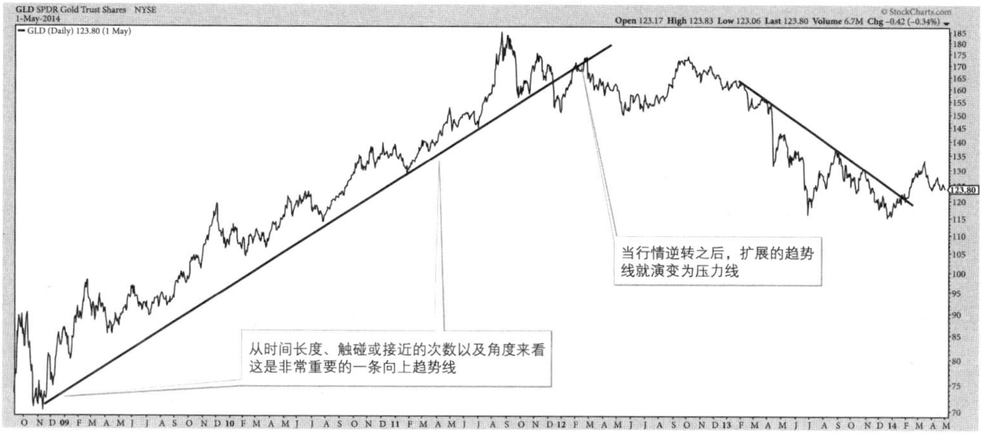

图 5–13 2008—2014 年间的趋势扩展线（黄金信托）

对数（比例）方法分析与算术方法分析

在第 1 章，我们就比较分析过按照对数画图（比例法）与按照算术画图的重要性。从趋势线时效与准确度运用的角度来看，趋势线比例尺的选择显得尤为重要。这是因为在主要趋势的末端，价格的变化会呈现出加速的趋势：在上涨趋势的末期，价格会呈现出越来越快的涨势，而在熊市快要结束的时候，会呈现出加速下跌的态势。在牛市行情中，经过最初的暴涨之后，价格上涨的速度会变得越来越慢，然后以越来越陡峭的角度达到牛市的顶峰，就好像从山的左侧不断攀登高峰一样。

图 5–14 向我们展示了蜘蛛消费品（Spider Consumer Staples）ETF 用比例法画出来的价格走势图。

我们可以发现在 2013 年 1 月，趋势线向下被击穿。当然这只是短时间击穿，随后出现的反弹证实了这个位置在扩展的趋势线上有很强的支撑。但到了 2014 年 2 月初，向上的趋势线被再次击穿，这次是有效跌破。同样的时间段，如果用算术方法来测度，就会出现不一样的结果。图 5–15 就是用算术方法来测度相同时间的走势。我们会发现，在整个分析的时间范围内，趋势线都没有发生变化，没有被突破。

图 5–14　对数分析方法下的趋势突破（蜘蛛消费品 2011—2014 年）

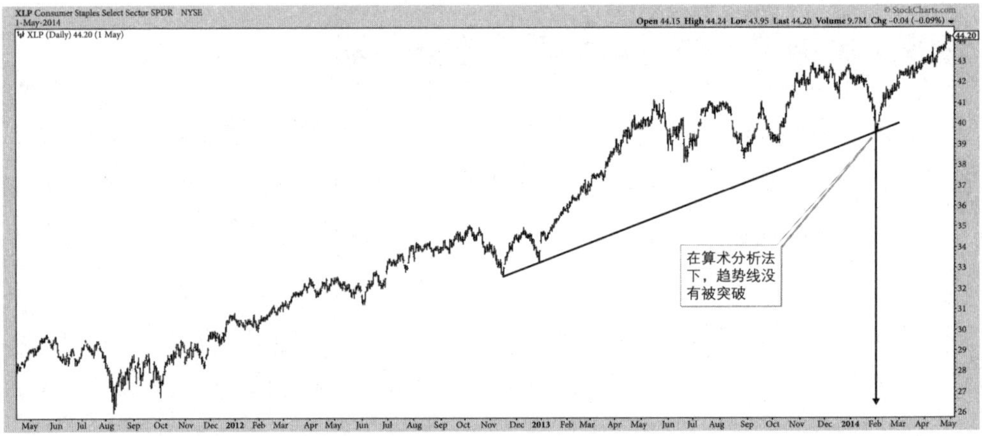

图 5–15　算术分析方法下的趋势突破（蜘蛛消费品 2011—2014 年）

在下跌的趋势中，将算术分析法与对数分析法相比较，趋势发生改变的时间会更早一些。

总的说来，相比算术分析法下画出来的趋势被击穿，对数分析法下画出来的趋势线被击穿更能反映趋势发生反转，原因就在于对数分析法反映的是比例变化，而市场的心理活动往往都是成比例地发生变化的。不过，我们也不能完全忽视算术分析法的作用，因为有时候，它能够更敏锐、更准确地捕捉到市场发生转变的信号。这取决于趋势线的重要性有多大，在前面的分析中，我们讨论过如何去衡量趋势线的重要性。因此，充分运用两种方法，考虑多种可能性，会让我们的决策更科学合理。

如何测度下一波趋势的大小

趋势线一旦被突破便有很多市场信息需要去解读和测度。首先需要测度的是价格与趋势线之间的垂直距离是多少。以图 5–16 为例，我们需要测度上升趋势的高度将会是多少。这个距离在原来的趋势被打破、新趋势形成之时就需被重视。

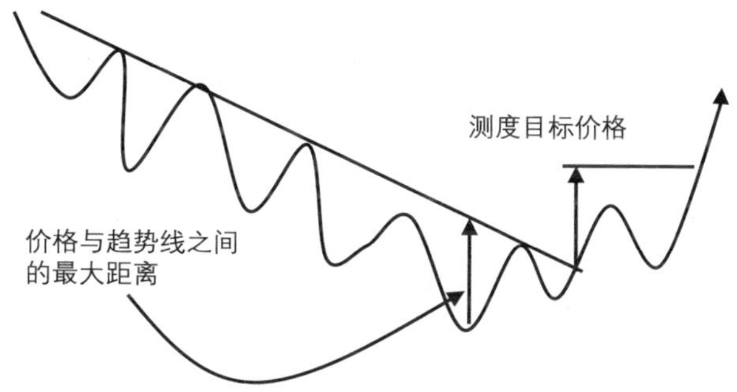

图 5–16　测度下跌趋势的市场信息

目标价格这一词语可能会存在一定的误导性。当趋势线击穿被证实为行情发生了反转，这个时候市场价格就处于目标区域。不过，很多时候，这些目标价格都会被超越，所以还是会跟预期的目标价格有一点点误差。图 5–17 向我们演示了上涨趋势发生逆转之后，下跌的目标价格测度。

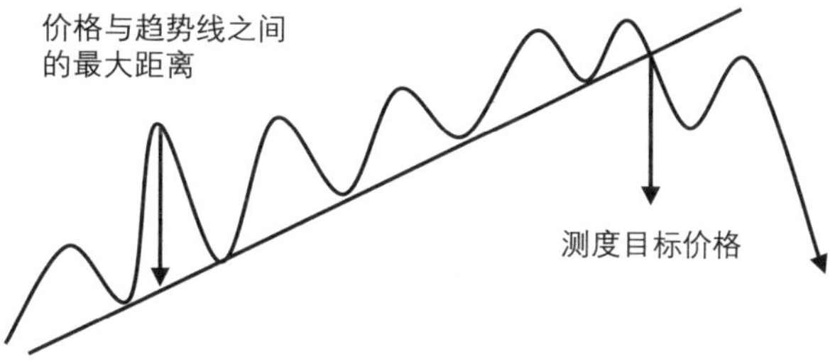

图 5–17　测度上涨趋势反转后的市场信息

在图 5–18 中，我们可以研究新兴市场 ETF 的目标价格测度情况。在这个例子中，我们可以看到上涨过程中的两次回落幅度都跟趋势线与最高价格点的距离基本相当。

这一距离就可以用来预测行情反转之后下跌过程中的目标价格。请注意图 5–18 上的两次锯齿震荡，它们均表现为短暂但剧烈的震荡走势。

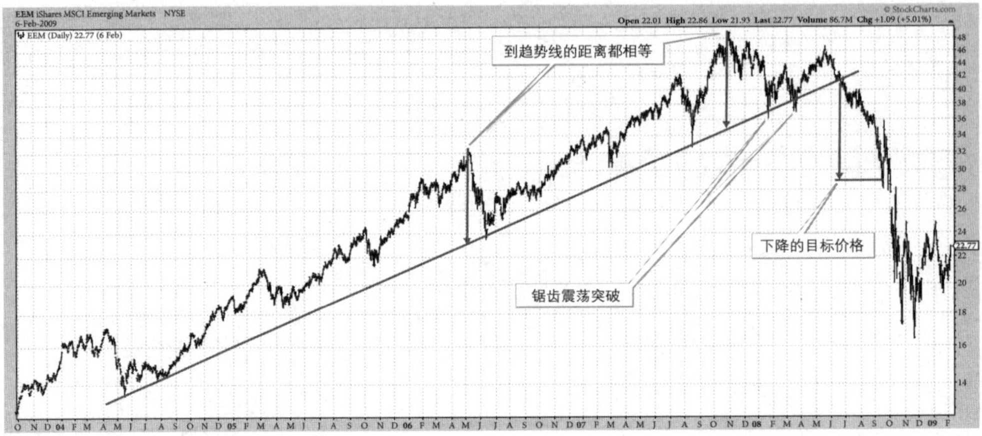

图 5–18　目标价格测度（新兴市场 ETF 2003—2009 年）

趋势通道

到目前为止，我们都是分开讨论将所有低点连起来的上升趋势线和将所有高点连起来的下降趋势线。然而，将平行的趋势线结合起来分析也非常有意义（如图 5–19 所示）。

在上升的市场环境下，返回趋势线是将反弹高点依次相连画出来的，在下跌的市场环境下，返回趋势线是将一些下探的低点相连画出来的，如图 5–20 所示。返回趋势线与原始趋势线之间就形成了趋势通道。

返回趋势线的重要作用体现在两个方面。第一，趋势的方向决定其代表的是

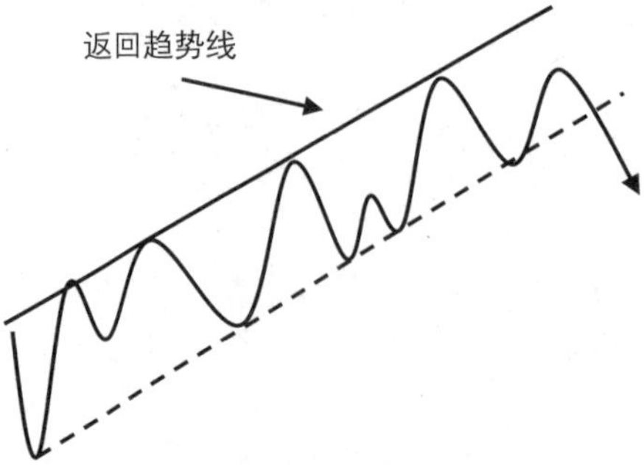

图 5–19　上升趋势通道

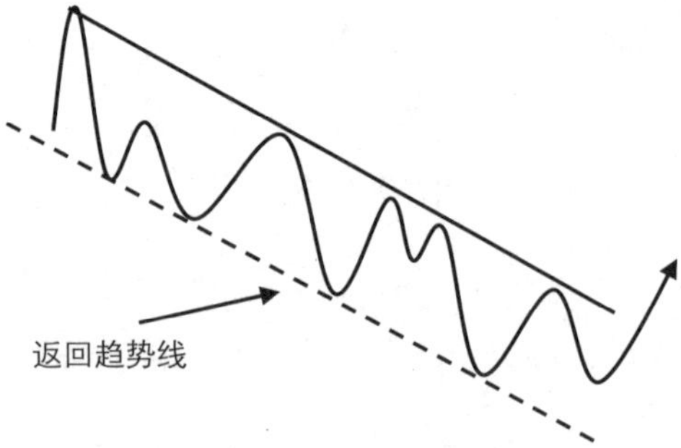

图 5–20　下降趋势通道

支撑位还是压力位。第二，返回趋势线被击穿表明市场会发生改变，原有的市场趋势可能会按照暂时的变化比例加速前行，当然也可能会发生反转。这一点可能更重要。

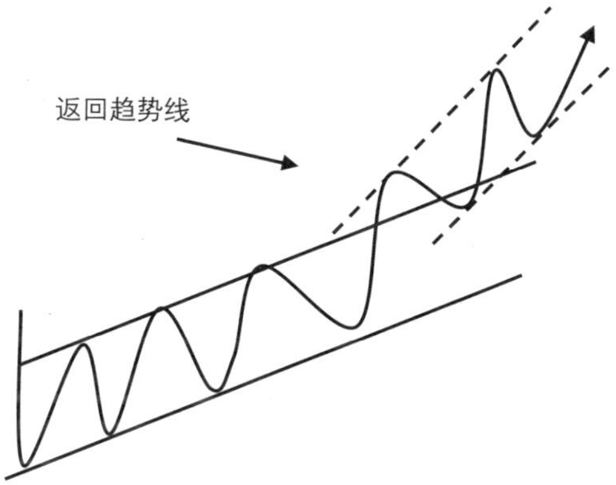

图 5–21　上升趋势通道再次向上突破

在图 5–21 中，返回趋势线被突破意味着价格上涨的速度将会加快。事实上，该图中的趋势通道代表不断上涨的交易区间，随后，趋势线也发生了改变，形成了向上的突破走势。

衰竭点与投资机会出现

另一方面，如果趋势通道的角度非常陡峭，如图 5–22 和图 5–23 所展现的那样，返回趋势线被突破往往代表着趋势出现衰竭，即将结束。趋势下降过程中，价格不能维持在返回趋势线之上，跌破返回趋势线是市场趋势即将发生反转的重要信号。在这种情况下，突破返回趋势线，实现趋势的逆转通常会伴随成交量的放大。

设想一下这样的情形：一个人正在锯一块很厚的木头。最开始的时候，他可能

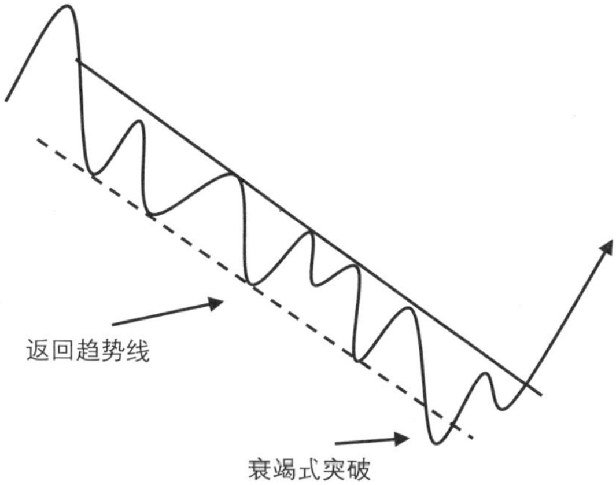

图 5–22　下降趋势通道出现力竭

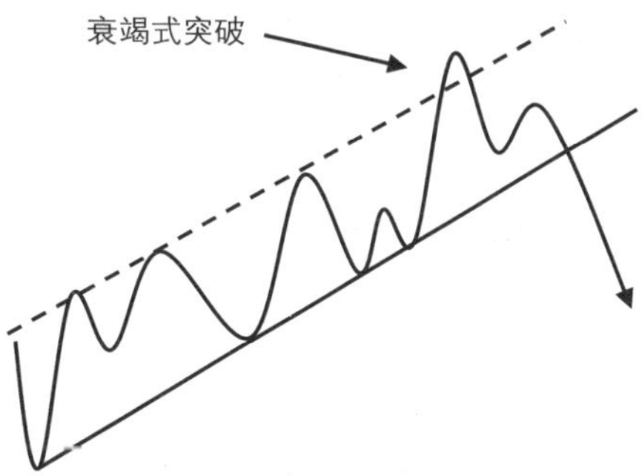

图 5–23　上升趋势通道出现力竭

锯得比较慢但工作很认真，他慢慢地意识到这个任务不好完成，所以有些懈怠，干活的进度是缓慢增加的。最后，他拼尽全力，但由于在很短的时间里耗尽了所有的力气，他被迫放弃了这个任务。这个过程与熊市的运行规律类似。在熊市末期，剧增的成交量意味着卖方进入了疯狂甩卖的状态。一般来说，通道趋势越陡峭，成交量的激增就越有可能成为势头衰竭的信号，从而实现行情趋势的逆转。

当价格反弹暂时高于常规下跌趋势线（或低于上涨趋势线），市场衰竭也会出现，随后，市场会重新跌回下跌趋势线（或涨回上涨趋势线）。在下跌趋势线中，这种情形就好比一个人奋力往上跳，突破了楼顶的天花板。他有能力让自己的头在天花板之上停留几秒钟，也就是能够短暂地进入上一层，随后再快速掉下来，回到自己所在的这一层。在起跳突破天花板的时候，他用尽了自己所有的力气。要想再次做出这样的动作，他需要休息一阵子，待力气重新恢复。价格的波动过程与此相似，首先是费尽力气成功地突破趋势线，但又没法维持这样的突破。短暂的突破通常意味着原来的主流趋势还将继续前行。不过，这也提出了另外一个难题：我们应该如何构建趋势线才更合理呢？

例如，在图5–24中，我们看到在趋势线AB的假突破。那么，是不是AB这个趋势线就应该放弃呢？是否应该将衰竭式突破的高点与前面的最高点相连画出一条新的趋势线（AC）呢？这又是另外一个需要面对的问题。

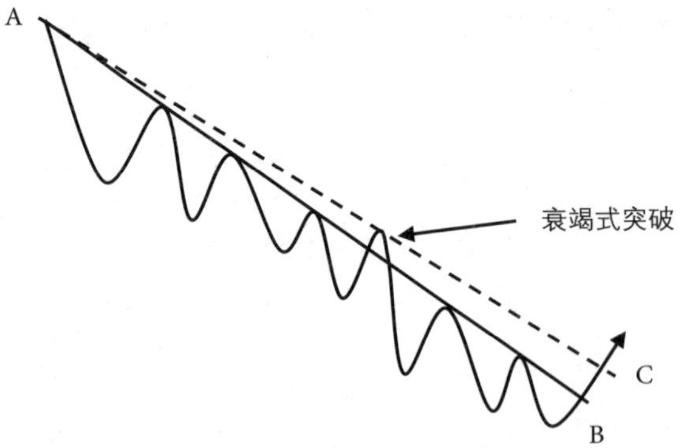

图5–24　下降趋势的衰竭式突破

另外，当出现锯齿形突破时，重新连接高点画出趋势线，从技术上来讲，这是正确的做法；但从常识角度去分析，我们还是觉得原来的趋势线更能反映潜在的趋势走向。毕竟，在锯齿突破之前，市场运行曾经有三次触碰到原来的趋势线。但如果重新连接趋势线，市场运行就只有两次触碰到趋势线，这两次便是起始点与锯齿突破的高点。从某种意义上来说，新画出来的趋势线比原来的趋势线更有压力，因为价格很难突破这条线。如果面临这样的锯齿突破情况，我们想画一条更有说服力的趋势线，还是应该选择 AB 这条线，而不是 AC 这条线，因为 AB 这条线被触碰或超越的次数要大于 AC 这条线，说明 AB 这条线能够更好地体现出真实趋势的发展方向。

相同的原则在上升趋势线也同样适用。当分析这一状态时，你可以这样考虑：锯齿突破实际上是进一步增强了趋势线的可信度。这是因为价格可以突破趋势线，但由于趋势线所表明的支撑位或压力位具有非常重要的意义，所以突破只是暂时的，不能持续下去。如果此处的位置不够重要，那么突破就会形成反转，锯齿形态也就不会出现。因此，当价格有能力实现有效突破时，其信号作用就变得更明显。

图 5–25 向我们展示了 20 世纪 90 年代高科技泡沫下的思科公司股价强势上涨通道。

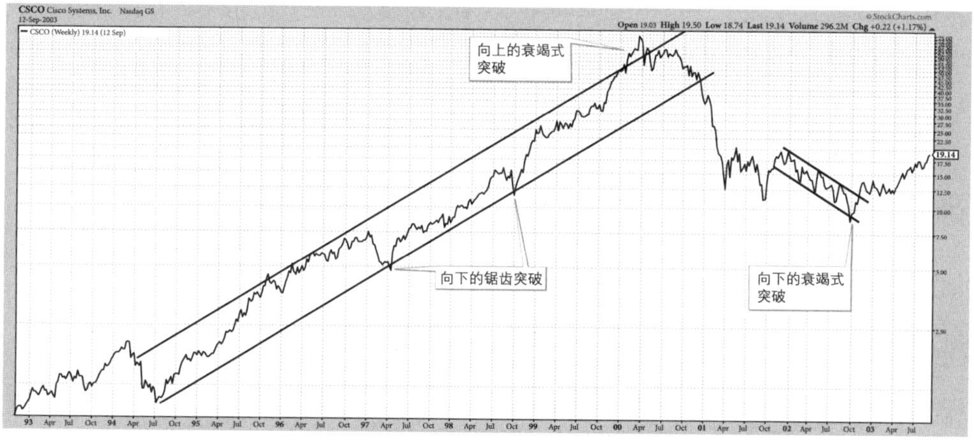

图 5–25　**趋势通道、衰竭式突破和锯齿突破（思科公司 1993—2003 年）**

我们注意到在这个过程中，出现过两次锯齿突破，但随之而来的都是不错的反弹走势。在 20 世纪 90 年代末期，股票价格出现了向上衰竭式突破，买方误读了市场上所谓的利好消息。在熊市末期，我们看到了幅度较窄的下降趋势通道，随之出现了向下的衰竭式突破，那是因为在这个位置，卖方对市场信息反应过度。

小结

1. 趋势线这一分析工具很容易理解，但要运用得当则要求具备比较多的常识和丰富的经验。想要充分掌握解读趋势线的技术，并成功地加以运用，则需要通过大量的实验和实践。
2. 趋势突破信号既有可能是临时性的干扰，也有可能是主力趋势发生逆转。这种情况下，就需要借助其他技术分析法来确定到底是哪种形式的突破。
3. 趋势线的重要性跟趋势持续的时间长短、趋势线被触碰或接近的次数以及上升或下降趋势的角度等因素相关。
4. 一条成功的趋势线能够很好地反映出潜在的趋势走向，代表着市场运行面临非常重要的支持区域和压力区域。
5. 趋势方向大小的测度可以通过计算价格与趋势线之间的最大垂直距离来获得。
6. 扩展趋势线的作用与原有的支撑线 / 压力线的作用正好相反，在技术分析的时候，它的重要作用不能忽视。
7. 衰竭式突破通常伴随着原有趋势反方向的快速发展。它们进一步加强了趋势线的作用和意义。

第 6 章

充分发挥成交量这一分析工具的作用

引言

分析师在分析某一特定证券的时候，不是分析证券的自身价格，就是分析价格的波动情况。成交量在我们分析和解读群体心理活动的时候，会提供一个全新的动态分析视角。分析成交量的变化趋势，能够让我们更好地理解诸如价格形态这样的技术分析概念是如何形成的，以及为什么会出现这样的形态。事实上，对成交量特征的研究将以更强的力度佐证前面我们提到的分析方法的重要作用。成交量不仅仅是衡量买卖双方交易热烈程度的指标，也是一个完全独立于交易价格的变量。本章我们将讨论如何解读成交量的一些基本原则。

成交量研究的好处

研究成交量的好处主要体现在以下三个方面。

1. 将成交价与成交量两个指标相比较，看看它们的表现是否一致，这个分析非常重要。如果它们的表现一致，那么沿着原有趋势继续前行的概率就会高许多。
2. 如果成交价与成交量表现不一致，那就意味着潜在的运行趋势并没有其表面上看起来那么强劲。如果价格形态发生改变和突破，但成交量并没有同步发生变化，那么这一突破的信号很可能是无效的。
3. 偶尔，价格波动释放出来的趋势反转信号并不是很明显，但成交量却释放出比较明显的反转信号。如果这个时候，只专注于价格波动研究而没有考虑成交量波动研究，就容易忽视真正的趋势运行规律，错失上涨的好机会，或者错过非常明显的下跌警示信号。

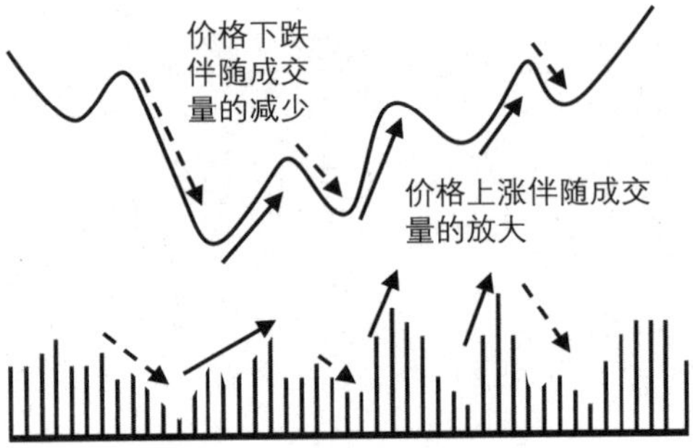

图 6–1　成交量趋势运行图

通常情况下，成交量都是用一系列直方图来表示，位于价格曲线的下方，如图 6–1 所示。这样的安排非常管用，因为它能够非常明显地显示出哪个位置成交量在放大，哪个位置成交量在缩减。这样就可以很好地与价格波动曲线相吻合，看看是否佐证了价格运行的可持续性，价格趋势的运行必须有成交量的支撑才能够长久和坚定。

解读成交量指标的原则

成交量也可以被解读为动能，这样就可以用更加直观的图形来描述不同水平的震荡情况。在这里，我们将界定有关成交价格与成交量关系的一些基本原则。

1. 成交量会追随趋势变化

这是最重要的原则。一般来说，当市场处于不断上涨的行情时，成交量会逐步放大，当市场处于不断下跌的行情时，成交量会逐步缩减，如图 6–1 所示。从这个角度来看，成交量能够很好地反映过去趋势的运行。21 世纪的纽约证券交易所日平均交易量超过 20 亿股，而 20 世纪的纽约证券交易所日平均交易量大约为 500 万到 600 万股，但这样的比较意义不大，没有什么作用。这样的对比只能反映出参与交易的机构数量发生了改变，并不能反映投资者的心理活动发生了改变。随着上市公司的数量越来越多，各种金融衍生品层出不穷，交易佣金越来越低以及其他原因，今天的日成交量变得越来越大。另一方面，这一周的日成交量 30 亿股与上个月的日成交量 15 亿股相比，两者之间又有非常密切的关系，因为这表明市场上机构的操作出现了明显的变化。

我们都清楚，当价格运行确立趋势后，趋势也不是直线前行的。事实上，在上涨的牛市行情里，价格总是涨涨跌跌，以之字形的方式呈螺旋式上升。成交量的演变与此类似。例如，在图 6–2 的左侧，箭头所指的方向就向我们展示了成交量起起伏伏的走势。

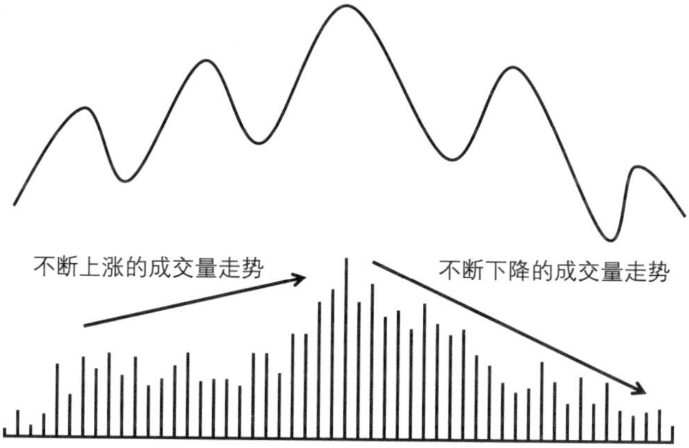

图 6–2　成交量的变化情况

很显然，并不是每个时间段的成交都很活跃。有时候市场交易很活跃，有时候市场交易很清淡，但总体趋势是不断上升。图 6–2 中，右半部的成交量走势是在不断降低的。下降的趋势也是不规则的。当我们讨论成交量是上升还是下降时，我们通常都是指成交量变化的趋势。虽然趋势确定，但趋势发展的过程中出现反复也是很正常的一件事情。跟价格趋势一样，成交量的趋势也分为日间趋势、短期趋势、长期趋势，具体如何区分要根据图形来定。

2. 流入一只股票的钱与从该股票流出的钱总是相等的

这一原则完全正确，且跟具体的成交量规模没有关系。因此：

> **重要的技术分析原则：**买方或卖方的交易热情决定着价格的变化过程。

如果买方市场处于牛市行情，买入方会不断调高自己的买入价，直到他们的购买需求得到满足。如果市场出现负面消息，卖出方可能会非常恐慌，疯狂卖出，这会让股票价格快速下跌，但是不管是什么情况，卖出的成交量总是正好等于买入的成交量。

3. 量价齐升是很正常的状态

量价齐升表明两者配合完美。量价齐升的状态没有什么预测的价值，除非市场马上就会迎来量价背离的偏差走势。

4. 牛市行情中成交量的变化通常都领先于价格的变化

价格创新高，但成交量却没有同步创新高，这种情况通常会被视为一种警示，预示着行情可能会发生逆转。在图 6–3 中，价格的最高位置出现在 C 点，但成交量的最高位置却出现在 A 点。

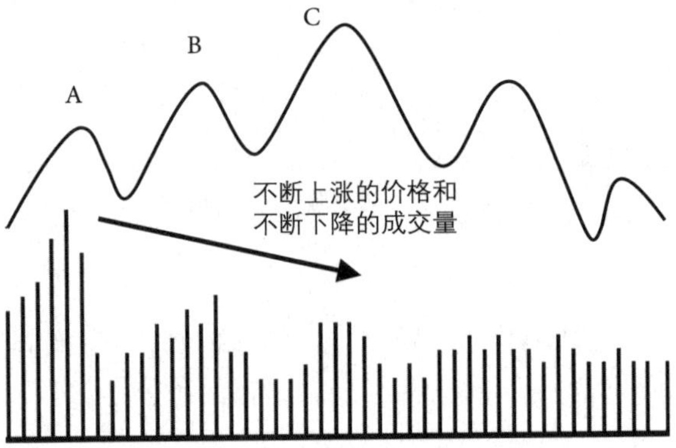

图 6–3　成交量先于价格变化

这样的走势很常见，不断下降的成交量走势在最高点时的位置具有一定的欺骗性，是技术分析的薄弱环节。遗憾的是，并没有什么严格的规则，帮助我们分析成交量达到顶点时行情存在什么样的偏差。一般来说，成交量与价格走势的偏差越大，技术图形反映出来的重要性就越低。同理，成交量高点之间的差距越小，交易热情就越少被激发，一旦买方力量衰竭或者卖方力量加强，那么此刻技术分析的作用就越值得怀疑。没有成交量支撑的价格新高就好像没有上升趋势支撑的价格新高，只是昙花一现的牛市行情。

例图 6–4 向我们展示了巴克莱 20 年期的信托 ETF 走势，你会发现，随着价格的一波又一波反弹，成交量却是在逐步降低。

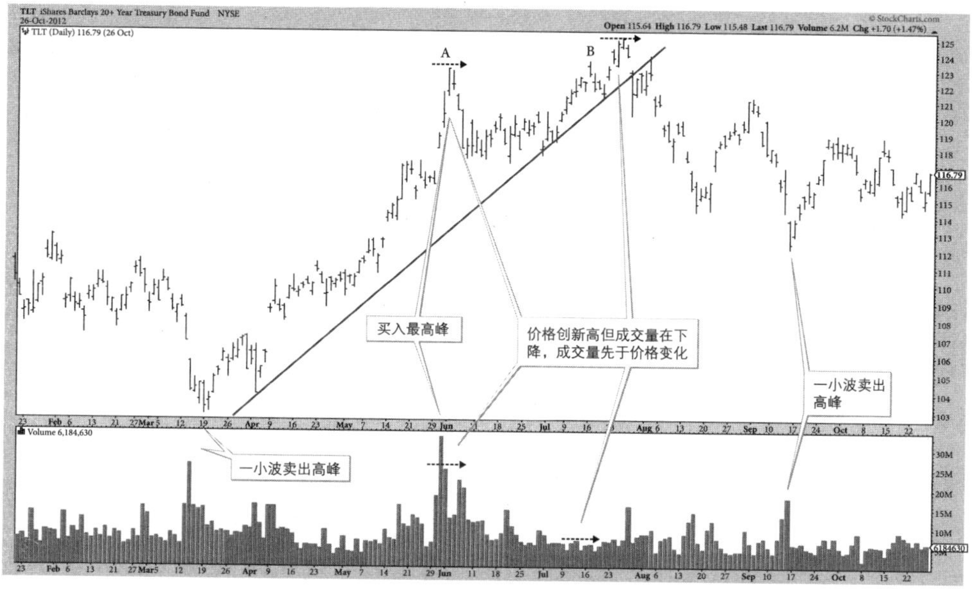

图 6–4　成交量先于价格变化（巴克莱 20 年期 ETF）

最终，这一背离走势在价格下穿趋势线之后结束。

5. 伴随着成交量下滑的价格上升是不正常的

这表明市场处于势弱且值得怀疑的反弹过程，具有典型的熊市特征，如图 6–5 所示。

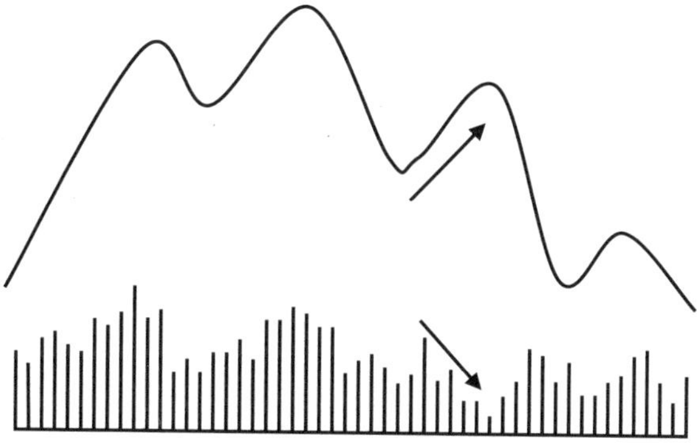
图 6–5　价格上涨但成交量下降的熊市走势

一旦出现这样的走势，我们可以将它看成熊市来临的证据之一。成交量被认为是衡量买卖双方交易热情的重要指标。价格上涨但成交量却下降，市场出现这种状态可能是因为卖方力量削弱而不是买方力量不足。或早或晚，趋势运行将会达到这样一个状态，即卖方力量变得越来越强盛。一旦这个时刻来临，价格将会加速下跌。有一个信号值得注意：成交量显著增加，但价格却开始下降。图 6–6 向我们展示了这样的态势，

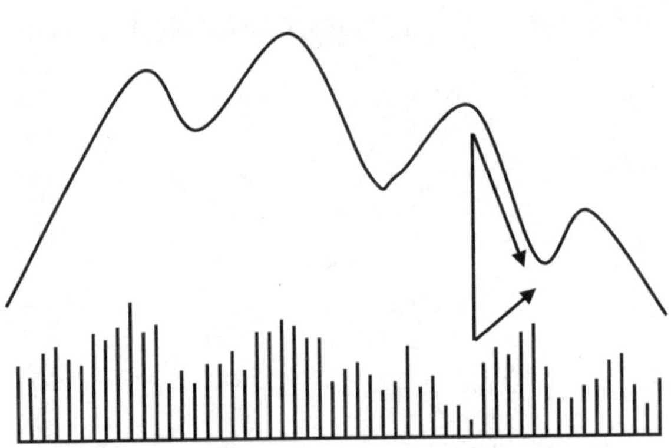

图 6–6　价格下跌但成交量上涨的熊市走势

你会看到当成交量开始上升时，价格却在下跌。

在这种情况下，成交量并不一定在价格下降的过程中一直保持扩张的态势，如图 6–6 所示。在价格高点出现之后，成交量可能会呈现两三个上涨的柱状图。事实上，这样的走势是市场上的常态。

在图 6–7 中，蜘蛛消费品 ETF 的走势向我们展示了 2011 年开始下跌之前的两波反弹行情，第一波反弹行情中的成交量出现了下跌的走势，第二波反弹行情中的成交量一直维持在比较低的水平。

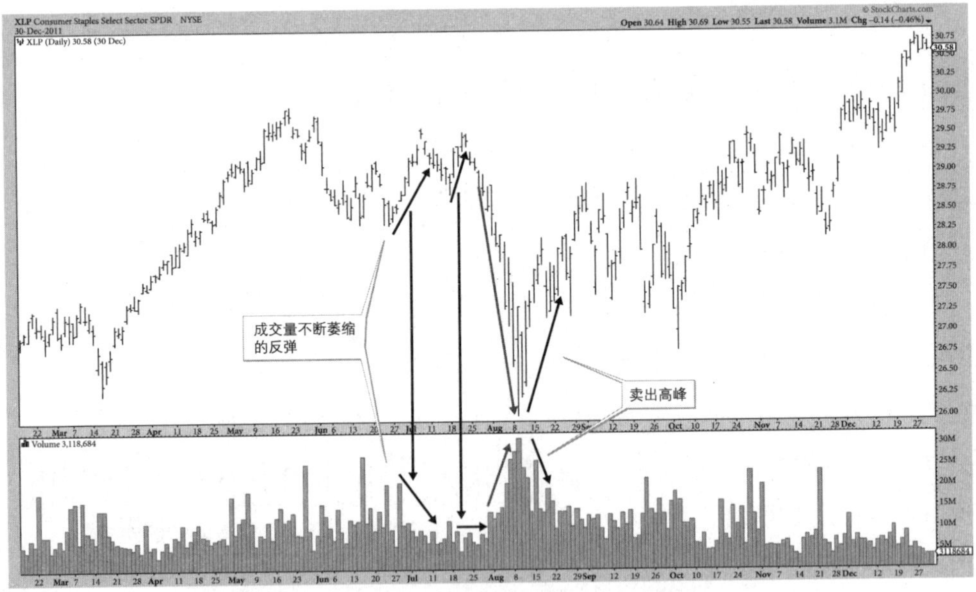

图 6–7　卖出高峰与成交量不断萎缩的反弹（蜘蛛消费品 ETF 2011 年）

图 6–8 向我们展示了牛熊转换过程中成交量变化的规律。

在牛市行情里，价格与成交量同方向变化是很常见的态势，但在熊市行情里，它们经常呈现出方向相反的走势。所以，在牛市行情的时候，价格和成交量基本都是同涨同跌的走势。而在熊市行情的时候，经常出现的情况是价格上涨的时候伴随着成交量的下降，或者价格下降但成交量却在不断上升。并不是每一波行情都会出现这样的特征，但是当你回顾一些市场异象时，你都可以发现这样的情形，不管市场主要趋势是牛市还是熊市。图 6–9 向我们展示了新兴市场 ETF 在 2008 年早期就出现了价格上涨但成交量下降的走势。

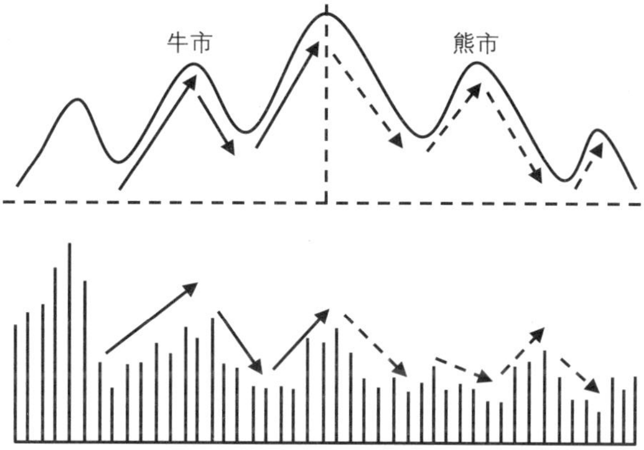

图 6–8 牛市和熊市中的成交量特征

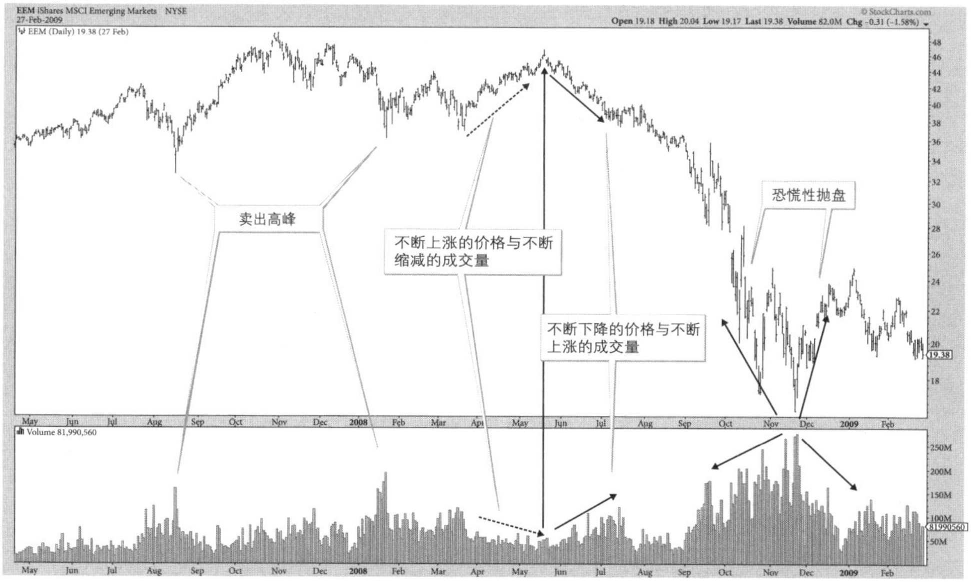

图 6–9 卖出高峰与熊市成交量的特征分布（新兴市场 ETF 2007—2009 年）

6. 有时候价格和成交量都会缓慢上升，逐渐进入指数快速拉升的最后阶段

当指数快速拉升之后，不管是成交量还是价格将都出现快速下跌的行情。这表明前期上涨的动能衰竭之后，趋势迎来了反转，特别是价格柱状图出现明显的特征时，这样的反转趋势会更加明确，我们将会在第 8 章讨论价格图形的各种模式。反转的重要性主要取决于前面趋势的强度以及成交量扩张的程度。很显然，运行时间为四到六天的衰竭式冲顶趋势其重要性与运行时间超过一周的衰竭式冲顶趋势基本相当。这种冲顶回落的趋势被称为抛物线式衰竭趋势，图 6–10 向我们展示了这一趋势的走法。

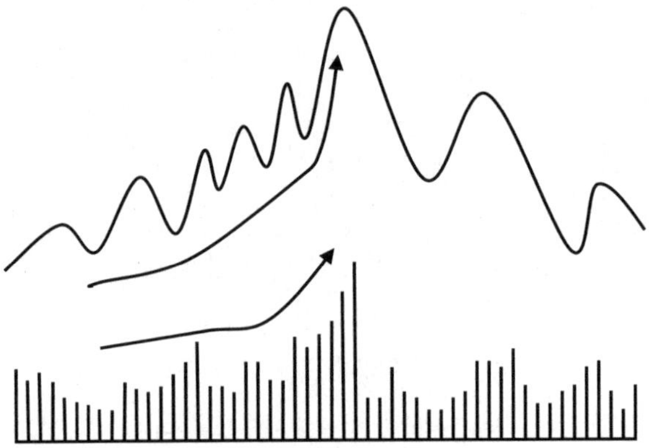

图 6–10　抛物线式冲顶行情

遗憾的是，很难量化抛物线式衰竭趋势的强度，所以想要清晰地勾勒出趋势线或者价格模式就比较困难。所以，通常情况下，我们都很难判断趋势结束的位置在哪里，只能根据成交量和价格不断上涨的态势，大概判断出一个区间位置。

当成交量和价格同时上升并达到高峰开始下跌时，我们可以发现两者存在一些类似的技术特征。这就是，与价格经过几个月时间缓慢上升的行情相比，抛物线式衰竭冲顶买入高峰持续时间更短，短期效应明显。买入高峰的例子可以参考图 6–4。

7. 出现卖出高峰是牛市的特征

卖出高峰与抛物线式衰竭走势正好相反。通常情况下，卖出高峰是在价格长时间加速下跌之后，成交量不断增加的状态下出现的。卖出高峰创下的价格新低，在很长一段时间里都很难突破。价格在卖出高峰创下低点之后，便开始反弹走高，与此同时，成交量却在逐步下降。在经过一段时间的持续下跌之后，真正的地量便会

出现。此时的地量配上不断上涨的价格，被认为是正常的市场走势。进一步明确接下来成交量的扩大会伴随着市场的反弹，对预测未来走势意义重大，如图 6–11 所示。熊市趋势的结束经常伴随着卖出高峰的出现，但并不总是如此。俗话说：关注卖出高峰的出现非常重要，但很可能这不是反转而只是反弹，反弹之后，还有新低。

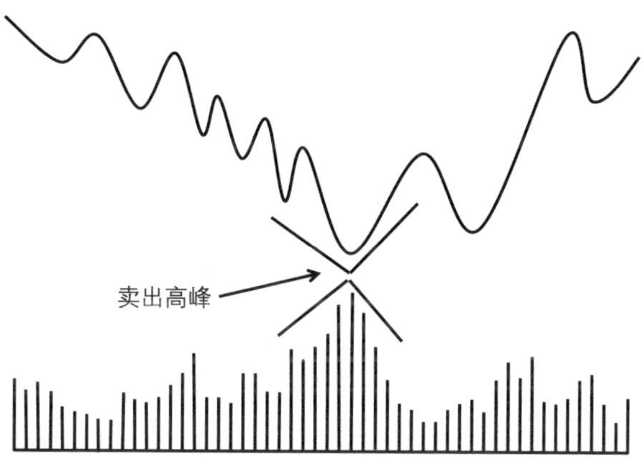

图 6–11 卖出高峰

在图 6–7 中，我们看到了蜘蛛消费者 ETF 代表性的卖出高峰是 2011 年 10 月出现的，随后市场迎来了大逆转。

我们应该关注最后的反弹结束后，成交量是如何扩张的。卖出高峰同样出现在图 6–4、图 6–9 和图 6–12 中。

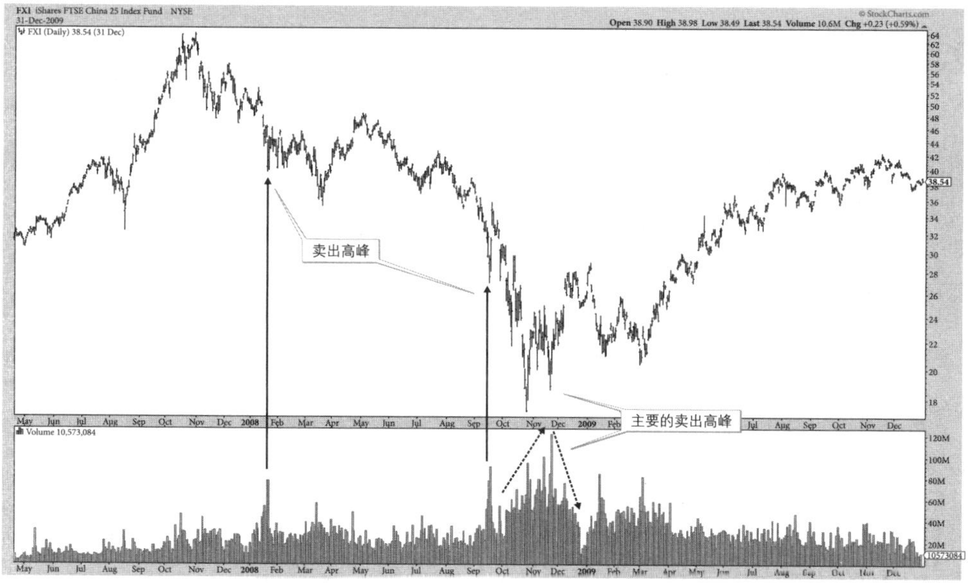

图 6–12 卖出高峰（中国成分股 2007—2009 年）

在图 6–12 中，第一次出现的卖出高峰并不是真正的低点，因为卖出高峰之后，价格迎来了反抽，但很快又继续下跌，真正的底部比 2008 年 4 月的低点要低许多。

8. 地量支持的地价是牛市走势

当价格经过长期下跌之后，开始出现反弹，或者比前期的低点稍微下降一点点，但下降的幅度明显减小，这就是牛市来临的信号。当然，这里有一个条件，那就是在第二个低点的位置，成交量显著少于第一个低点的成交量。

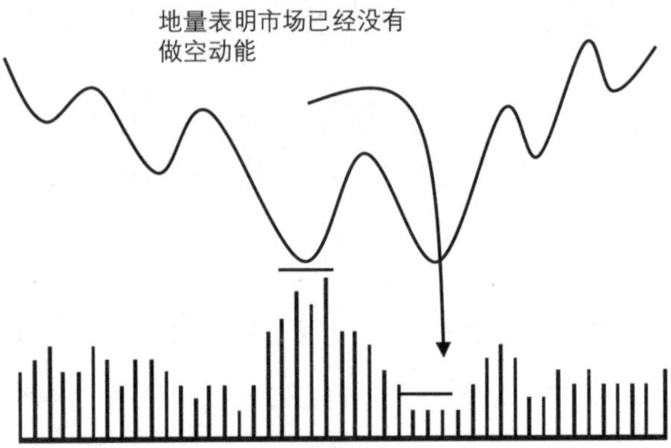

图 6–13　地量地价之后的走势

正如华尔街的老话所说："不要在市场萧条的时候做空。"地量支持的地价行情走势就是这样的状况。这表明，市场上的抛压已经非常小，如图 6–13。

9. 向下突破时出现巨量是不正常的走势

如果出现趋势线或者移动平均线（MA）向下突破的走势，并且伴随着成交量的巨额放大，这种行情是不正常的，往往都是趋势发生反转，进入熊市的征兆。

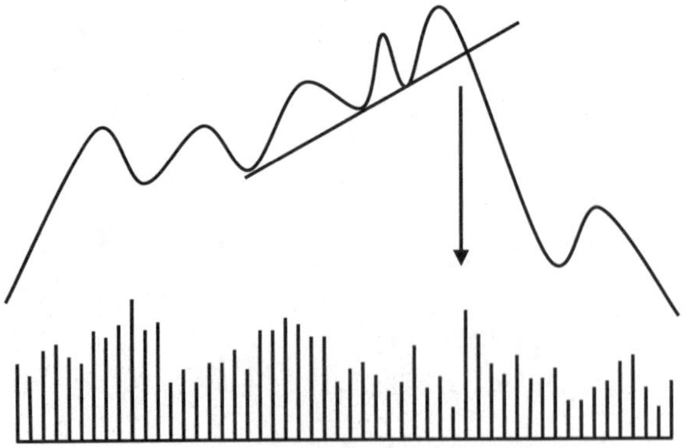
图 6–14　巨量向下突破是熊市走势

价格出现下跌，一般都是因为买盘不够，因此通常会伴随着成交量的萎缩。这样的走势才是正常的，不会出现什么意外，我们也无须过度解读这样的走势。当下降的过程中放出巨量，且趋势线或移动平均线向下突破，这种情况就比较危险，一般都是卖盘被激发，所以在其他情况都没有变化时，下跌过程中出现的放量走势往往意味着行情会变得更为严峻，如图 6–14 所示。

10. 价格连续走高好几个月，难创新高且伴随巨量的反弹是频密交易，这是熊市走势

如图 6–15 所示，你会发现，虽然成交量屡创新高，但却不能推动价格大幅走高。当价格回落到前期密集成交区下方的时候，大多数市场参与者都会出现亏损。于是，这会引起卖方力量的增强，因为价格一旦跌破成本价，会让市场参与者采取止损行动，从而避免更大规模的亏损。

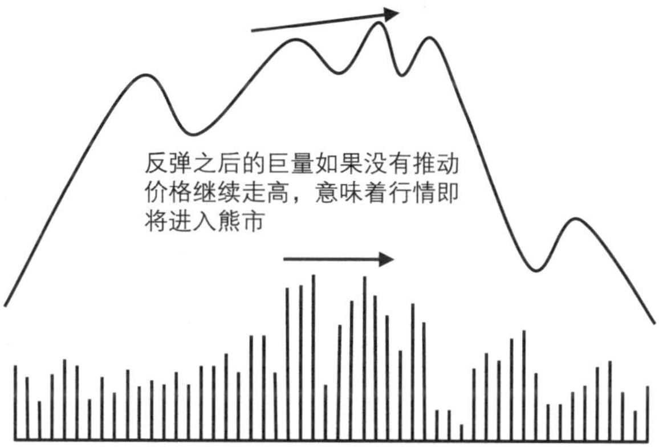

图 6–15　频密交易是熊市走势

11. 行情长期下跌之后的放量与价格小幅上涨是牛市即将来临的信号

经过长期下跌之后，价格开始低位徘徊，成交量逐步放大往往是积极的信号，这意味着股票筹码开始从不坚定的弱者手里换到坚定的强者手中。这里的弱者指的是对坏消息表现得特别敏感的股票持有者，他们一有风吹草动就选择卖出。这里的强者指的是那些并不畏惧坏消息的投资者，他们会选择坚定持有，并预期股票价格未来会不断走强。如果随后的股票价格向上突破，成交量进一步放大，这将是非常积极的信号。图 6–16 向我们展示了这样

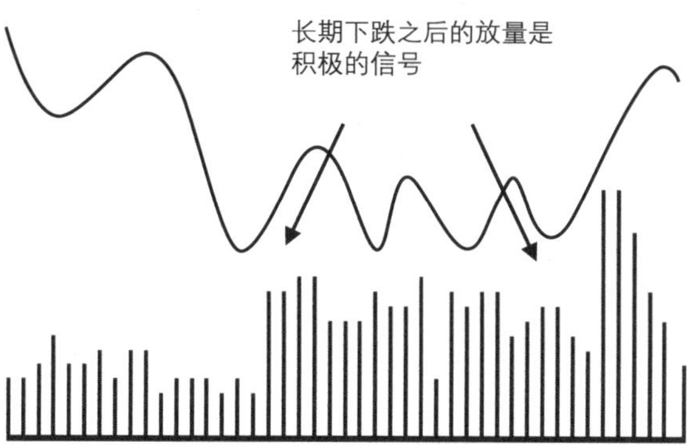

图 6–16　长期下跌之后的放量走势是行情转暖的走势

的走势。

12. 成交量创新低通常是值得信赖的信号

成交量创新低值得信赖，因为这表明人们的心理活动已经发生了改变。一般来说，这意味着股票的主要趋势将会发生改变。以美国股票市场为例，1978 年 3 月、1982 年、1984 年 8 月和 1998 年 10 月，都出现过这样的行情。1987 年的债券市场和欧洲美元市场也出现过同样的行情走势。不过，这并非绝对正确的指标，2001 年纽约股票交易所和纳斯达克市场都出现过成交量新低行情，但随着行情的发展，原来创下的新低纪录很快就被后面的新低打破。

13. 当成交量和价格同步快速拉升，出现短暂的抛物线式衰竭，随后行情波动收窄，这通常意味着趋势即将发生改变

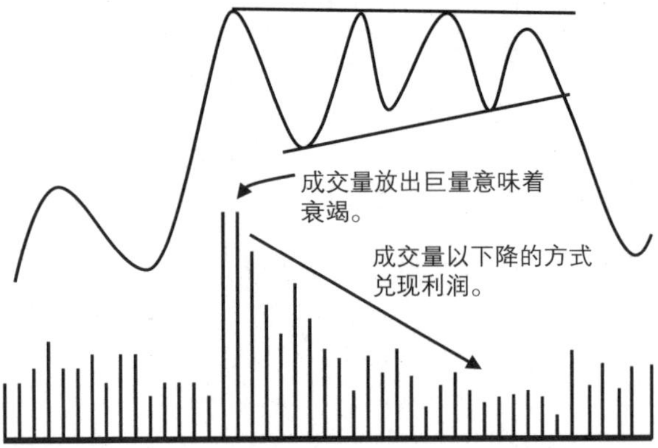

图 6–17　反弹之后的巨量意味着趋势的衰竭

有时候这会形成真正的行情反转走势，有时候又会形成一种原有行情巩固强化的走势。这种现象在图 6–17 中表现得非常明显，它表明买方力量出现了暂时性衰竭的态势。

在交易震荡区间里，最开始出现的转折点会反映在一两根特定的价格柱状图上。关于这些具体的技术走势，我们将会在第 8 章中详细论述。

14. 当价格呈现圆弧顶而成交量呈现圆弧底时，这就是熊市来临的信号

这是双重背离的走势，价格在不断上涨而成交量则从高点回落到低点。因此，当价格过了高点开始回落，而成交量越过低点开始放大时，这同样是熊市的走势。

图 6–18 向我们展示了这样的趋势。

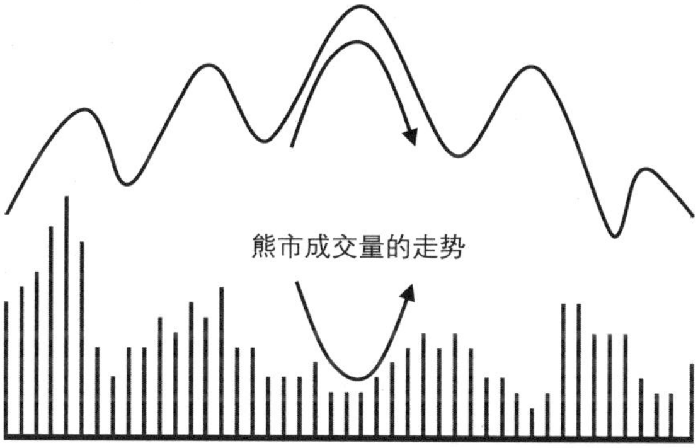

图 6–18 关注成交量的反弹与反应

15. 当价格波动和成交量波动双双趋于零时，意味着市场没有任何交易的欲望

如果价格波动和成交量波动趋于零的状态最终被打破，通常意味着接下来的行情将会是一波大涨的牛市趋势。例如，在图 6–19 中，当价格和成交量降到某个极限位置时，任何方向的轻微变化都会引发一波行情。在图 6–19 中，向下的趋势线被突破，形成反转，成交量随之激增。当然，价格也开始猛涨。

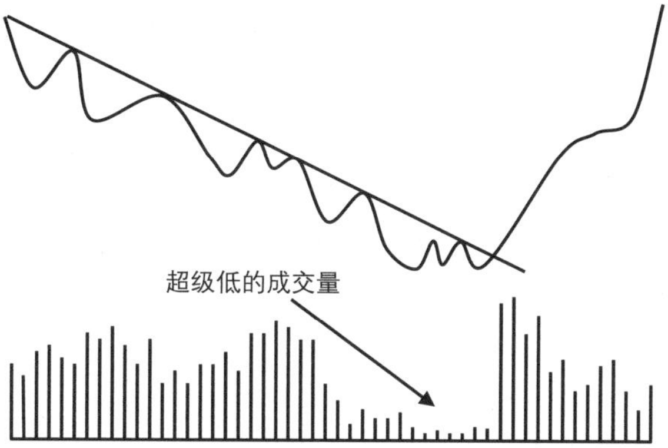

图 6–19 地量地价往往是牛市来临的征兆

技术分析领域的任何一个指标并不能保证在任何时候都有效，成交量体现得尤为明显。然而，当把成交量特征与价格走势结合起来分析时，其对行情的判断就变得非常有价值，准确性得到了很大的提升。在第 7 章，我们将会把本章学习到的主要原则运用到具体的行情分析中。正如我们所说的那样，有必要强调一点：在大多数情况下，单个成交量指标并没有向我们透露多少信息，然而，当我们把成交量与其他指标结合起来使用时，就

会发现很多非常有价值的信息。

小结

1. 成交量是完全独立于价格的变量。
2. 正常情况下，成交量会随着趋势的变化而变化。当行情出现这样的走势时，成交量没有什么预测价值。
3. 成交量变化趋势与价格变化趋势相反是不正常的，其同时也是行情即将发生反转或者会进一步强化突破重要性的信号。
4. 成交量会出现衰竭式走势，我们称之为抛物线式衰竭，此时，买方力量达到最高峰而卖方力量处于最低点。
5. 当市场交易萎缩到极限的时候，价格波动也极小，我们即将看到趋势反转，此时，成交量会放大，价格也会突破原有的震荡区间。

第二部分

趋势指标

第 7 章

确认价格的顶部与底部

基本概念

当你翻看股票行情的时候，你会发现，价格很少在短时间里实现反转。事实上，我们经常看到的行情是股票价格在一个区间里上上下下，经过多次震荡之后，才会选择突破。在这个时间段里，买卖双方是在进行拉锯战，一会儿是买方力量强过卖方力量，一会儿又变成了卖方力量强过买方力量。最终，当某一方力量取得绝对优势（这个占据优势地位的可能是买方，也可能是卖方）时，一轮新的趋势就形成了。

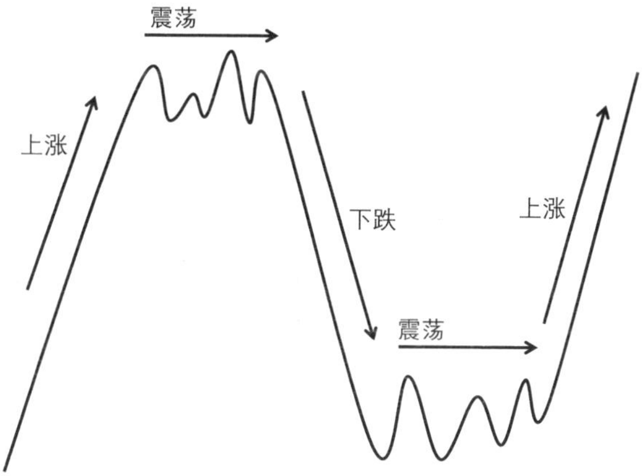

图 7–1　顶部和底部阶段的震荡行情

图 7–1 和图 7–2 向我们揭示了两种可能的走势。图 7–1 首先是向上的牛市趋势，紧接着就是高位震荡，然后开始了向下的熊市走势，在熊市底部震荡一阵子之后，又迎来了一波牛市走势。因此，一个经典的市场周期包括三个部分：向上、震荡和向下。

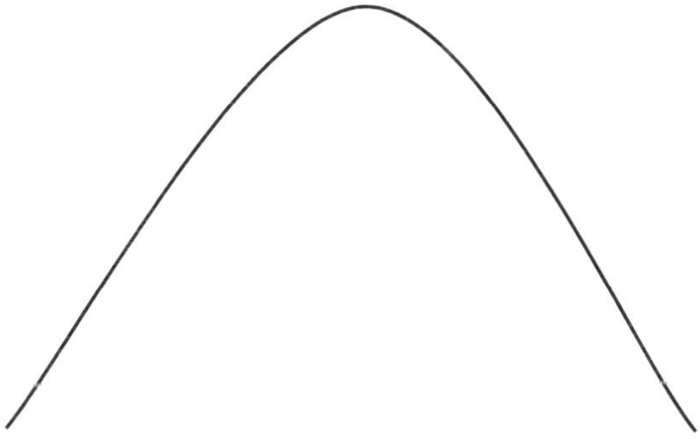

图 7–2　趋势突然反转行情

图 7–2 的走势非常情绪化，行情发生转变的时候没有任何警告信号。

这样的走势比较特殊，因为大多数市场趋势都会有震荡行情。就好像满载的油轮会在行驶很长时间后速度才会慢下来，等耗尽油量之后再加油继续开始新一轮航行。金融市场的走势与此类似。通常来说，趋势运行的时间越长，反转所需要的时间也就越长。

重要的技术分析原则：行情的过渡阶段或者水平运行阶段具有非常重要的意义，因为它是上涨趋势和下跌趋势（或者下跌趋势与上涨趋势）的分界线。

如果价格已经持续上涨了一段时间，买方的乐观情绪远远超过卖方的悲观情绪，买方会不断地推高价格走势。当行情来到震荡区间时，买卖双方的力量达到一个均衡状态，乐观情绪和悲观情绪会交替变强，但最终因为一个或多个原因，使得卖方的力量变强，那么行情就会选择向下发展。行情快速下跌，打破原有的震荡走势，不断创新低，现实让交易双方意识到行情发生了逆转。换句话说，当价格跌破震荡区间时，就应该选择卖出。当熊市底部来临时，行情的走势正好相反，这个时候，就应该选择买入。

经过这么多年的研究，分析师们已经注意到，不管是在顶部还是在底部，这样的震荡走势都有非常清晰的价格形态或者说价格表现形式。我们将这些称为“经典的”价格形态。

震荡期的转折点

图 7–3 向我们展示了股票价格在长期上涨的末期的形态变化。当价格超过 BB 线时，就进入了震荡区间，很显然，价格在这个震荡区间已运行了很长一段时间。

一旦进入这个交易区间，价格只要触碰到 AA 线，就会往下走，因为 AA 线就是压力线。这个压力位并不是一开始就确定的，但是每当价格运行到 A 点位置时，总是不能突破这个前期形成的高点，于是，A 点便形成了压力位。当这样的震荡多来几次时，便形成了一个水平的趋势线。B 点的位置也经历了相同的走势，每当价格跌到 B 点的时候，就不再继续下跌，从而形成了支撑位。当价格上升到 AA 线的时候，股票的需求 / 供给关系便进入一个有利于卖方的均衡状态。由于买方不会以高于 AA 的价格购买，而卖方又想以更高的价格卖出，因此，这里就出现了短暂性回撤的走势，这种回撤可能就是双方力量作用的结果。

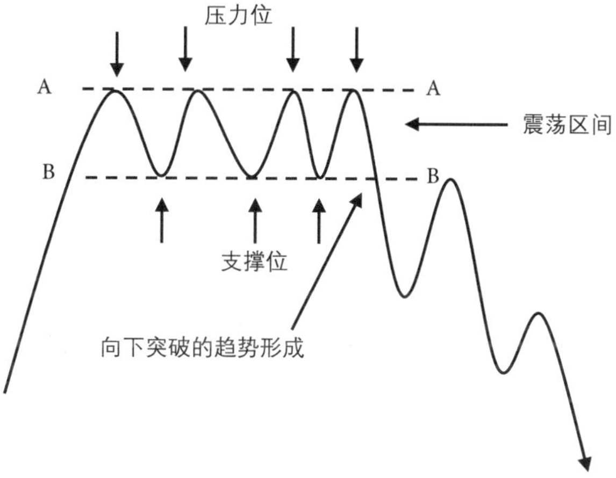

图 7–3　震荡区间的支撑位与压力位

在 AA 线位置的时候，虽然有利于卖方，但均衡状态还是很快被打破，价格开始下行。同理，在 BB 线的位置，由于得到了有效的支撑，下跌的趋势很快被止住，并开始反弹。因为这个位置对那些前面错过买入机会的投资者来说，具有一定的吸引力，他们的持续买入推动价格走高。与此同时，卖方认为价格还会回到 AA 线的位置，所以他们也着急在反弹的时候卖出。于是，在相当长的一段时间里，股票价格就在 AA 线和 BB 线形成的区间里面震荡。最终，价格将会跌破 BB 线，于是一轮向下的下跌行情就形成了。

反转矩形介绍与形成这个走势的心理因素

上文中讨论的、由上涨和下跌趋势构成的震荡区间就是我们所熟知的矩形震荡。图 7–3 中所标示出来的矩形震荡正好是牛市和熊市发生反转的区间，我们称之为反转矩形。当价格有效突破矩形下半部的水平趋势线时，就形成了真实的下行反转信号。

> **重要的技术分析原则：**顶部阶段形成的价格模式就是我们所熟知的派发形态。

这个区域，正是证券从消息灵通的参与者手中“派发”到消息闭塞的参与者手中。其背后蕴藏的心理活动是：矩形震荡期间释放出来的消息都是积极的，消息闭塞的投资者都是第一次获悉这些好消息，鼓舞他们大胆买入。此处的各种预测都是积极乐观的，从多头的角度来看，这里并没有什么风险。任何一笔交易都必须有买卖双方同时参与才能完成。从卖方或者“派发者”的角度来看，他们对行情的分析显然与买方不一样。他们对这些利好消息可能带来的预期有着更为谨慎的判断。一路上涨的行情，让他们变得越发小心，而现在就到了兑现利润的时候，把手里的证券卖给那些第一次听到这些消息且将这些消息解读为利好的投资者便是最佳的选择。这一行为很好地诠释了这样一句俗语，那就是：“谣言买，事实卖。”

重要的技术分析原则： 市场底部形成的价格模式就是我们所熟知的筑底累积形态。

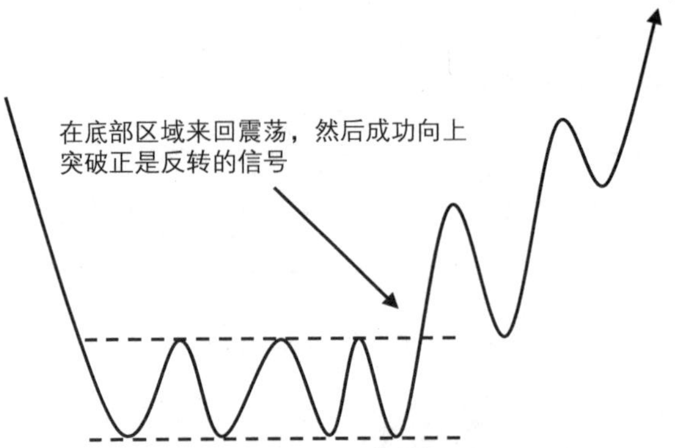

图 7–4　底部震荡向上突破的牛市行情

在这个筑底的过程中，我们所关注的证券从消息闭塞的参与者手中转移到消息灵通的参与者手中（如图 7–4 所示）。

在这种情况下，当脆弱的股票持有者面临各种各样的坏消息时，看到手里的股票价格不断走低，他们承受不了这样的冲击，决定卖出股票。面临同样的市场行情，潜在的买入者却有不同的判断和操作，他们在之前选择空仓等待，期待这些坏消息的释放，让股票价格继续走低，从而可以在比较低的位置买入这些股票。让人备感泄气的研究报告也是买方特别期待的买入股票信号。另外一个进场的信号可能是这样的走势不断得到强化。这个过程我们称之为“筑底累积”，因为对未来有乐观预期的买方在这里不断聚集。他们被称为坚强的买方是因为他们不会被市场上的坏消息吓退。他们只有在看到市场表现比他们预期的下跌还要严重的信号出现时，才有可能考虑清仓。

如果你想用比较简单的话语来描述这个状态，那就是：**顶部的反转矩形其实就是不断上涨与回撤的一系列波动趋势发生逆转的复杂形态**。底部的反转矩形正好跟顶部的反转矩形相反。

同时，我们会欣慰地发现，这里所谈论的价格形态包含了我们前面提到的所有技术分析的基本构成要素——顶部与底部分析、支撑线与压力线分析、趋势线分析。同样地，明白这样一个道理非常重要：

> **重要的技术分析原则**：反转形态必然会有一些事情发生反转改变。

换句话说，所有的反转走势都会事先进行预演，原来上涨的走势会在顶部出现反复震荡，然后选择向下突破，这个震荡走势其实就是反转的信号。在顶部位置的上下窄幅震荡就是为行情转为下跌做准备。

行情巩固的矩形走势

如果买方力量强大，不断进场推高价格走势，那么矩形震荡的结果便是继续向上突破，正如图 7–5 中所示的那样，突破了压力线 AA，这样的走势不是前面所说的反转行情。这是因为向上突破 AA 线再次确认了原来的上涨趋势。在这种情况下，矩形区域的震荡只是暂时性地中断了原来上升的趋势，在这个位置形成了一个巩固态势的走法。这种形态也被称为空中加油的态势。此类走法还有一些其他的价格变化形态，我们将会在第 8 章对此展开讨论。

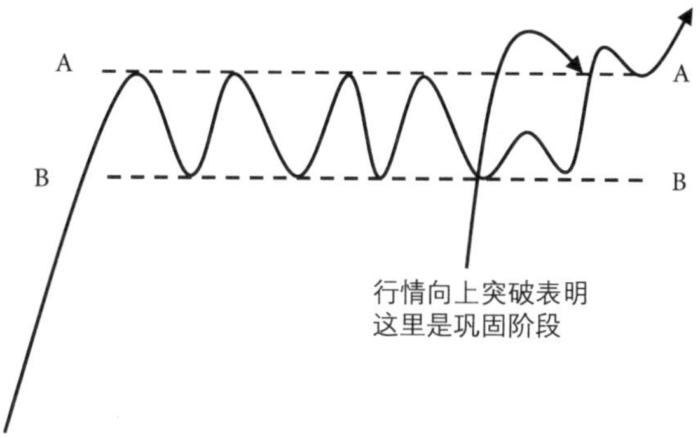

图 7–5 牛市巩固行情的矩形态势

在这个矩形震荡过程中，我们事先并不能判断价格最终会朝哪个方向突破。因此，我们经常做出这样的假设：

> **重要的技术分析原则**：趋势会一直持续下去直到行情被证实发生了逆转。

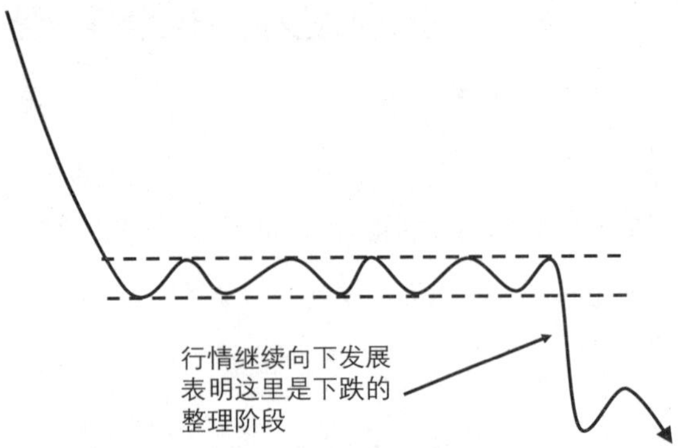

图 7–6　熊市巩固行情的矩形态势

如果我们非常严格地运用这一判断方法，当我们能够找到其他指标明确显示行情变化的方向时，我们就有可能正确预测趋势反转。**除非是反转的形态已经真实形成了，否则我们很难对反转加以归类。**

图 7–6 向我们展示了向下趋势过程中的震荡巩固矩形态势。

任何既定价格形态的重要性分析

有关价格形态解读的基本原则对各种各样的价格形态来说都是通用的。为了避免重复，我首先将这些原则用于矩形形态的解读，然后再将这些思想运用到其他形态的解读中。这些价格形态构建与解读的原则适用于任何时间维度的分析，从以分钟为单位的柱形图到以月或者年为分析周期的图形都适用。不过，决定特殊时间维度价格形态重要性的主要还是其规模和深度。

在矩形震荡态势里，上下边界被触及的次数越多，它的重要性就越大，这一点，我们已经明确知道。我们还可以将这一思想加以延伸，也就是说，**矩形震荡持续的时间越久，上下波动的次数越多，震荡幅度越深，接下来的走势就越重要。**

让我们依次讨论三个重要的因素。

时间框架

时间框架越长，形态的重要性就越显著。以月为时间周期的价格形态就比日间交易的价格形态重要许多，以此类推。此外，在特定的时间框架内，某种价格形态持续的时间越长，其重要性就越明显。我们可以对比两个日线图的状态，分析其中的差别。第一个形态的时间跨度是十天，第二个形态的时间跨度是四周。很明显，持续四周的买方和卖方之间的拉锯战，其重要性和激烈程度要远超持续时间只有十天的状况。因此，当最终结果确定后，时间跨度长的价格变化趋势可能要比时间跨度短的价格变化趋势更坚定。我喜欢用可能这个词语，因为这样更符合现实状况。在大多数情况下，时间越长的价格形态变化越重要，但并不是每次都如此。在技术分析领域，我们都只会说存在可能性，而不会说一定会如此。这意味着，一些时间跨度短的小形态也会演变为大趋势，但通常情况下，这种情形出现的概率比较小，时间跨度长的大形态占据绝对优势地位。

让我们将价格处于低位时的累积状态与大厦的基建工作做一个比较分析。价格想要大幅上涨，就需要在价格比较低的底部位置反复震荡，夯实基础，这与摩天大楼的建设类似，因为摩天大楼的搭建也需要一个非常宽广、厚实、坚强的地基工程做支撑。在分析证券交易价格变化的时候，底部位置的震荡正是买卖双方进行的关键之战。在底部不断累积的阶段，那些更聪明的投资者和专业人士因为能够预期六到九个月之后，市场状况会发生好转，所以他们敢于大胆地买入。正如前文所提到的那样，股票的所有权从那些弱势的、信息闭塞的交易者或投资者手里转移到强势的、信息灵通的买方手里。因此，这个震荡的过程持续的时间越长、交易的规模越大，这个位置的反复震荡意义就越重要，技术点位的重要性就越明显。

当市场处于顶部时，运行的情况与底部正好相反，但基本规则是相通的。市场会在顶部反复震荡，然后卖盘不断涌现，价格将会迎来很长时间的大幅下跌。

形态波动

价格在某种形态模式下的反复震荡波动的次数越多，其意义就越重要。当行情陷入僵局，并持续很长一段时间，买卖双方以同一价位交易的局面不会轻易被改变。不过，一旦买卖价格有很小的突破，不管是向上还是向下，都会带来非常重要的心理冲击。此外，每一次波动都意味着买卖双方之间又迎来了一次拉锯战。当其中一方最终胜出时，另外一方必定是精力耗尽，于是胜出的一方将会迎来一波属于自己的重要行情。

形态深度

形态的深度同样也决定着形态的重要性程度。通常情况下，宽幅震荡走势下的行情深度比窄幅震荡走势下的行情深度具有更大的心理重要性。用市场价格的语言来解读的话，心理因素倾向于按比例变化。某种形态内震荡的幅度越大，其后的趋势就会越强劲。在价格形态形成的过程中，如果价格波动幅度大，你会发现，形态形成之后的行情走势也会继续保持宽幅震荡的态势。

正如我们之前所说的那样，我们有必要强调一下，当我们发现交易震荡幅度非常窄且高度集中时，就意味着买卖双方之间的对比基本处于势均力敌的状态。特别是当交易量从少降低到无的时候，这一特点就尤为准确。当平衡状态被一方或另一方打破时，你会发现价格将会快速变化，超过之前设想的幅度。我们在图7–6中所看到的走势就是这样的特征，窄幅震荡被打破后，后续就是更猛烈的下跌。在这种情况下，比较有参考价值的指导原则就是看看价格触碰上下边界的次数有多少。触碰的次数越多，作为支撑位或压力位的重要性就越大，其作用就越关键。

测度背后的寓意

技术分析在早期确定趋势是否发生改变方面效果很好，但在预测趋势将会持续多久时，效果并不是那么明显。价格形态解读是一个例外，因为这些价格形态的构建通常都只能提供部分可能性的预测。

基本上所有的价格形态都是通过形态深度来预测未来目标在哪里。矩形震荡也不例外。图7–7向我们展示了矩形价格形态是如何形成的，以及如何构建行情的顶部走势。

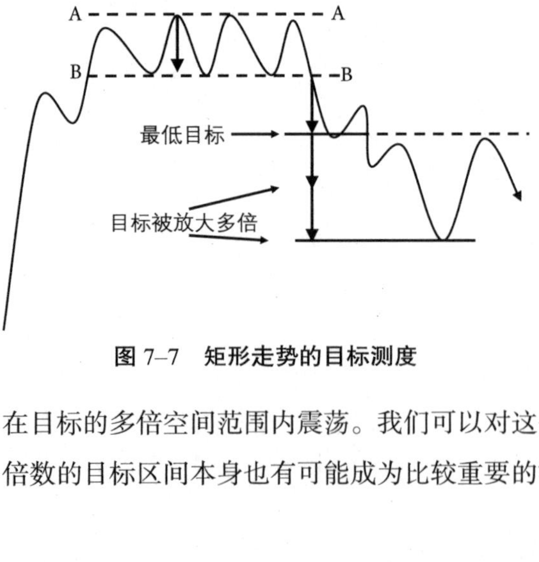

图7–7　矩形走势的目标测度

对价格形态的测量解读主要表现为形态边界的垂直距离，这个距离就是图7–7中AA线与BB线之间的距离。

在很多情况下，价格变化的趋势都会在目标范围内震荡。当趋势特别强劲时，价格波动的区间是在目标的多倍空间范围内震荡。我们可以对这一过程做进一步延伸说明，各种不同倍数的目标区间本身也有可能成为比较重要的潜在支撑位和压力位。随着时间的推移，这些目标区域随后会被证实为重要的支撑点或压力点。遗憾的是，现实生活中并没有一种方式可以明确找到反弹或回撤的具体点位在哪里。这也强化了这样一个原则，那就是在技术分析领域，并不存在某种确定的方式可以持续地判断出价格运行趋势的期限是多久。我们只能说特定的区域成为压力位或支撑位的概率大概是多少，仅此而已。

因此，尽管测度公式只是提供一个大概的指导方针，但实际上它起到的是最小预期的作用。图 7–7 同时向我们展示了目标被放大多倍之后的走势状况。

算术与对数规模测度

当我们在考虑测度趋势幅度时，选择用算术方法还是用对数方法其实很重要。这是因为选择不同的方法决定着测度的目标水平是多少。前面我们介绍过，算术方法画图是用一段垂直距离表示相同的金额或点数。我们可以设定每一英寸代表 2 美元，这样的话，不管价格是在低位的 2 美元涨到 5 美元，还是在高位的 100 美元涨到 110 美元，每一英寸所代表的价格不会发生改变。图形上的每个距离单位所表示的金额都是一样的。而用比例分析法或者对数分析法，每个相同距离所代表的是变化幅度相等。这样的话，每一英寸代表的就是 20% 的变化幅度。

幸运的是，几乎所有的电脑软件都会让用户选择是用算术方法还是用比例方法分析。

只要条件允许，我们还是应该选择用比例方法来分析，图 7–8 和图 7–9 的对比分析充分显现了其重要意义。在图 7–8 中，价格上涨和下跌形成了矩形态势。垂直距离是在 100 到 200 之间，这样测算出来未来的目标价位是 0，当然，这显然是不

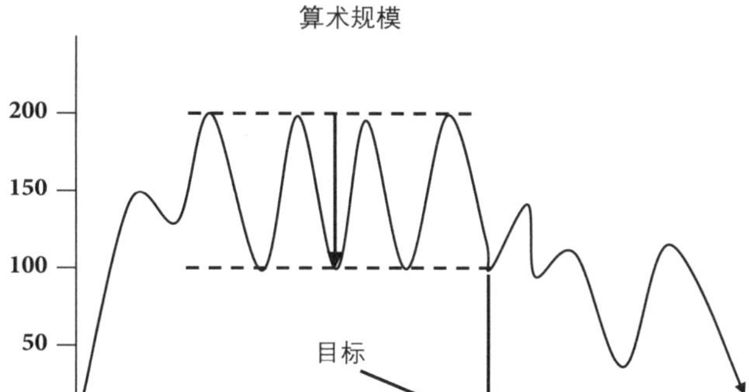

图 7–8　用算术法测度行情目标

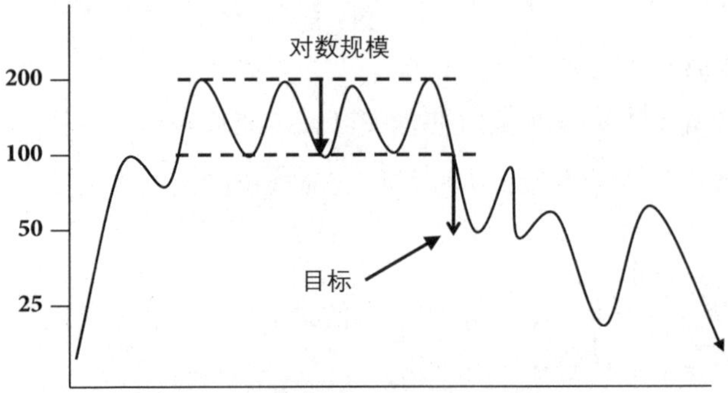

图 7–9 用对数法测度行情目标

可能实现的。

另一方面，在图7–9中，用的是对数比例分析法。在这种情况下，下跌目标为50，这个目标显得更真实、确切。

如果矩形走势出现在底部，那么此时对上涨目标的测度也遵循相同的原则。唯一的区别就在于，这个时候价格变化的方向是上涨，而不是下跌。具体原则同样也适用于矩形震荡走势。图 7–10 向我们展示了牛市行情下，矩形震荡的态势是如何演变为上涨趋势的。

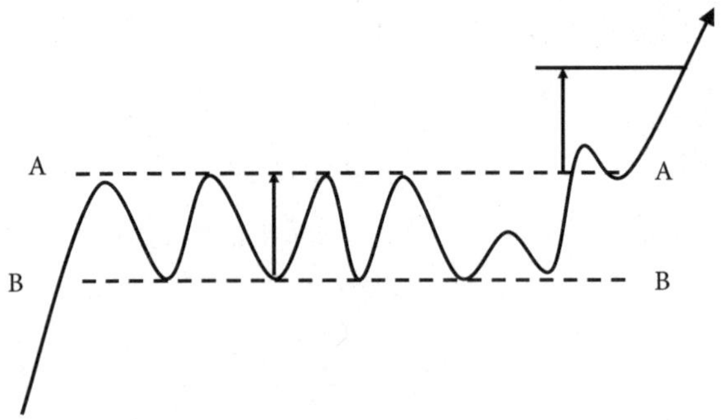

图 7–10 连续震荡矩形下的行情目标测度

我们发现，在这个案例下，价格上涨并不是直接到达目标价位，而是先经过一小波回撤和反弹。这就是为什么我们把这个目标称为最终目标。大多数人在看到行情突破时买入，是因为有这样的假设前提存在：他们认为股票价格将会直接上涨到目标价位，这样他们就可以或多或少获得利润，但事实上，情况有时候并非如此。

回撤走势

股票价格从某一形态中突破需要花费一些时间。在最开始突破发生之后，股票价格会出现一个确认的走势，如果是高点向下突破，那么就会继续反抽一下；如果是从低点向上突破，那么就会继续回踩一下。反抽或回踩所经历的时间跟股票价格突破的方向紧密相关，这就是我们所熟悉的回撤走势，往往也是引发一轮新行情的起始点，通常受情绪的影响会比较小。回撤行情有两大重要的功能。第一，它帮助人们修正突破行情时的情绪过度释放，让行情回归理性。此时，新行情的发展有可能建立在比较务实的基础上。第二，对行情突破的确认。向下的回踩会在突破点的位置得到支撑，向上的反抽回撤会在前期行情形态上限边界的较低位置证实压力位的存在。这两个位置都将在接下来的行情发展过程中实现逆转。

回撤走势是股票价格变化的正常行为表现，尽管有时候这样的行情会让人感到受挫，但其实这并没有什么好担心的。事实上，突破本身才是不正常、缺乏流动性的事件，买方或者卖方要么想着进入市场、要么想着从市场撤退，他们的力量决定着市场行情接下来的方向走势。所以，在突破的时候，市场的成交量往往是惊人的天量。与此相反，在回撤行情，成交量往往要比突破行情平缓许多。这意味着买入或者卖出是在更温和的环境下进行的。图 7–11 向我们揭示了在操作的过程中，我们应该耐心等待上涨行情的回撤走势出现，然后在回撤走势结束时积极买入。

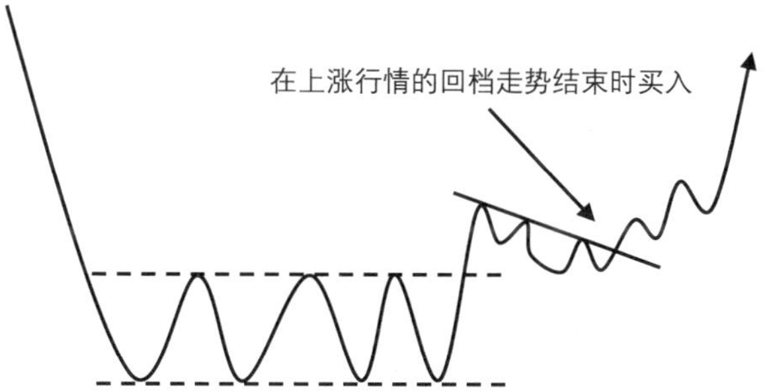

图 7–11 耐心等待回撤行情的结束

有效突破的确认

到目前为止，我们的分析都是假设有任何价格形态的突破，不管这种突破有多小，都会有非常明显的行情逆转信号出现（或者是原来的价格形态得到进一步巩固）。很多情况下，对趋势的错误预判会带来双重损失，所以非常有必要建立一套确实可行的标准和方法，尽可能减少错误预判的概率。以往的经验告诉我们，只有突破箱体边界线达到 3%，才能确认这样的突破是有效突破。这一原则让我们忽略了大量的带有误导性的趋势变化，尽管有时候关键性的信号来得不及时。

3% 的原则是 20 世纪初才开始运用的，那个时候的市场投资者持有证券的时间周期都比较长，周线图和月线图非常流行。今天，随着日间交易图的不断发展，3% 的变化幅度可能涵盖了所有的变化趋势。我并没有从根本上反对 3% 原则在长周期趋势判断上的运用，尽管周期比较长的价格波动会更加剧烈。但是，最好的选择是尊重常识，用经验和判断灵活地处理每一个具体的情况。我们可以很轻松地说，任何超过一定比例的变化都代表着一个有效突破。遗憾的是，这些突破其实还取决于我们所考察的时间周期以及所分析证券的波动性。

比如，与采矿业相比，电力公用事业的价格形态就显得平稳许多，而采矿业股票价格的波动性非常明显。对这两个有着显著差异的行业，采用相同的比例方法来分析股票价格突破情况就没有什么意义。当有了足够多的经验，经历的磨砺和错误多了之后，个人的判断能力会提升，对市场的错误预测就会减少，而准确判断市场趋势发生反转，突破的概率就会提升。个人判断需要综合考虑多重因素，包括正在关注的趋势类型、证券的波动性、成交量以及量能特征等。

正如我们在第5章所了解的那样，经常出现的虚假突破为某一区域成为压力位或支撑位提供了更多的佐证。

另外一个能够帮助我们尽早确认突破是否有效的因素是合理的突破总是会持续很长一段时间。例如，从日线图上，你可能会看到一个非常明显的矩形震荡向上突破走高的趋势，但这样的突破能否持续，其实是值得怀疑的。很多情况下，这样的突破之后，技术图形走势反而会进一步恶化，这是因为不能持续的走势意味着力量的衰竭。走势衰竭之后，随之而来的往往就是原来的突破将会往相反的方向前进，这就表明这样的突破其实是假突破。

一旦价格运行脱离了原来的形态，就表明突破是有效的。如果价格又重新回到了原来的形态之中，接下来又会发生什么呢？突破还有效吗？如果突破无效的话，那真正的突破点又在什么位置呢？遗憾的是，这是一个判断上的难题。有些失败的突破点比矩形箱体震荡的下边界还要低，明显跌破上升趋势线，或者回撤的时候成交量急剧放大。所以，在通常情况下，一旦价格重新回到原来的形态中，我们就应该及早接受这是一次失败的突破。

成交量分析

到目前为止，我们的分析主要都是在讨论价格，但其实成交量也是一个特别重要的独立变量，它能够帮助我们准确地掌握群体心理活动是一个什么样的发展态势。简单来说，就是成交量紧跟趋势变化：上涨的趋势伴随着成交量的放大，下跌的趋势伴随着成交量的缩小。这是比较正常的量价关系，如果量价之间的关系不是按照这个模式进行，那么很可能原有的价格走势将会发生改变。在箱体震荡的行情中，以及大多数其他价格形态下，随着行情的发展，成交量都是在逐渐萎缩。交易活动可能会随着价格上下波动，我们也可以事后诸葛亮般地预测到成交量也会跟随价格一起波动，起起伏伏，如图 7–12 所示。当趋势运行到末端的时候，市场关注度急剧减少，成交量也随之出现地量水平。

如果行情向上突破的过程中有成交量的支持，那么突破成功的概率就会增加许多。如果有可能的话，我们可以将成交量不断下降的高点相连，画出一天成交量变化的趋势线，如图 7–12 所示的。市场上突然释放的交易热情同样佐证了价格突破的有效性，因为它表明买方在积极进入市场。如果价格变化趋势相同，但成交量却没有同步放大，这样的突破往往都会以失败告终，如图 7–13 所示。

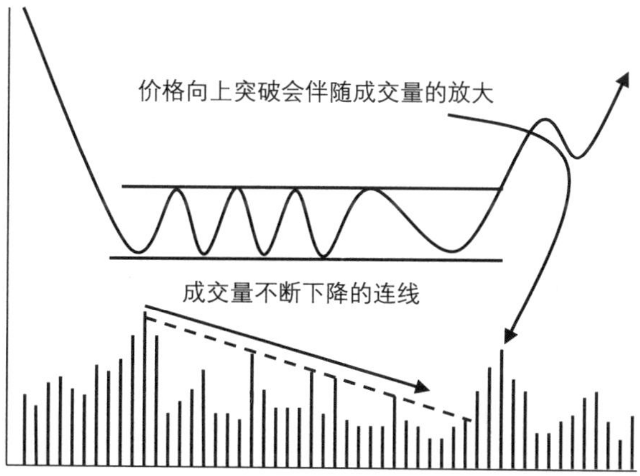

图 7–12　牛市行情下箱体震荡的成交量特征

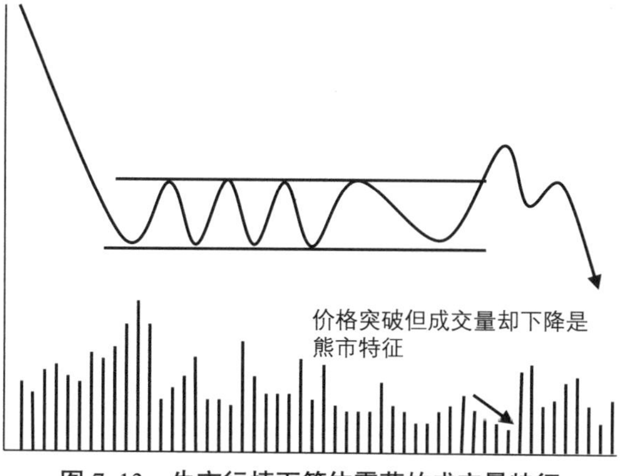

图 7–13　牛市行情下箱体震荡的成交量特征

在这个图形中，价格虽然向上突破，但成交量却在减少。这样的走势通常意味着价格的上涨让卖方逢高选择卖出，而买方却没有热情追涨。随着价格开始回落，成交量显著放大，这表明卖方力量强大。毫无疑问，这样的趋势发展信号进一步增强了此处的突破是假突破的可能性。

在很多情况下，你会发现，不管是上涨还是下跌，价格趋势成功实现了突破，但成交量却并没有明显的变化。有趣的是，这就是市场上的真实状态。这意味着有效突破伴随成交量的放大是一个理想化的状态，但并不是必要的条件。成交量的放大会提高突破成功的概率，但其他的指标，比如振荡频率，同样会让行情达到一种平衡的状态。如果成交量在价格突破后不增反降，如图 7–13 所表现的那样，这往往不是一个支持行情变化的正向证据，事实上，应该将这一变化看成行情突破的反向指标。

我们通过研究发现，很多时候，突破都是来自前期的反复震荡巩固走势，而不是来自反转形态走势。这是因为，反转形态走势需要量能的累积，而从时间节点来说，是先有量能的累积，然后才会出现行情震荡巩固。所以，当量能累积到一定程度，行情经过震荡巩固之后，就会迎来真正的突破。

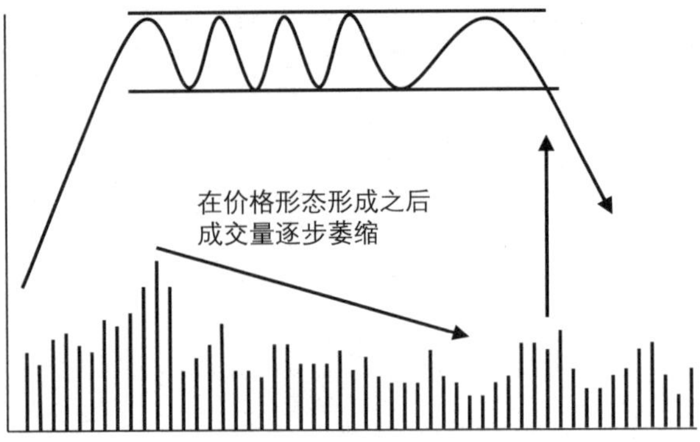

图 7–14　熊市行情下箱体震荡的成交量特征

图 7–14 向我们展示了箱体震荡之后，向下突破的走势。

这种熊市价格形态走势下的成交量也是逐渐萎缩的，与牛市价格形态走势下的成交量特征相同。不过，突破走势的成交量特征并不是那么至关重要。这是因为当价格开始往下走时，成交量也会随之下降。因此，在突破的时候，成交量萎缩就成为常态。但不正常的情形是在价格下跌的过程中，成交量会进一步扩大。这表明卖方卖出股票的欲望很强烈，这种强烈的卖出冲动会给价格形态走势带来非常不利的影响。

另外，还存在一种不常见的走势，即价格在下跌的过程中迎来短时间的反弹，但是成交量却在反弹的过程中呈现出萎缩的态势（如图 7–15）。

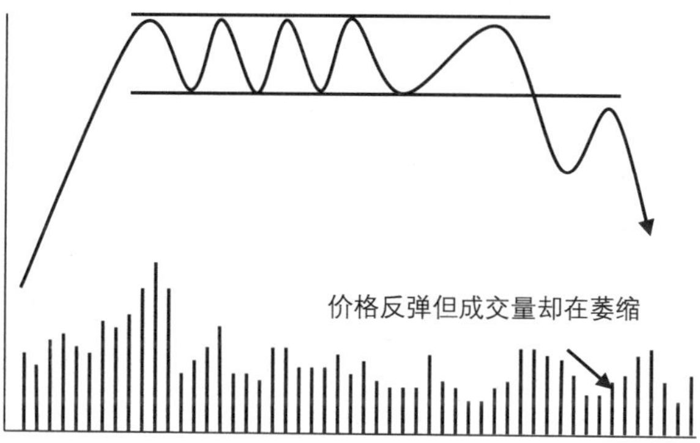

图 7–15　熊市行情下向下突破后的成交量特征

这一走势总是伴随着成交量的下降，进一步强化了熊市的方向。当运行到箱体震荡的底部边界位置时，上升的步伐就止住了，此处便成了压力区。反弹走势如果形成向上突破，成交量反而出现下降的走势，其背后的原理跟前面论述的向下突破时成交量的表现是相通的。

图 7–16 向我们展示了价格区间内窄幅波动与成交量急剧萎缩并存的走势。

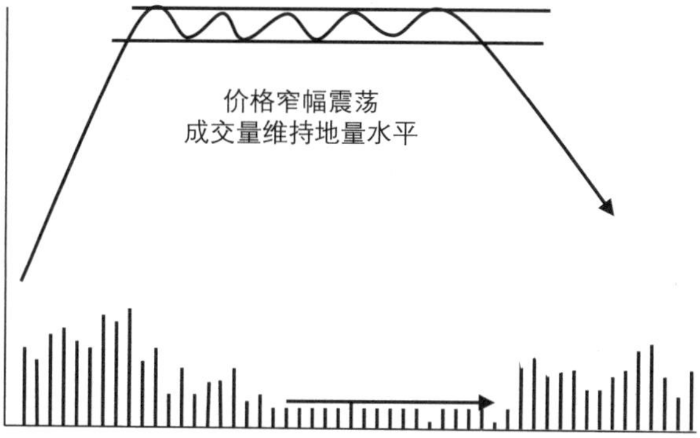

图 7–16　价格窄幅震荡并伴随地量往往会酝酿一个重大的突破走势

成交量与价格的这种组合方式反映的是买卖双方之间达成的一种极端平衡状态，这种状态持续的时间还比较长。通常情况下，目标价格是由市场消息面决定的。然而，在这个案例中，供求双方的这种完美平衡状态将会被更猛烈和极端的走势打破，这是常规技术分析手段所不能预测到的。图 7–16 在窄幅震荡之后，选择的是向下突破，但按照成交量发展的规律，在持续地量之后的突然放量，往往对应的是上涨的突破走势。这个地方的成交量放大通常是因为前期震荡的时候，买方没能在当时的价格条件下买入足够的股票，所以当价格下跌时，前期的买方力量得以集中释放。这样的买方力量是反弹走势形成的重要基础。

箱体震荡案例

图 7–17 是艾尔建公司（Allergan）2013 年下半年箱体震荡的情况，之前，艾尔建公司的股票走势呈现的是牛市态势，然后，反转向下，经过箱体震荡之后重新走牛。

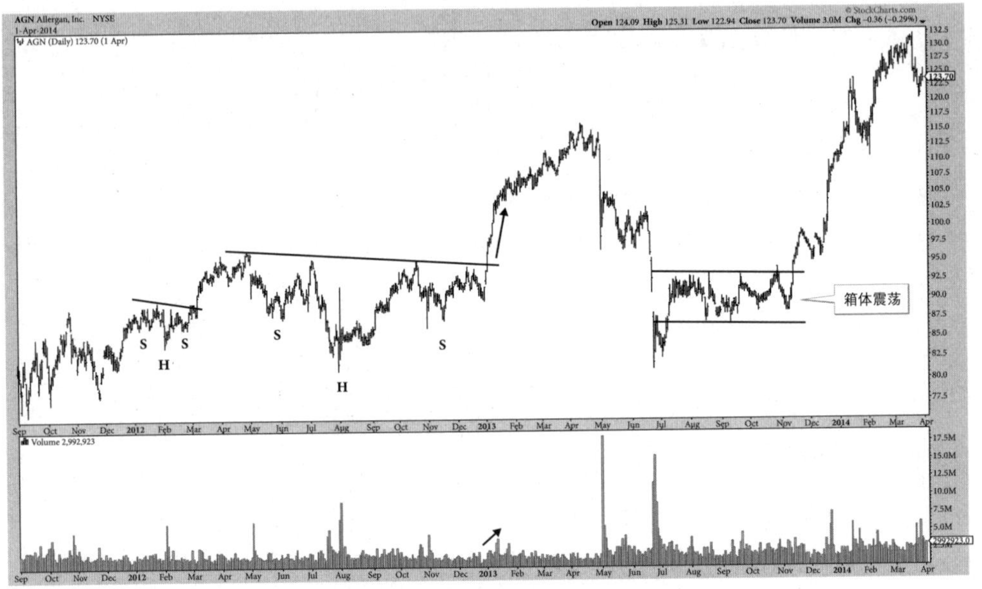

图 7–17　牛市走势的箱体震荡（**艾尔建公司** 2011—2015 **年**）

在走势突破的时候，成交量并没有任何特别的表现，但价格却经历了强烈的波动，先是大幅度回撤，然后重新进入强势上涨的通道。

另外一个箱体震荡的案例是图 7–18 中谷歌公司的价格走势。

你会发现，这样的走势并不符合理论分析上的所有要求。例如，2013 年 7 月的反弹其实是假突破，9 月份的反弹甚至都没有触碰到箱体的上边界，但这并不影响什么，因为箱体震荡的走势本身代表的就是买卖双方之间的博弈与拉锯。事实是，最后的赢家是买方，因为经过箱体震荡之后，价格成功地实现了向上突破，成交量也伴随着价格的上涨而显著增加。请记住：我们之所以称这些形态为箱体震荡，并不仅仅是因为它们满足箱体的苛刻条件，更重要的是为了更好地确认它们的形态，因为买卖双方之间的博弈有很多种情形，箱体震荡只不过是其中的一种。

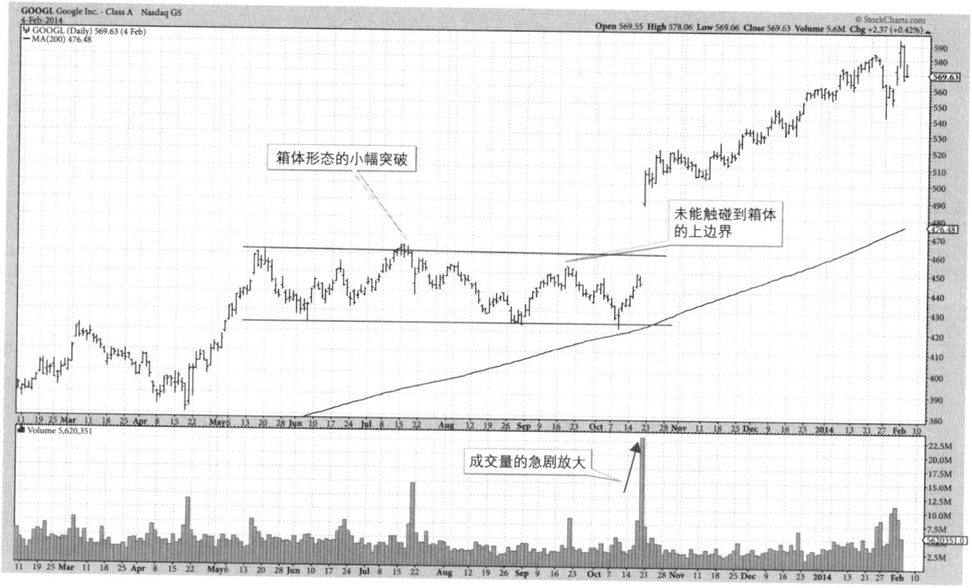

图 7–18　牛市走势的持续箱体震荡（谷歌公司 2013—2014 年）

现在，我们可以将从箱体震荡分析中学到的技术原则运用到其他形态的分析中。

头肩形态

在顶部和底部出现的头肩形态是典型的反转形态走势，同时也是原有趋势发展到一定程度之后出现的强烈震荡现象。与其他的形态（比如三角形）相比，头肩形态走势更值得信赖。

顶部头肩形态

图 7–19 向我们展示了典型的头肩顶分布形态。

它是由最后的反弹（头部）和两个幅度更小且未必完全一样的反弹（左肩和右肩）构成。如果这两个肩部形态持续时间不短，那么第一个肩部形态就是牛市行情里面的倒数第二个上涨趋势，而第二个肩部形态则是熊市行情里面的第一个反弹走势。当然，头部形态就是牛市行情里最后的中级别反弹。将两个肩部形态的底部位置相连，画出来的那条线就是吊颈线。当下降的趋势突破吊颈线时，这个完整的头肩顶形态就形成了，这是一个非常明显的上涨趋势反转信号。

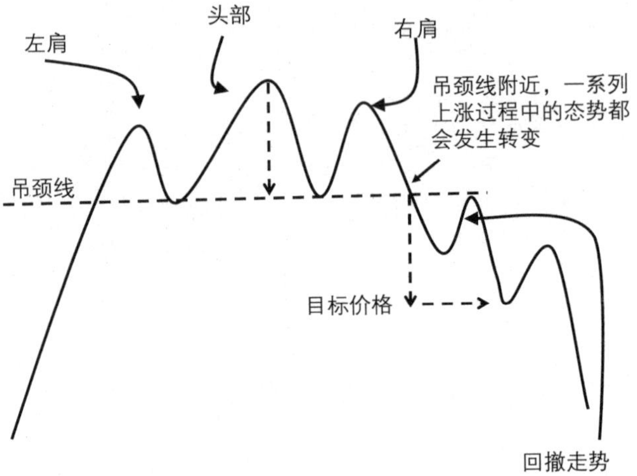

图 7–19　头肩顶

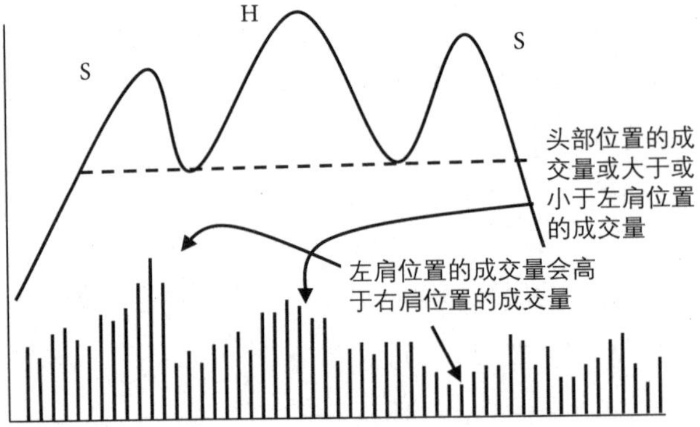

图 7–20　头肩顶的成交量特征

在分析头肩顶形态是否成立时，成交量特征（见图 7–20）也是非常重要的参考因素。在左肩的位置，交投活动会比较活跃，随着价格向顶部位置发展，成交量会逐步增加。

随着头肩顶形态的逐步形成和发展，我们会发现这样一个特征，那就是右肩部分的成交量总是小于左肩部分和头部位置的成交量。在理想的状况下，随着右肩位置的反弹行情出现，成交量呈现出不断缩减的状态。在真实的市场环境下，你会发现，成交量呈现出来的特征与我们这里描述的不一致，但头肩顶的形态却依然成立。因此，成交量特征只是一个值得重视的参考因素。如果这个参考因素发挥出比较明显的作用，那说明头肩顶形态得到了进一步佐证，是有效的。但并不是说，成交量因素没有起作用就意味着头肩顶形态不成立。换句话说，如果你能够找到头肩顶形态中的价量呈现出完美配合的状况，就可以成为我们预判头肩顶形态走势的重要指导。

图 7–19 同时还蕴藏着这样的意义：突破吊颈线代表着前期一系列上涨过程中的高低起伏走势要让位于下降过程中的高低起伏走势。右肩代表着第一波出现的下降趋势中的起伏震荡走势。

测度寓意

价格形态的测度就是要衡量头肩顶形态下价格波动的最大区间，也就是测度头肩顶的最高点到吊颈线位置的距离。这一目标数字可以用来测度价格下降时的跌幅，也就是吊颈线与下一波下跌趋势的最低点距离。它表明，这个距离越深，熊市来临的信号就越明显。有时候，一个完整的头肩顶形态过后，会迎来一个相对漫长的下跌趋势，而在另外一些情况下，下跌的走势会很快结束，在震荡之后，继续上攻。这意味着并不是所有的突破都会给你赚大钱的机会（下跌时的空头位置）。技术分析要保持一定的弹性，根据市场变化灵活处理才能发挥最佳效果。

上涨和下跌的终止方式

图 7–18 和图 7–19 的头肩顶形态中，我们发现都存在一条水平的吊颈线，其实图形中还存在很多其他的观察变量，这些变量与水平的吊颈线一样，一旦它们被突破，就意味着熊市来临。

当水平的吊颈线被突破后，一系列下跌过程中的反弹顶部和下跌底部都会呈现出来。最开始的时候，头肩顶底部连线的斜率还是向上的，如图 7–21 中虚线所标示。这个时候，向下突破刚成立，其下跌出现的第一个底部位置依然高于前期的底部位置。

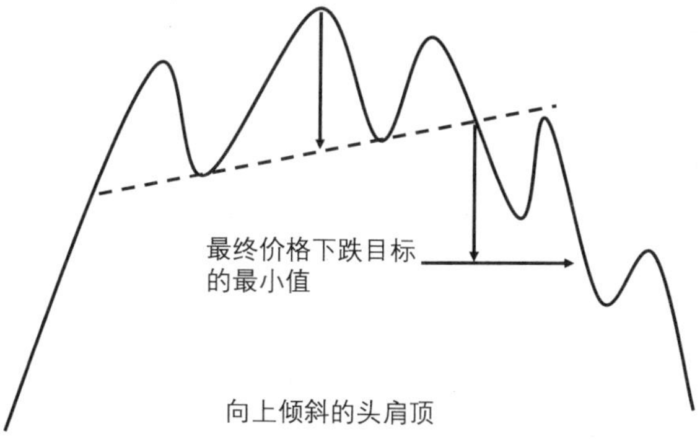

图 7–21　向上倾斜的头肩顶形态特征

头肩顶形态也有向下倾斜的吊颈线，图 7–22 中的虚线就是如此。此时，一系列下跌过程中的反弹顶部和下跌底部在图形中都有所体现。

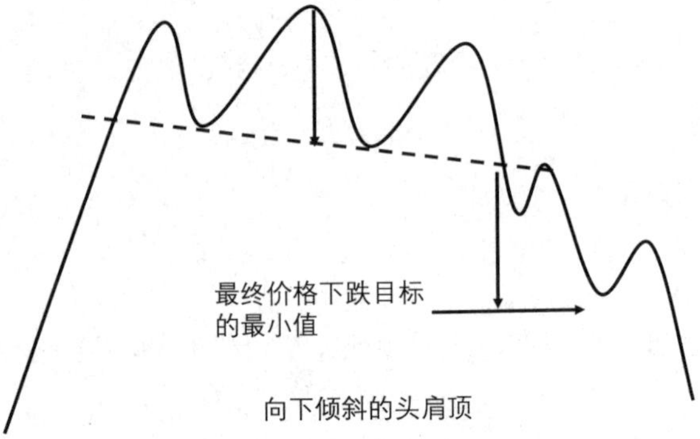

图 7–22　向下倾斜的头肩顶的形态特征

复杂形态

偶尔，买卖双方之间的拉锯战会异常艰辛，从而形成我们所说的复杂头肩顶形态，复杂的头肩顶形态可能会有多个左肩或右肩。图 7–23 向我们展示了一些复杂的头肩顶形态。

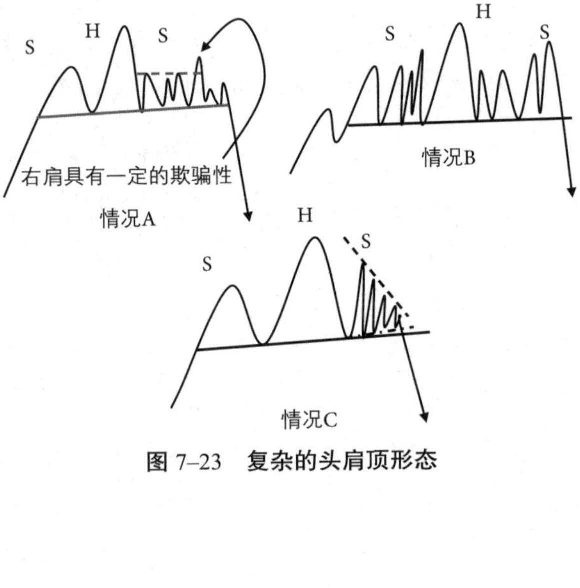

图 7–23　复杂的头肩顶形态

头肩底（与头肩顶相反）

头肩形态同样也会出现在市场底部区域，图 7–24 就是一个例子。通常，我们把这个形态称为反向头肩顶、倒头肩顶或者头肩底。

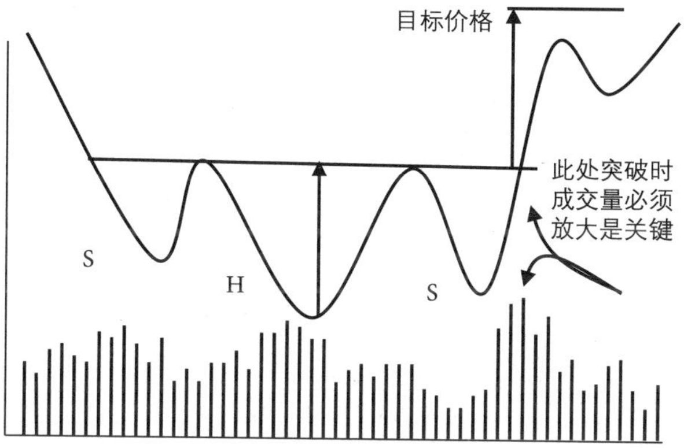

图 7–24 倒头肩顶形态

最后的底部区域是由两部分构成的，因为底部情况比较复杂，所以在底部位置同样可能出现向上和向下倾斜的顶部反弹高点连线。

通常情况下，在底部的左肩位置和头部形成区间，成交量会相对比较大。但成交量最关键的特征还是在右肩位置，在右肩位置的下探过程中，成交量会缩减，但行情开始向上突破时，成交量会迅速放大。正如我们前面所说的那样，没有成交量配合的形态突破依然会成为有效突破，这种情况是真实存在的。形态变化的规律就是当成交量显著放大时，往往增强了突破的有效性信号。当突破的时候，成交量反而在缩减，我们会对突破的有效性持怀疑态度。倒头肩顶形态有很多的变异走势，比如趋势线是斜的（向上和向下倾斜都有）、左肩或右肩的数量有好多个等。跟头肩顶的形态特征类似，头肩底的形态越复杂，其重要性就越明显。

趋势过程中的头肩顶形态

头肩顶和倒头肩顶形态经常会出现在趋势中继过程，原有的趋势会继续前行。这个时候，对这些形态的解读和成交量特征的分析，与原来的形态分析反过来即可。唯一的差别就在于，这里的形态分析是在趋势前进中展开，而不是在趋势终结的位置。图 7–25 和图 7–26 向我们展示了这方面的案例。

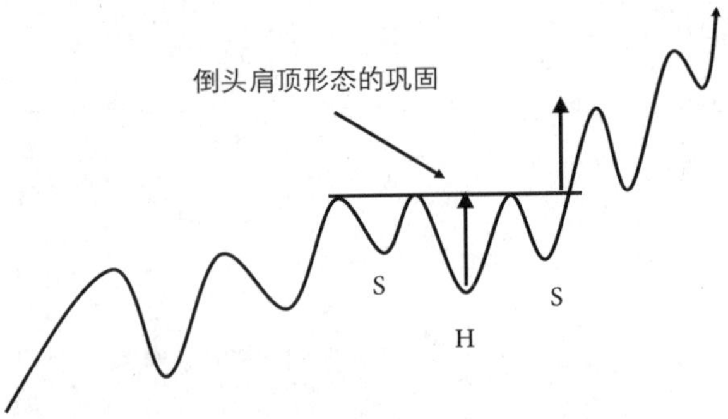

图 7–25　倒头肩顶形态的巩固走势

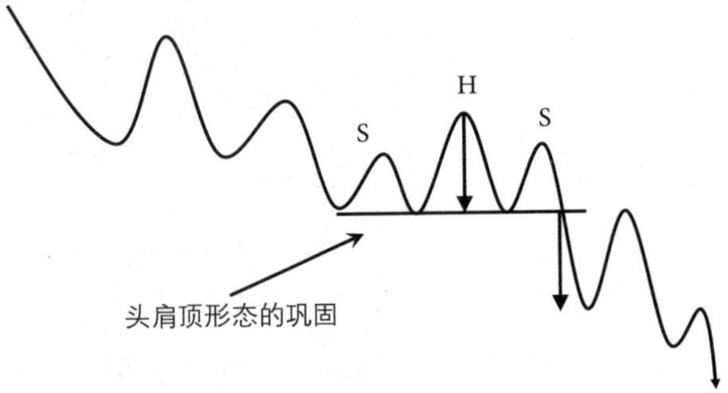

图 7–26　头肩顶形态的巩固

失败的头肩顶形态

我们已经知道，市场价格决定于人群的心理活动。单个投资者会改变自己的想法，群体的想法也会改变，从而影响市场走势。因此，原本看上去非常完美的头肩顶形态突破，可能接下来就演变成拉锯形态走势。另一种可能就是，当右肩走势形成之后，价格跌回到吊颈线位置，但不会突破这条线。在这些情况下，头肩顶的形态并没有起到“任何作用”。头肩顶形态的失效或者演变为拉锯走势并不是市场规则，但意识不到市场会发生形态转变的交易者或投资者实际上处于市场幻觉中。

第一步是确认你追随的价格形态是真实有效的。例如，价格走势可能具备了所有的头肩顶形态特征，但却不会突破吊颈线。我们非常清楚，除非价格形态有效地跌破吊颈线，否则这样的头肩顶形态就是虚假的价格形态。这是因为吊颈线代表着有效的支撑区，如果这个有效的支撑区没有被突破，头肩顶的形态就是不成立的。

在水平横向震荡的价格走势中，入帮不能突破吊颈线，同样也表明一系列区间震荡的高点和低点位置都没有发生改变。

突破失败的情况以往很少见，但现在却变得非常普通。这表明在下跌的趋势中，还需要更多的时间来等待有效的突破到来（或者是上升的趋势中，需要更多的时间来等待有效的突破头肩底形态）。如果你发现头肩底形态是一个失败的突破，那表明原来的趋势依然有效，既定的趋势走向并没有发生改变。

当突破信号出现的概率不到成功突破的 50% 时，图形上会出现很多重要的点位，这样的走势表明突破失败的概率会直线上升。图 7–27 和图 7–28 就表现得很明显。

图 7–27 的 A 点是跌破吊颈线后的底部位置，随之而来的 B 点是反弹结束的点位，这种反弹走势很常见，也很稳健。然后，价格跌回到 C 点，但一些意想不到的事情发生了。如果按照头肩顶的走势，接下来价格会持续下跌，但是图中的价格并没有继续下跌，反而重新回到了吊颈线以上。这是行情可能不会按照我们预想的那样发展的第一个信号。当价格再次反弹到吊颈线（D 这条线）以上的位置时，头肩顶形态失败的概率就上升了许多。当反弹的价格突破头部和右肩的连线时，也就是到达 E 点位置时，信号显示牛市行情依

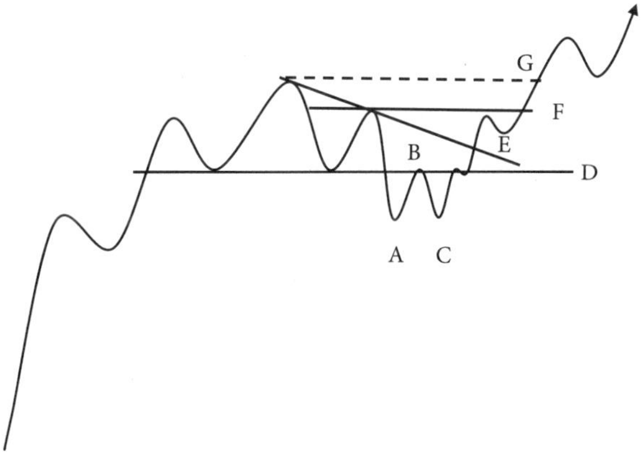

图 7–27　当头肩顶形态失败时的行情走势

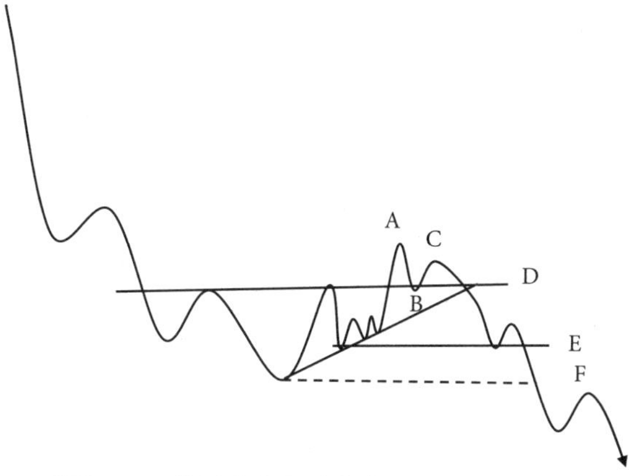

图 7–28　当倒头肩顶形态失败时的行情走势

然存在。这个时候，就不应该继续看空和做空了，因为原来支持看空和做空的理由都不存在了。从概率的角度来分析，趋势线的特征将会发生很大的改变。例如，当趋势线比较陡峭，而且仅触碰两次，与趋势线比较平缓且多次触碰的意义完全不一样。从这个位置的表现来看，前面第 5 章中关于趋势线的解读应该有所更新。

接下来的防御线就是右肩位置的水平线。如果价格能够反弹突破这条水平线（F 这条线），那么按照以往的经验，行情将会迎来一系列上升趋势的峰谷点。最后，当行情走势突破头部位置（G 这条线）时，原来的头肩顶形态毫无疑问会彻底失效。

如果多头行情会持续，那当价格突破头部与右肩的连线（E 这条线）时，或者当价格突破右肩位置的水平线（F 这条线）时，成交量一定会放大。通常情况下，这些信号表明，此处积累了大量的获利盘，而且他们都急于兑现盈利。一些常识会再次在这里发挥作用，因为如果头部与右肩的连线异常陡峭且被触碰两次的话，这个位置会再次触碰或多次触碰的可能性就没那么高了。

倒头肩顶的形态也可能失败，图 7–28 展现的就是这样的走势。当市场经过长时间的下跌之后，市场参与者预期未来市场走势将会向上突破，而市场在假突破之后，又重新回到熊市走势，这样的形态就是失败的走势。我们应该注意到头部与右肩的连线非常重要，这条线波动比较小，所以很容易被触碰。如果这条连线和吊颈线同时都被突破，那么倒头肩顶形态失败的概率就会大幅上升。

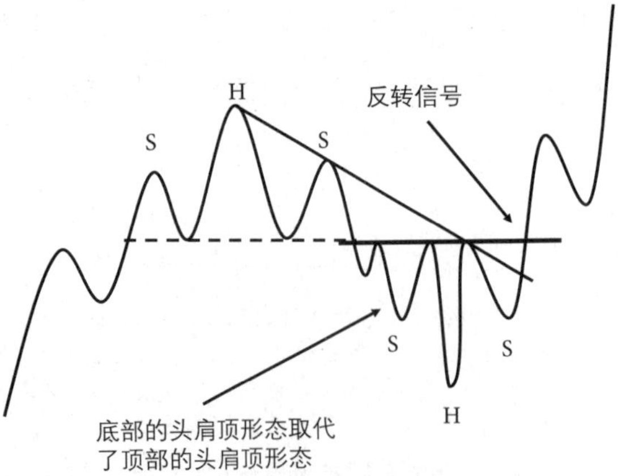

图 7–29　头肩顶形态被取代失效

偶尔，不管是正常的头肩顶形态还是倒头肩顶形态，都有可能被另外一个形态走势取代，从而失效。图 7–29 就是其中一个案例。

其背后的思想依据就是市场是所有参与者行为的反应，市场参与者会改变他们的想法，所以市场也会随之发生改变。

我们发现，失败的形态会出现以下几个线索特征：

1. 头肩顶的右肩成交量会放大，或者倒头肩顶形态突破时成交量会缩小；
2. 价格沿着原来的方向突破失败，紧接着会有一波回撤行情；
3. 整个市场和同行业的其他股票会对失败表示同情；
4. 相对强势线未能佐证突破（相对强势线会在第 13 章分析）；
5. 在顶部，突破时的动能指标会出现严重超卖，或者在底部出现严重超买（动能指标会在第 10 章分析）。

头肩顶案例分析

图 7–30 向我们展示了美国铝业艾尔建（Alcoa）公司上涨趋势的顶部头肩形态。我们注意到成交量在左肩开始的位置最大，右肩反弹回升的时候成交量在逐渐降低，这种回调的走势，伴随着成交量的减少，是典型的熊市特征。

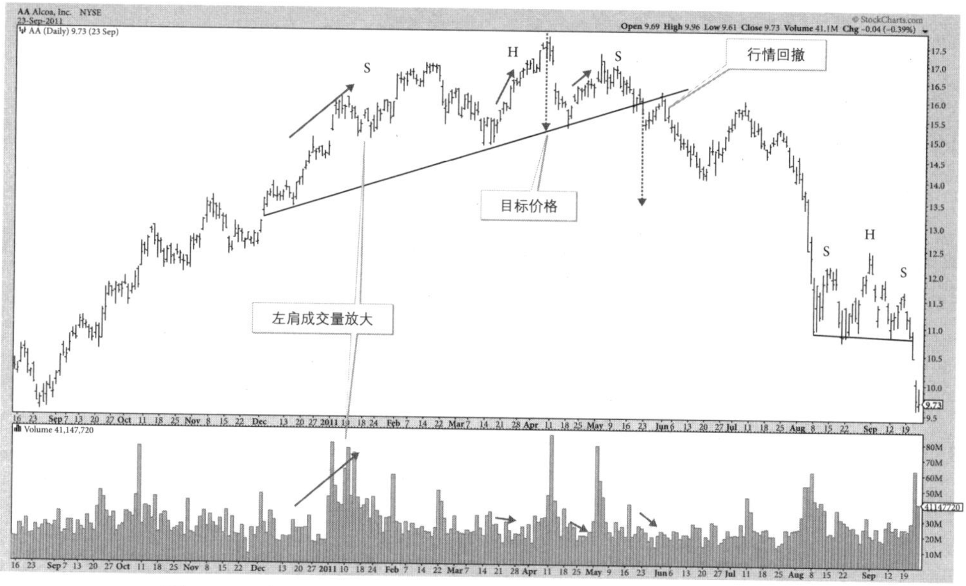

图 7–30　向上倾斜的头肩顶走势（美国铝业 2010—2011 年）

在图 7–30 中，艾尔建公司的价格走势向我们演示了几个牛市巩固走势的态势，或者可以说是头肩顶形态的反转走势。2012 年下半年后期的走势让人印象最深刻，因为成交量急剧放大，行情由此实现了突破。

前面两次突破表明成交量显著增加并不是有效突破的必要条件。但 2012 年下半年的走势表明，伴随成交量的扩大，行情突破的有效性确实会更好。

图 7–31　头肩顶走势反转的巩固走势（艾尔建 2011—2013 年）

在图 7–32 中，我们可以清楚地看到在顶部头肩行情反转之后，底部的头肩行情是如何形成的。我们注意到，在真的下跌行情来临之前的两个右肩反弹阶段的成交量都在缩减，当然，成交量本身也处于下降通道中。

这些细微的线索表明接下来的行情很可能是下跌的走势。一旦价格开始下跌到目标位置，就会开始上涨。但在这个案例中，股票价格最终下跌的位置比目标价格还要低一半。

图 7–33 的走势是一个典型案例，它是白银交易所基金（Silver ETF）2006 年的走势，这个走势意味着在顶部形态完全确立之前，我们需要耐心等待，直到下跌走势的突破出现才操作。

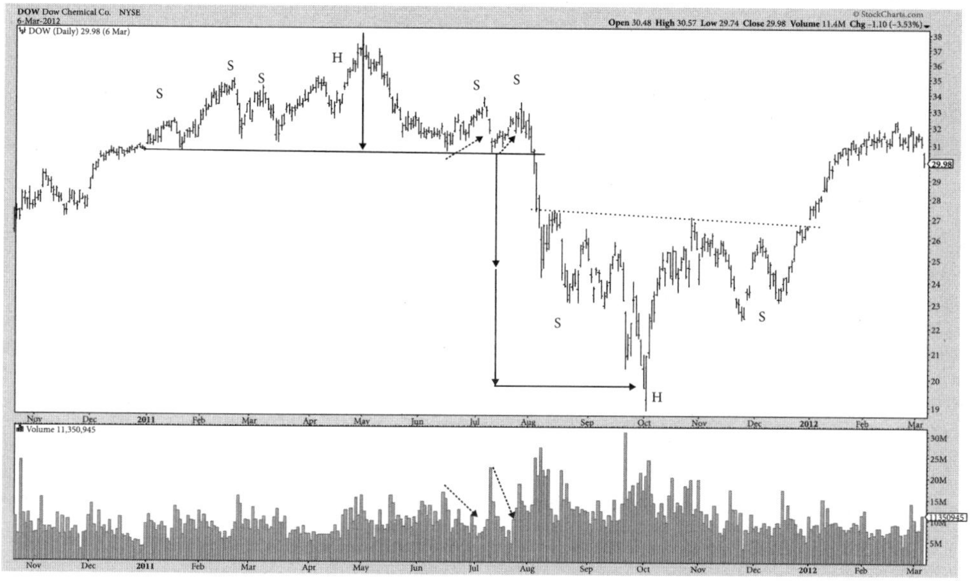

图 7–32　头肩形态的消失（道氏化学 2010—2012 年）

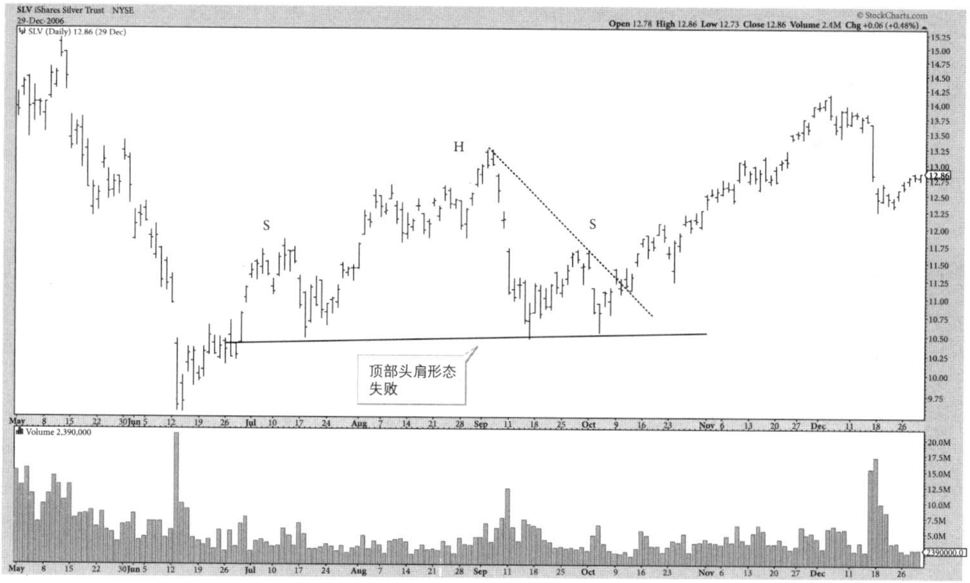

图 7–33　头肩形态失败（白银 ETF 2006 年）

在这个例子中，顶部的头肩形态其实“无效”，当价格跌到头部和右肩高点连线与吊颈线相交处时，并没有继续下跌，而是开始了反弹行情走势。图 7–34 同样也是白银 ETF 的走势。

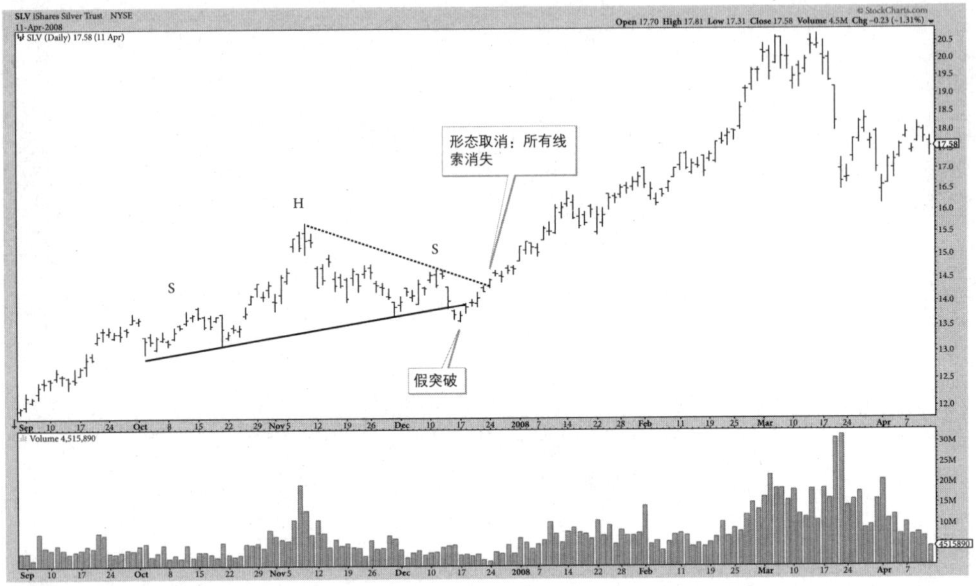

图 7–34 头肩形态拉锯走势（白银 ETF 2007—2008 年）

这一次，头肩形态是完整的，但向下突破却呈现出拉锯走势。通常情况下，如果是拉锯式下跌行情的走势，那么相对应的反弹都异常强劲。

双重顶与双重底

正如标题表明的那样，“双重”形态确认了市场的顶部和底部。我们将会认真分析各种衍生的双重形态。

双重顶

双重顶是在反弹行情中出现两个顶点。两个顶点位置之间是价格的回调与反弹。当第二个顶部形成之后，价格跌破前期回调的低点，双重顶态势就形成了。图 7–35 就是典型的双重顶态势。

双重顶最主要的特征来自这样一个事实，即第二个顶部位置的成交量要远远低

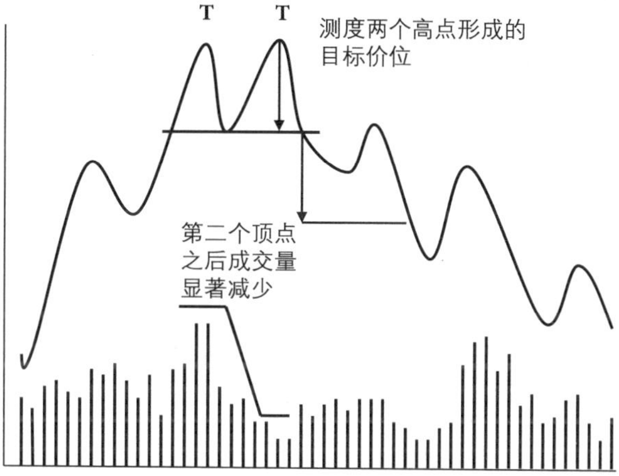

图 7–35 双重顶形态

于第一个顶部位置的成交量。通常情况下，两个顶部的价格水平基本相同，不过，可能第二个顶部的价格水平稍高或稍低于第一个顶部的价格水平，但是价格差距非常小。从第一个高点位置回撤的过程中，成交量呈现出不断走低的趋势。记住：这并不是一个精准的科学实验，但却是对买卖双方之间拉锯战的一般性解读，属于常识范畴。其基本观念就是第二个高点是对第一个高点的检验，如果检验没通过，双重顶的价格态势就形成了。

在《股票趋势的技术分析》（*Technical Analysis of Stock Trends*）一书中，罗伯特·爱德华兹（Robert Edwards）和约翰·麦基（John Magee）就指出，对那些稍微掌握点技术分析知识的投资者来说，双重顶这个价格形态和概念比任何其他的价格形态和概念都深入人心。他们还提出，即使是新入门的技术分析人员，在大多数情况下，在双重顶形态还没有完全形成的时候，都能够对这个形态做出准确的判断。按照爱德华兹和麦基的观点，“双重”的价格形态其实很少见。一般来说，双重顶还比较容易出现，双重底则很难见到。在这本书的写作过程中，我对过去 10 多年的数据和大量的图形进行了研究，其中能够找出来的真正的双重顶案例并不多。

背后的心理活动分析

双重顶背后的心理活动可能存在着以下这样的逻辑关系。当大幅度上涨接近尾声的时候，成交量急剧放大，市场情绪高涨，这个时候，第一个顶部位置形成。突然，价格出现了“意想不到”的下跌，伴随着市场悲观情绪的出现，成交量开始缩减。随后，价格开始出现一波反弹走势。随着反弹行情的延续，不断上涨的价格吸引了更多的投资者进场，市场上充斥着牛市行情的论调，于是第一个高点变得越来越让人放心。然而，当行情发展到第二个高点时，成交量却比前一个高点要少很多。对技术分析人员来说，这表明熊市即将来临，因为成交量缩小表明买方进场的热情在消减，价格能反弹是因为卖方力量暂时还不够强大，而不是其他原因导致的。随之而来的将是价格持续走低，并且跌破两个顶部之间的低位。此时，双重顶就构建完毕，所有在双重顶形态构建过程中买入股票的投资者将会亏损，从而变成潜在的卖方。

双重底

双重底的价格形态与双重顶的价格形态正好完全相反。双重底价格形态的形成往往伴随着股票价格的快速下跌。图 7–36 就是典型的双重底形态。

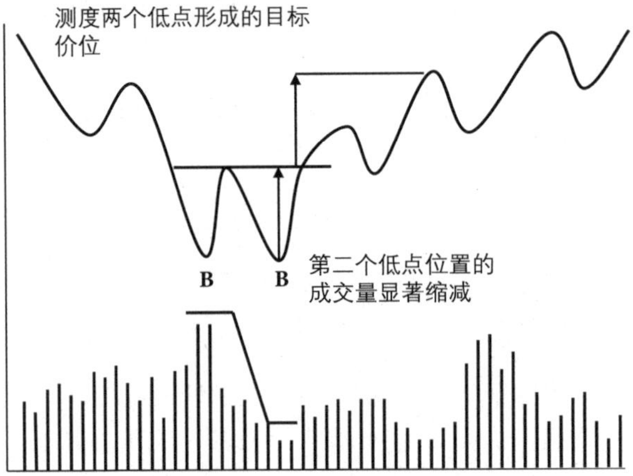

图 7–36　双重底形态

最初的底部位置成交量会急剧放大，出现一个卖出高峰。随后价格开始反弹，损失会减少，但紧接着行情会再次下跌，检验前期的低点。当价格开始触底回升，超过前期反弹的高点位置时，双重底的价格形态就完成了。通常情况下，第二个低点位置的成交量会非常少，特别是与第一个低点位置的成交量相比，市场交易显得尤为清淡。当交易活跃程度和交易量在反弹过程中爆发时，双重底的走势就结束了。双重底形态下的成交量有三个重要的特征：（1）第一个底部位置的成交量最大；（2）第二个底部位置的成交量缩减；（3）行情向上突破时，交易变得非常活跃。这里所描述的成交量特征并不是双重底价格形态形成的必然要素，因为很多价格形态并没有出现这样的成交量特征，但价格形态依然有效。当然，如果这些成交量特征都出现了，那么价格形态的有效性将会更加明确。

通常情况下，第二个低点的位置比第一个低点的位置高一些，但实际上，不论第二个低点的实际位置是否高于（或者稍微低于）第一个低点位置，双重底的价格形态都是有效的。

背后的心理活动分析

由于绝大多数双重底形态都是在前期快速下跌的基础上形成的，所以最初的反弹都是源于卖方压力的减少和短期空头对头寸的回补，并且反弹势头很猛。第一个底部位置的成交量越大，卖方力量释放得就越彻底。当空头回补完毕，以及杀价购买股票的投机商完成了建仓，股票价格将会再次进入下跌趋势。然而，由于看空者刚刚经历过一次猛烈的下跌行情，所以他们持续做空的倾向并不是很强烈。做空压力不大的另外一个原因是，市场上最悲观的持有者在第一波下跌行情里已经出货完毕，他们是最情绪化的交易者。第二波下跌行情主要源于买盘力量薄弱，而非其他原因。随着行情发展到第二个底部位置，市场上此时的成交量非常清淡，几乎没有什么交易。这象征着市场所有的卖盘都卖光了，跟市场做空完全相反。正如华尔街的谚语所说："不要在萧条的市场环境里做空。"这一谚语与双重底形态下的第二个低点很契合。交投活动如此低迷，意味着买卖双方呈现出完全匹配的状态，任意一个微不足道的市场事件都会引起价格的突变。在这个点位，所有坏消息带来的影响都已经显现，所有想卖出的力量都得到释放，这样的话，价格变化只剩下唯一的方向，那就是上涨。

低迷氛围的最后就是行情的突破，价格超越了之前反弹的高点位置，并用一波又一波的反弹回撤走势宣告上涨趋势的到来，表明这个上涨走势有非常坚实的基础，而不是死猫式反弹行情。

双重价格形态的案例

图 7–37 向我们提供了 iPath Grains ETN 的双重底价格形态走势案例，图形表明在第一个低点位置，成交量显著放大，而到了第二个低点位置，成交量明显缩减。图 7–38 向我们展示了纽蒙特矿业公司（Newmont Mining）的双重底价格形态。底部区域在 A 点结束，但风险却一直伴随着价格下跌趋势前进，意味着在整个下跌过程中都没有操作的实际可能性。另一方面，当价格开始在 B 点实现向上突破之后，

意味着买入机会到来。在这个位置，下跌可能会停止，风险降至非常低的水平。

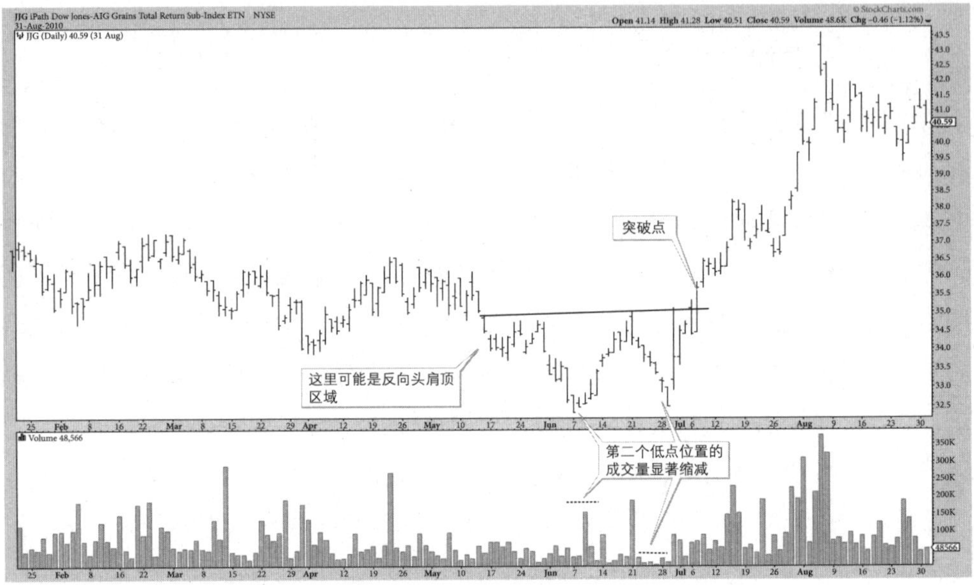

图 7–37 双重底形态（iPath Grains 2010 年）

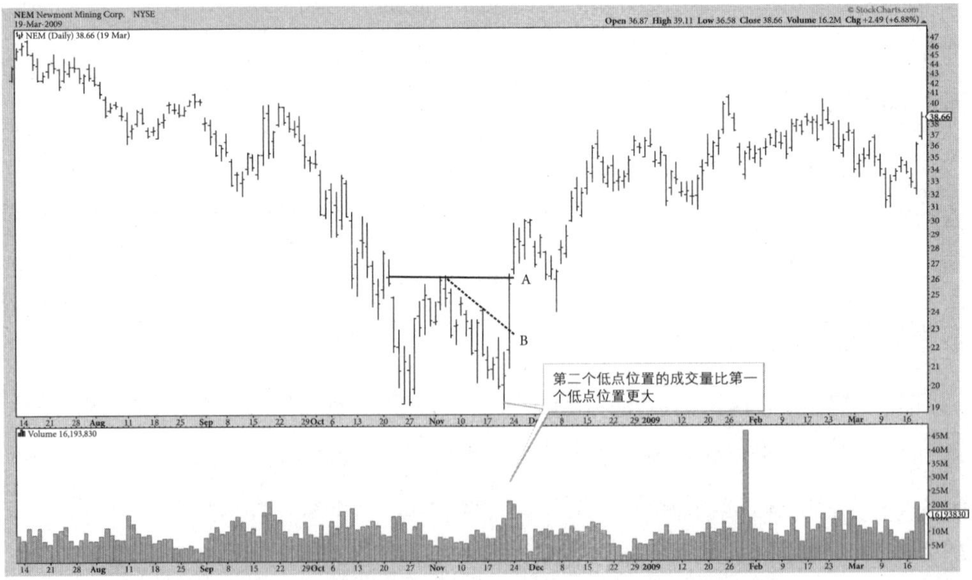

图 7–38 双重底形态（纽蒙特矿业公司 2008—2009 年）

三角形价格形态

三角形价格形态是最常见最普通的价格形态走势，同时又是最不可靠的价格形态走势。这类行情走势既可能是巩固态势又可能形成反转形态，交易区间不断缩小，被两条收敛的边界趋势线所包裹。为了确认边界趋势线，这条线至少要被价格触碰两次以上。这表明三角形的价格形态至少有四个重要的转换点，每条趋势线至少各有两个转换点。不过，在现实中，这样的趋势线被触碰三次或三次以上更值得信赖。如果你能回想起我们在第 5 章论述的趋势线的重要性，你就能够理解，三角形趋势线被触碰或接近的次数越多，它们被穿越所代表的信号作用就越有效。三角形一共有两种类型，分别是对称三角形和直角三角形，我们将依次展开分析。

对称三角形

对称三角形是由一系列两个或多个反弹和回调走势构成的，反弹的高点依次降低，而回调的低点却依次抬高，如图 7–39 所示。

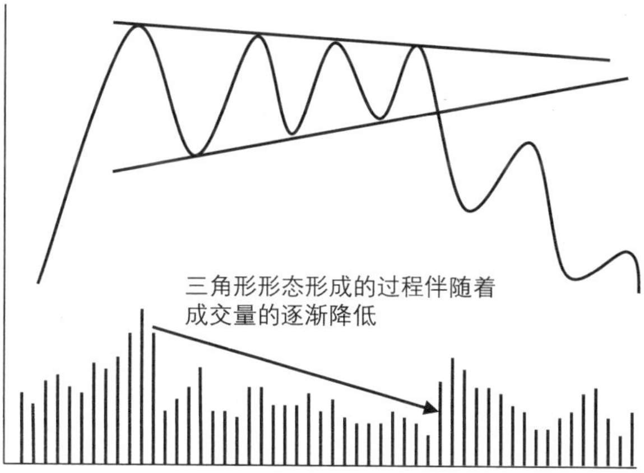

图 7–39　对称三角形

这种形态又被称为线圈走势，随着形态逐渐构建完成，价格和成交量的波动也逐渐降低。最终，价格和成交量（通常情况下会如此）突然发生改变，就好像线圈的线头在越收越紧的时候，突然自由落体，掉在了地上。经典的教科书告诉我们，当行情突破发生在三角形形态开始的最高

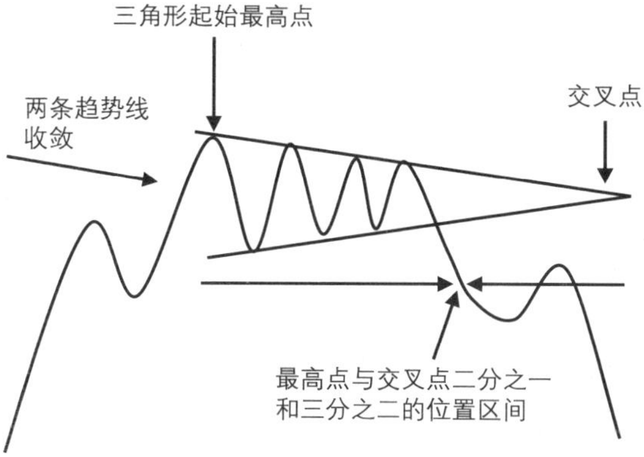

图 7–40　对称三角形的有效突破

点与趋势线交叉点的二分之一和四分之三区间的某个位置时，三角形形态作用似乎最有效。如图 7–40 所示的那样。

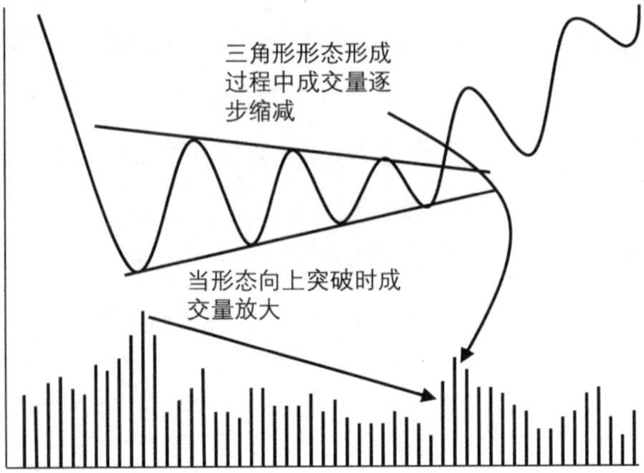

图 7–41　对称三角形的量能特征

适用于其他形态的量能原则同样适用于三角形形态。这意味着随着三角形不断收缩成型，成交量会逐渐降低。当三角形形态开始向上突破时，成交量将会放大，这一点也非常重要，如图 7–41 所示。

尽管不断扩张的交投活动表明卖方压力较大，从多个方面证实了熊市的到来，但对向下突破的行情来说，成交量缩减或放大，其实影响并不大。例如，在图 7–39 中，在向下突破的时候，成交量明显放大，但在三角形形态构建的时候，成交量是在逐渐缩减的。此处的意义在于，随着形态的不断发展，买卖双方的力量对比逐渐达到均衡状态。所以，当成交量突然放大时，价格和成交量的信号表明，市场走向的控制权开始向某一方倾斜。

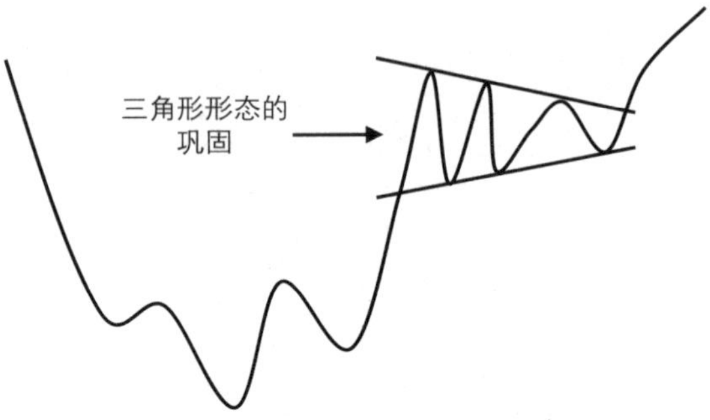

图 7–42　对称三角形的巩固态势

图 7–42 向我们展示了持续的三角形走势。

背后的心理活动分析

三角形形态走势就好比买卖双方之间不断收紧的战争态势。最开始的时候，在左边的位置，形态还比较松散，振幅还很大，表明价格波动很不稳定，宽幅震荡的走势表明买卖双方谁都没有绝对的控制能力。价格开始反弹，到达一定的位置之后，买方热情消退，卖方变得更加活跃。于是，价格开始下跌，当价格下跌到一定位置时，前面错过买入机会的投资者开始进场，此时，卖方动能同样也在消减。于是，价格开始第二次上涨，但上涨的幅度并没有前一次那么大，因为卖方力量完全碾压买方力量。这可能是因为错过第一次上涨机会的潜在卖方，降低了自己的盈利预期，在次高位减持股票。在任何情况下，当价格下跌时，买方就会选择进场，但是每一次反弹和回撤吸引到的市场参与者越来越少了。最开始的激情逐渐消退，市场参与者都在等待双方最终的均衡状态出现。随着价格形态的发展，任何一方都没有绝对的实力可以决定行情是上涨还是下跌，于是两条趋势线越来越靠近。一般来说，当价格波动变得越来越窄时，价格离两条趋势线的交叉点就越来越近，此时，供求双方任意一点波动将会导致价格发生巨大变化。通常情况下，在靠近接触点的位置震荡越久，价格突破带来的趋势运行就越强劲。另外一个值得注意的启示是：突破的强度，与三角形趋势形成时成交量缩减和突破时成交量放大的反差程度相关。反差程度越大，突破取得胜利的概率就越大，信号作用就越明显。

目标价位测度

从传统的角度来分析，可以通过从三角形起始位置的低点开始，引出一条与上趋势线平行的直线，来测度熊市向下的三角形目标价位。这条线（如图 7–43 的 CD 线）代表着可能达到或突破的预期目标价格。

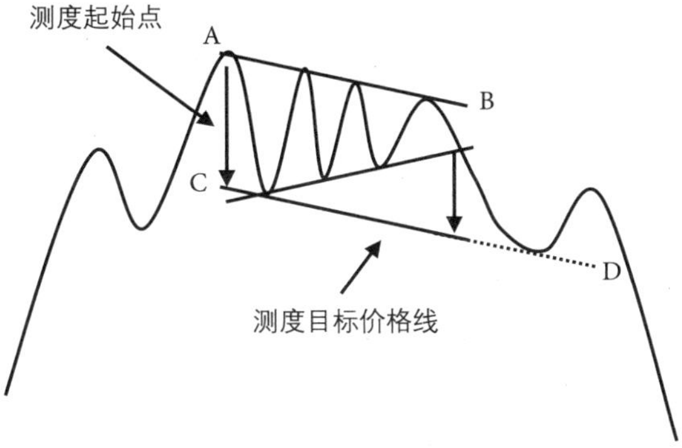

图 7–43　熊市对称三角形的目标价格测度

图 7–44 向我们展示了市场底部的三角形走势以及目标价位测度。

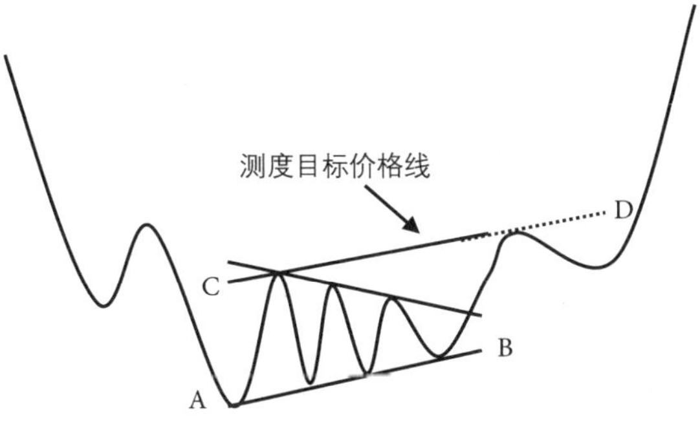

图 7–44　牛市对称三角形的目标价位测度

当三角形呈现出巩固走势时，可以用相同的技术方法对目标价格进行估算。然而，以我个人的经历来看，我并没有发现这个方

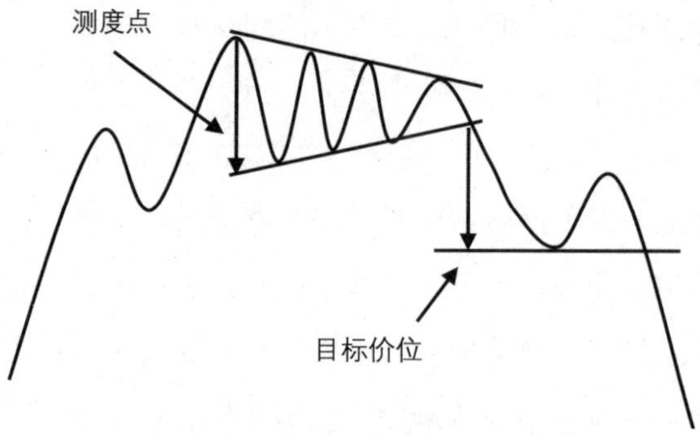

图 7–45　熊市对称三角形目标价位测度的另一种方法

法有多管用。因为真实的价格波动通常与目标价格有很大的差距。相反，我更倾向于用处理其他形态的方法来分析三角形形态，通过计算价格波动的最大区间，来预测突破时的价格变化目标位置。图 7–45 和图 7–46 就是用这一方法来预测顶部和底部的目标价格的。

在运用这一方法时，比例分析原则依然有效。

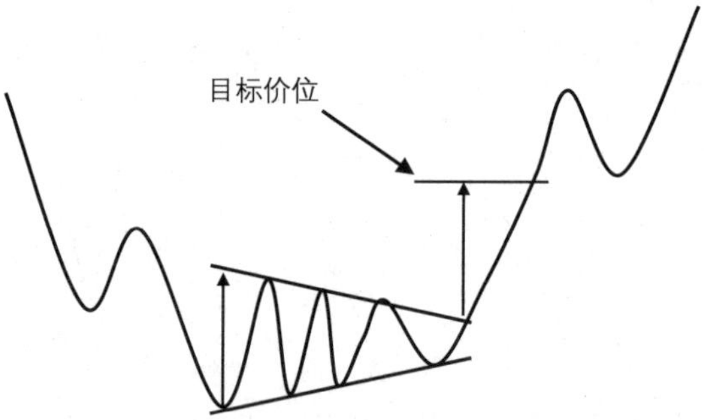

图 7–46　牛市对称三角形目标价位测度的另一种方法

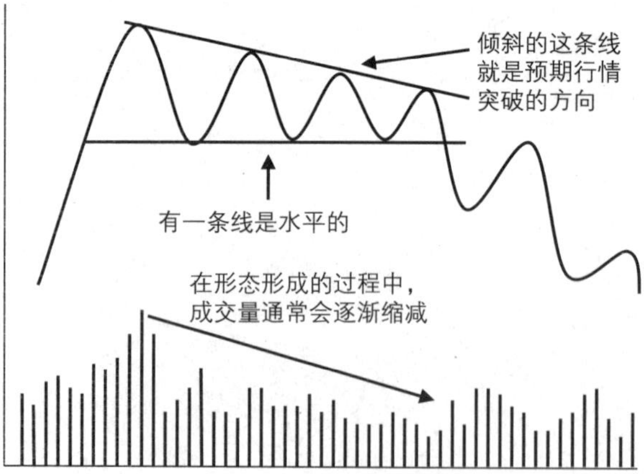

图 7–47　熊市直角三角形

直角三角形

直角三角形是对称三角形的一种特殊形态，因为直角三角形两条边界线的其中一条与坐标轴的纵轴呈 90 度，也就是说，有一条边界线与横轴是平行的，如图 7–47 所示。

对称三角形并没有对行情

将往哪个方向突破提供线索或提示。图 7–48 就是一个向上突破的直角三角形。如果向上突破的走势没有一次成功，行情将会选择回撤，在条件合适的时候，再次选择向上突破。如果有可能，我们可以画出回撤的趋势线，如图 7–48 中所示，当行情向上突破回撤趋势线时，正是进场的好时机，因为这是对前面突破的确认。

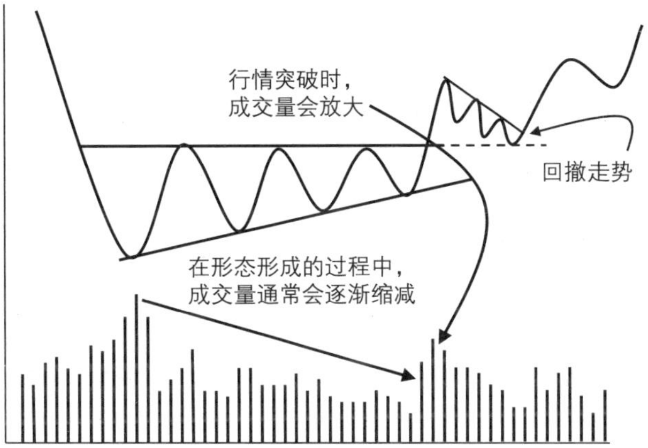

图 7–48　牛市直角三角形和回撤

如果回撤伴随着成交量的缩减，而在行情反弹突破回撤趋势线时，成交量又出现了小幅或者显著放大，那么这样的形态特征得到证实的概率就会非常高。

失败的直角三角形

对那些弹性交易者或投资者来说，形态的失败往往会带来更多更好的投资机会。与其他任何形态相比，直角三角形在这方面的效果会更显著，可能性会更大，因为直接三角形突破后的走势常常很夸张。当价格不仅突破三角形下边的水平边界线，而且还突破了三角形上部的上升边界线时，牛市的突破形态就形成了，将会迎来一波涨势凶猛的牛市行情，如图 7–49 所示。或者，情况正好相反，价格未能突破位于三角形上部的水平边界线，却突破了三角形下边的边界线，熊市行情随之而来，如图 7–50 所示的那样。

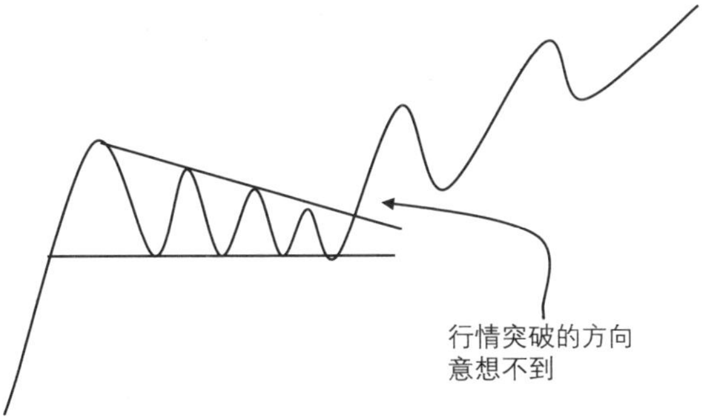

图 7–49　熊市直角三角形与意想不到的突破

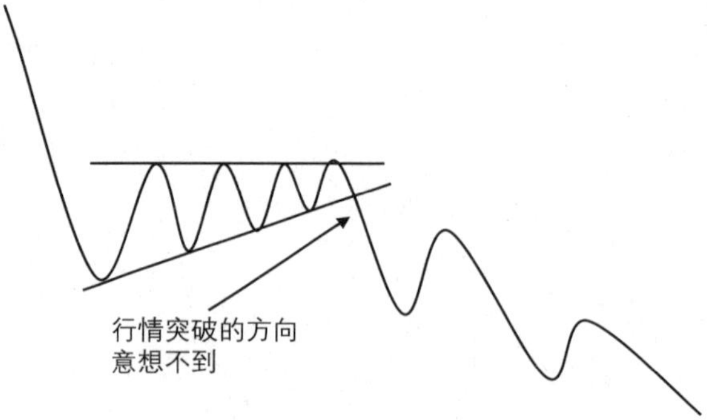

图 7–50 牛市直角三角形与意想不到的突破

在图 7–50 中，直角三角形形态在构建的时候，每次回调的低点在逐步抬高，给买方充分的信心，认为牛市行情会持续下去。

迷恋技术分析的投资者看到价格按照这个态势运行，对未来的走势很乐观，并积极买入。然而，当价格跌破直角三角形下半部不断上升的边界线时，原有的预期落空了，于是价格进入快速下跌行情，这个下跌的速度比之前的平均下跌速度要猛烈得多。如果此时成交量放大，就意味着市场参与者都犯错了，这一点毫无疑问。如果这里放出巨量，表明相当多的投资者在这里选择卖出，降低仓位；与此同时，另外一些投资者选择在行情开启之前，大举买进，期待市场来一波大行情。

三角形案例

白银信托 ETF 的走势再次向我们提供了一个值得借鉴的参考案例，这一次走势是巩固的对称三角形走势，如图 7–51 所示。

这一次，对称三角形形态形成之后，紧跟着是一波大行情，行情刚起来的时候，成交量是缓慢放大的。通常情况下，我们都习惯性地认为行情突破离交叉点的位置有一定的距离，但这个案例表明，这并不是一个必须具备的前置条件。这一次后面紧接而来的牛市行情之所以这么强劲，可能跟对称三角形的两条边界线被触碰或接近的次数达到五次之多有密切的关系。

图 7–52 用谷歌公司的价格走势向我们展示了更多的三角形态势。2007 年下半年出现的熊市走势非常经典，因为价格形态在形成的过程中，成交量的下降伴随着盈利的大规模减少。最终，当价格跌破下边界线时，成交量开始放大。2008 年春季的反弹走势形成了熊市中的直角三角形走势。最后，在 2008 年秋季的时候，巩固的对称三角形形态构建完毕，股票价格也快速跌到目标价位区。

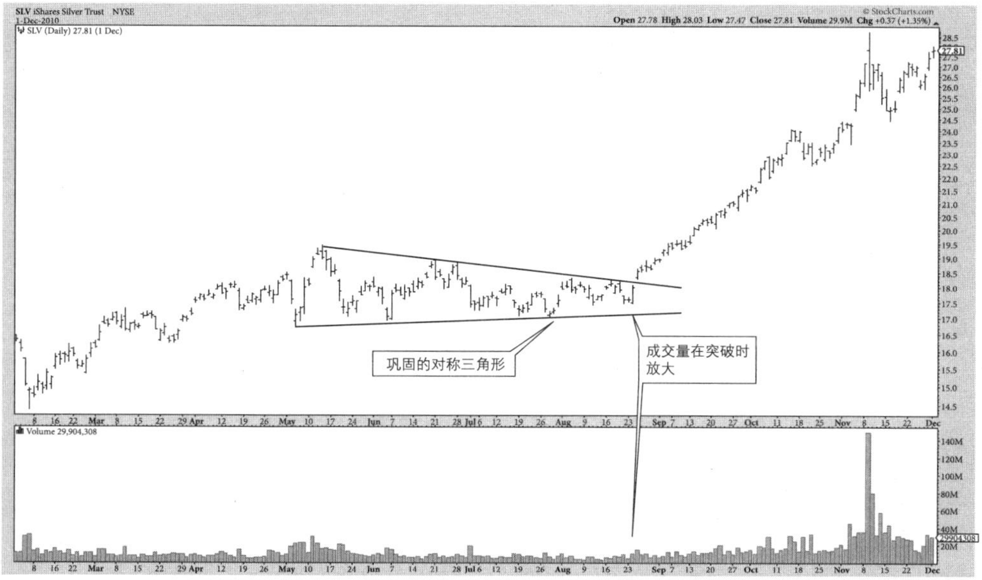

图 7–51 整理巩固的对称三角形走势（白银 ETF 2010 年）

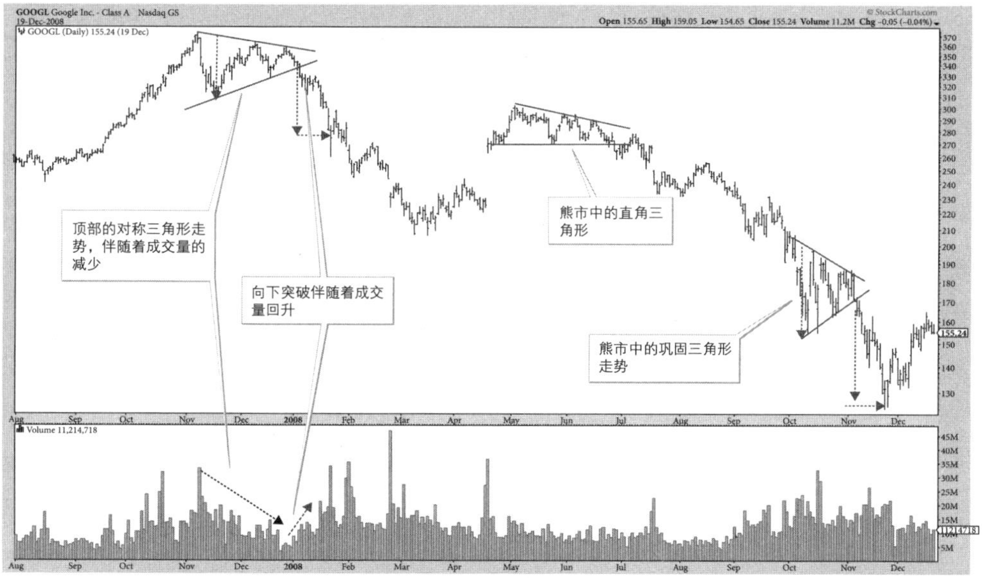

图 7–52 熊市的三角形走势（谷歌 2007—2008 年）

直角三角形的扩散形态

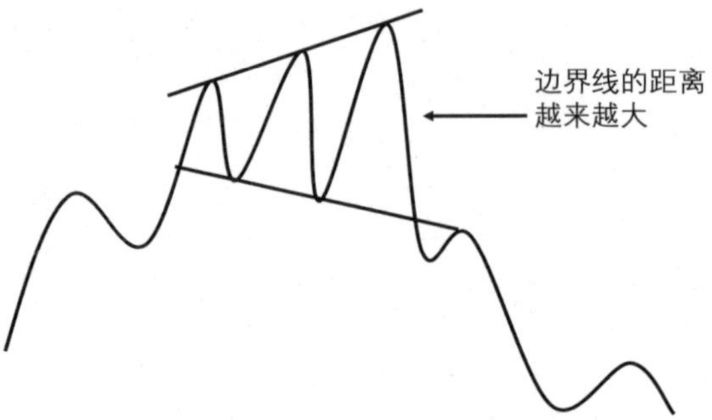

图 7–53　传统的扩散形态

传统的扩散形态分析意味着技术分析处于非常不稳定、不确定的状态，通常情况下，都是趋势运行一段时间之后才会出现这样的问题。图 7–53 向我们展示了买卖双方之间的拉锯战似乎面临失控的状态，因为价格震荡的幅度越来越大。

这些形态与三角形形态正好相反，在三角形形态里，交易震荡幅度越收越紧，最后到达一个均衡点，随后开始选择突破的方向。这些扩散形态的问题就是它们很少出现在图形中，即使出现了，价格也已经下跌了太多。所以，从做空赚钱的角度出发，事后分析这样的价格形态失去了意义。值得关注的是直角三角形形态，这个形态有一定的指导意义，我们在后面的图中也会经常分析。

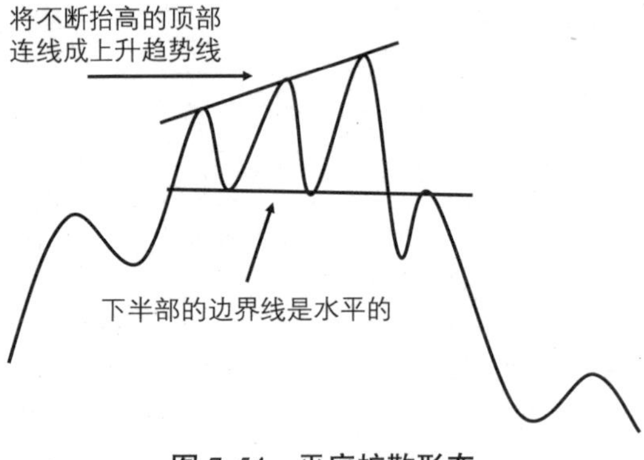

图 7–54　平底扩散形态

图 7–54 和图 7–55 就是这些形态的案例。

熊市行情里的这些形态特征有时被称为平底扩散形态，牛市行情里的这些形态特征有时被称为平顶扩散形态。因为价格宽幅震荡走势的概念表明情绪化交易活跃，这种形态下的成交量特征很难界定。在反弹阶段，特别是在市场顶部区域，交投活动非常活跃。不管是在顶部还是在底部，三角形扩散形态与头肩顶形态很类似，但扩散形态中的“头部区域”总是在最后才形成。当行情开始向下突破时，意味着熊市信号出现了。无论成交量是多少，如果这个位置的交投活动非常活跃，熊市走势的概率就更大了。

由于平顶扩散形态是一个逐渐累积的过程，在突破位置，成交量放大就是一个非常重要的必备条件，如图 7–55 所示。我的经验是这些形态的威力远超过预期发展。在熊市（牛市）背景下，这是真正的头肩顶（头肩底），且价格变化迅速，根本没有机会构建完整的右肩形态。

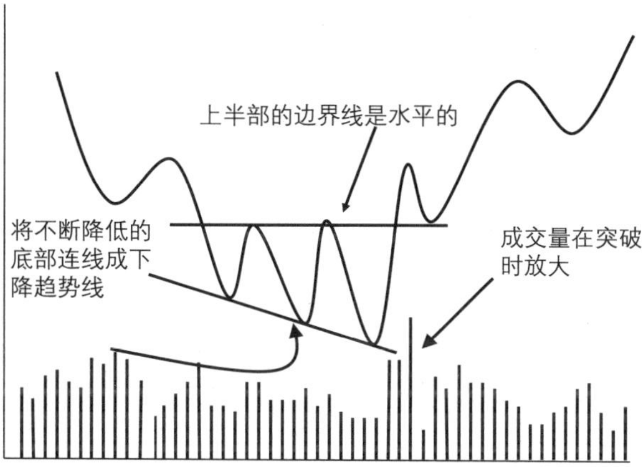

图 7–55　平顶的扩散形态

背后的心理活动分析

三角形平顶扩散形态出现通常意味着持续性下跌行情到达尾声。在形态刚开始构建的时候，熊市的氛围非常明显。股票价格最开始出现的是恐慌性抛盘，随后反弹到压力位。当价格在压力位遇到阻拦，无法突破时，会引发更多的抛盘，价格重新进入下跌通道。价格再次反弹，并探明短期的压力位就是在三角形扩散形态的顶部位置，不过第二次下跌创下的新低幅度有限，未能吸引空头进行回补。实际上，当价格反弹不能有效地突破压力位时，每一次反弹失败都会引起更多的空头抛盘。随着价格屡创新低，空头的力量不断增强。毕竟，在过去几周和几个月的时间里，投资者发现加入空头更容易赚钱，特别是市场上还充斥着股票的各种负面消息，“信誓旦旦”表示股票价格还会继续创出新低。对那些胆战心惊的股票持有者来说，这样的消息足以摧毁他们脆弱的心理，让他们以怀有“感激”的心态卖出手中的股票。当熊市心态在市场上弥漫发酵时，这个状态就会变得非常普遍，因为每个人都觉得熊市还会持续下去。那些清仓股票远离市场的投资者既有可能是之前坚定的长期投资者，也有可能是做空者。在三角形底部的边界线位置，卖盘压力已经很小，反而开始出现大量买盘力量，这股力量来自那些善变的做空者。行情一触即发，就好比石油已经满地都是，只需要一根火柴点燃一下而已，这个位置的股票已经处于严重超卖的状态。

上涨行情顶部的心理活动则刚好相反。经过一段时间的持续上涨，市场上做多的热情被充分点燃，三角形扩散形态开始形成，在形态构建的过程中，价格屡创新高。这样强劲的多头行情自然会让空头无机可乘。空头将他们的止损卖出指令设定为压力位以上的价格，他们判断股票价格会突破前期的高点。但经过几次尝试之后，他们放弃了这样的操作。这就意味着在最后的顶部位置，市场上的空头力量非常弱小。大量的空头头寸变成了下跌趋势的支撑位，另外一小部分空头力量依然很坚定。因为牛市行情已经进行了很长一段时间，每一次价格的上涨都会吸引新进入者，他们在价格上涨的时候都是盈利的，对价格下跌带来的风险没有任何感觉。不幸的是，这些新入场者缺乏经验，与经过了三角形扩散形态的投资者相比，他们承受风险的能力都比较弱。这些参与者都是被媒体、经纪人以及以其他方式散布的好消息和诱人前景吸引进来的。这个形态中多次出现的强劲反弹，对新进入者随意做出的买卖决定，同样起到推波助澜的作用，因为不断上涨的价格充分刺激着人的贪婪，让那些毫无经验的投资者形成了市场只会单边上涨的牛市思维。他们是真正的晚进早出型的投资者——进入市场的时间比较晚，但却最早被市场淘汰。因此，当价格到达最后的高点位置时，股票筹码主要集中在这些信息来源不通畅且风险承受力脆弱的投资者手中。更让人担心的是，情况正变得越来越严重，市场对空头释放的缓冲机制非常薄弱。于是，价格一旦开始下跌，速度将会非常快。由于市场抛售的特性很难完全掌握，所以在刚开始下跌时，很少有投资者会全身而退。当价格跌破水平线的支撑位时，将会引发更多的抛盘。虽然空头通常会在支撑位回补，但这依然不能阻止行情下跌，因为空头累积的力量实在是太强大了。于是，价格持续下跌。随之而来的下跌过程将会很漫长，因为市场需要相当长的时间来绞杀这些在三角形扩散形态形成过程中买入股票的新进场投资者。

目标价格测度

顶部形态目标价格的测度就是计算形态的最高点（或者是累积的底部最低点）与水平线之间的最大距离值。在行情突破之后，这个距离就是行情前行的目标位置。

直角三角形扩散形态与其他扩散形态一样，同样会经历回撤和反弹走势。由于这类形态走势非常猛烈，且非常不稳定，所以它们的回撤力度非常大，行情走势让人极度不安。幸运的是，这类行情走势时间都比较短。

如何画边界线

在构建这些形态走势时，大多数时间我们都不能太随意。在解释这句话的时候，让我们好好思量一下变异形态的累积过程。我们真正想构建的是反向直角三角形，如图 7–55 所示。请注意，由于价格波动呈现出锯齿状形态，所以我们不可能非常精确地画出所有的反弹与回撤。例如，我们只能大概画出哪里是形态的水平压力位。如果你反思这些形态背后的逻辑关系和心理驱动因素，如前面分析的那样，这一切都能够得到合理的解释。遗憾的是，我们只能大概估算出点位，而不能给出非黑即白的明确信号，尽管这样的信号在形态构建过程中能给我们带来更大的自信和力量。

扩散的楔形形态

有时候，直角三角形的水平边界线在扩散形态下会呈现出一定的倾斜，有一定的角度，如图 7–56 和图 7–57 所示。

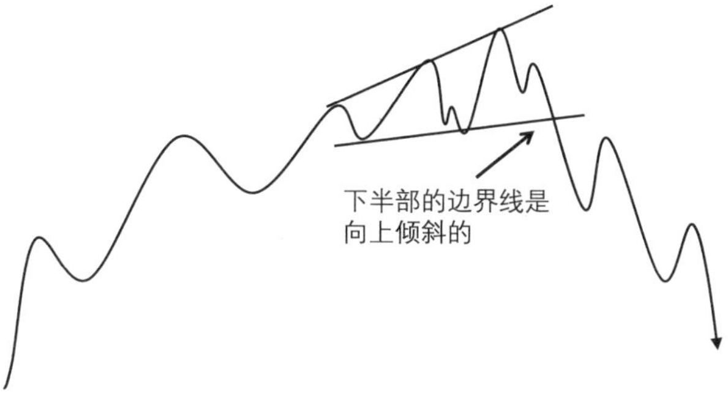

图 7–56　熊市里的扩展楔形形态

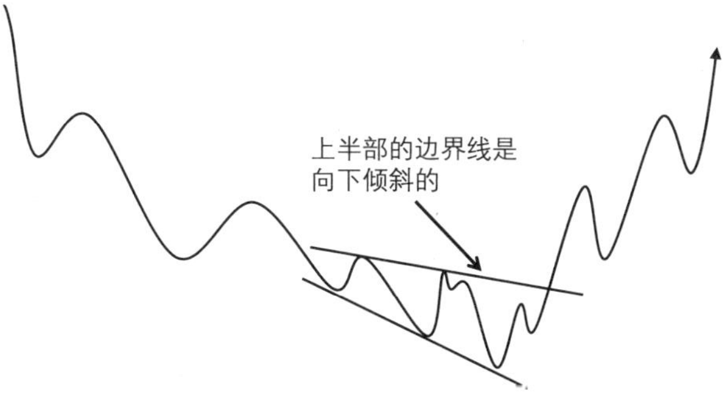

图 7–57　牛市的扩展楔形形态

我们注意到这两条线实际上都在沿着同样的方向前进，但形态偏离程度还是有很大的差距，倾斜角度不同，偏离程度就不一样。对这些形态的解读与对直角三角形其他形态的解读秉承相同的原则。行情突破的含义跟其他形态是类似的，因为当形态构建完毕之前，扩散边界也会被触碰多次。即使第二条边界线是直角，其含义与扩展的边界线依然相同。

杯柄突破

这个价格形态是由著名的威廉·奥尼尔（William O' Neil）提出来的，他在自己那本《如何通过股票赚钱》（*How to Make Money in Stocks*）一书中有非常详细的描述。这个形态一般出现在牛市，通常是一个持续进行的形态。图 7–58 向我们展示行情发展先出现了一个 U 型（类似茶杯），紧接着就是一个反弹和一系列窄幅震荡构成的平台形态（类似茶杯的柄）。

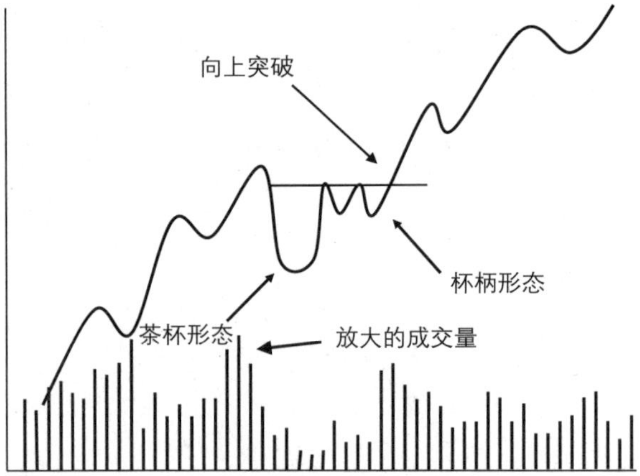

图 7–58 平台整理后的杯柄突破

茶杯的左侧行情通常都是预期之内的强劲反弹走势，而且还伴随着巨额的成交量。茶杯的底部形态通常是圆弧底，如图 7–55 所示的。当然，有时候也会呈现出一定范围之内的震荡走势，如图 7–59 所示。

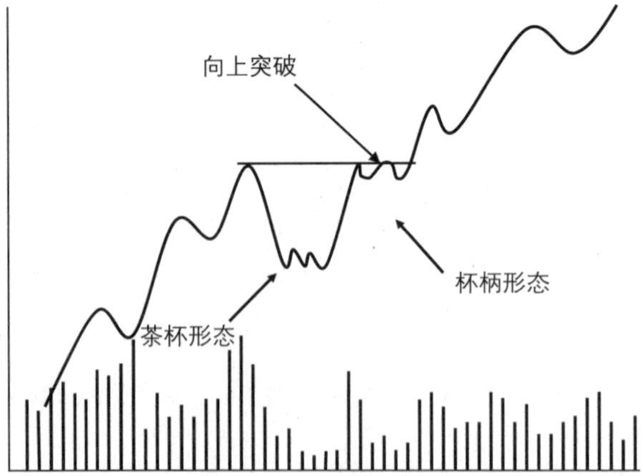

图 7–59 震荡后的杯柄突破

接下来的形态发展是反弹行情走势，成交量同比放大，此时获利盘比较多，此后，不管是成交量还是价格都进入了一个相对平稳的阶段。最终，杯柄形态完成，价格开始向上拉升突破。

如果形态失败，我们观察

的信号将会是另外一种情况，价格将会跌破杯柄位置。当然，如果价格重新回到杯柄之上，那么情况又会发生改变，还是继续回到牛市上升的通道中。任何没有成交量支撑的突破都值得存疑，都有可能是假突破。

图 7–60 以谷歌公司为例，向我们展示了杯柄突破形态的构建。

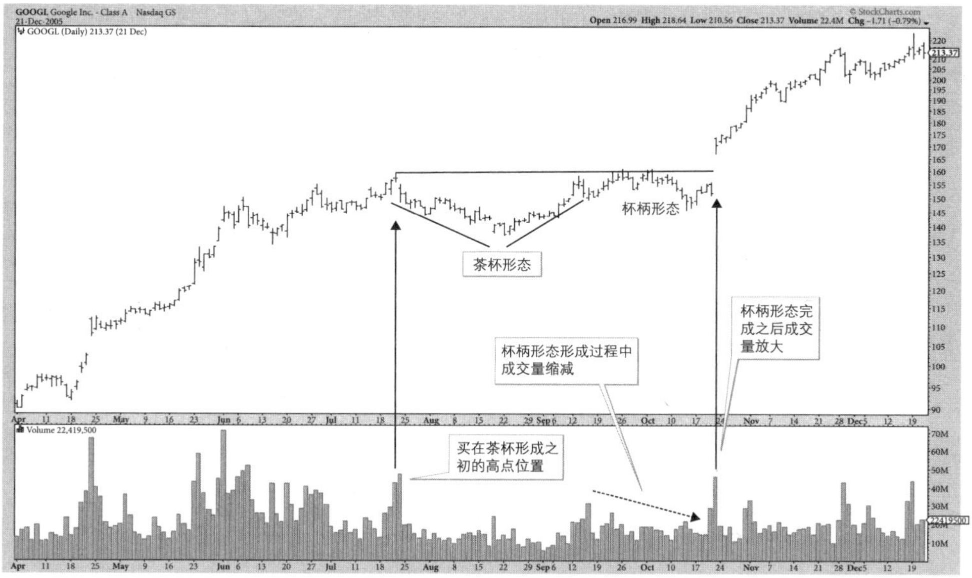

图 7–60 杯柄突破（谷歌 2005 年）

我们注意到，在杯柄突破形态开始的时候，一般投资者都是先买在高点位置，不断上涨的成交量耗尽了所有的多头力量。正常情况下，我们将会面临一段幅度不小的下跌行情。然而，杯柄形态的出现意味着交易活跃程度得到进一步强化，在巨额成交量的支撑下，价格选择向上突破前行。

小结

1. 技术分析人员已经明确可以将上升趋势与下跌趋势区分开的交易波动环境，将一系列价格行为模式定为价格形态。
2. 价格形态包括波峰和波谷的转换、趋势线、支撑线和压力线，以及成交量特征。

3. 价格形态既有反向变异，又有持续变异。

4. 每一种价格形态都有衡量的意义和价值。形态规模越大、幅度越深，其重要性就越显著。

5. 锯齿形态或者虚假信号经常出现，我们对此应该有比较清楚的认识，因为随之而来的行情是与虚假信号提示的运行方向相反的。

第 8 章 交易者应该掌握的价格形态

引言

本章所描述的价格形态与特征相关性比较小，主要是对短期行情解读有意义。

重要的技术分析原则：旗形、三角旗和楔形等形态都反映出牛市上涨行情中的可控盈利和熊市下跌行情中的可控损失，这些形态的形成都是一个巩固或者说持续累进的现象。

这些价格形态都是由方向相同的两条倾斜的趋势线构成的，价格在这两条趋势线范围内上下波动。通常情况下，趋势线的斜率都是逆周期的，与大盘走势方向正好相反。这就意味着在牛市行情里，这些价格形态往往呈现出熊市向下的走势，而在熊市行情里，这些价格形态往往呈现出牛市向上的走势。

另一方面：

重要的技术分析原则：外部的、内部的、匹诺曹式的，以及两根柱型的反转通常代表短期行情的反转，一般影响范围在 5 到 10 根柱状图之间。

这些价格形态能为我们提供可靠的盈利提示，因为它们的演变过程与短期反弹的波峰波谷形态非常类似。

让我们从旗形形态开始分析，彻底了解这一形态是如何形成和演变的。

小幅价格波动的形态和缺口分析

小幅价格波动形态包括旗形、三角旗、楔形和缺口分析。

旗形

一个标准的旗形是由两条平行线构成的交易区间，区间内的成交量呈现出逐渐减少的趋势。这样的价格形态通常是被快速变化、甚至是近乎垂直形态变化的价格上涨或下跌打破的。如概念名称表示的那样，这类形态在图表上看就像是一面旗帜。由于是连续的价格形态，因此旗形形态的完成包括对前面趋势的突破，并沿着突破的方向前进。图 8–1 向我们演示了上涨和下跌的旗形形态。从根本上来说，旗形形态其实是一段震荡幅度很窄的交易区间，将震荡区间内的所有反弹高点和回撤低点分别连成两条平行线。这两条平行线的方向与市场趋势变化方向正好相反，是逆市场周期的。当市场趋势向上运行时，旗形走势往往是向下的；当市场趋势向下运行时，旗形走势往往是向上的。旗形走势也可能是水平方向的，这样的话，旗形就演变成了矩形形态。在旗形形态构建的过程中，成交量会呈现出显著的下降走势，在行情突破的时候，成交量会急剧放大。

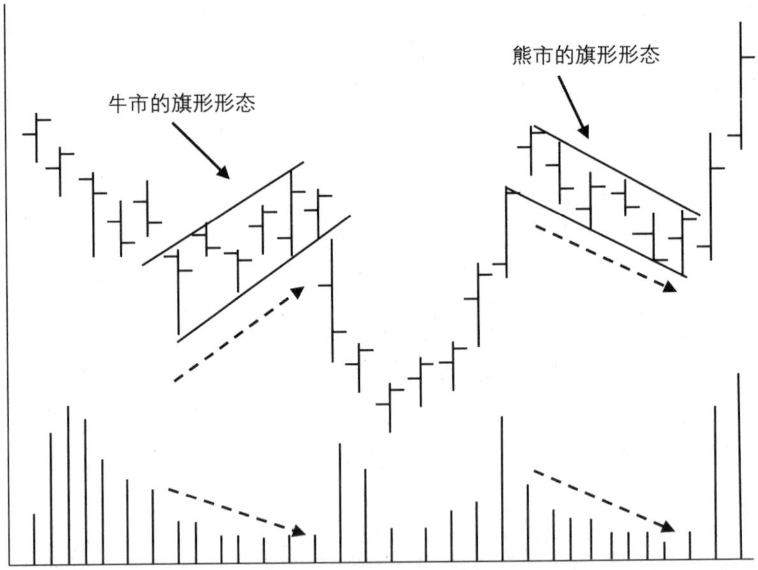

图 8–1　牛市旗形形态与熊市旗形形态

在上涨的市场环境里，传统的教科书告诉我们，理想的价格形态通常会将垂直上涨的态势一分为二。在旗形形态形成之前的位置，正常情况下，成交量都很大，这是经典的走势。在日交易图形中，旗形形态的时间周期短的就五天，长的可以是三到五周。同时，我们也可以坦诚地说，旗形形态是行情变得危险的开始。即便是向下发展的旗形形态，成交量依然是逐步减少的。这就意味着，当旗形的运行方向向上时，就是牛市态势，但成交量给出的暗示却是熊市特征：价增量减。当价格跌破旗形的下边界线时，将会迎来价格的快速下跌，同时成交量迅速放大。不过，成交量并不需要爆炸性增加，因为缺少买盘，所以强大的卖盘很轻松就让价格下降幅度很深。只有牛市环境中的向上突破才需要巨量的支持。

三角旗形态

三角旗形态的发展与旗形形态具有完全相同的市场环境，而且两者的特征也很类似。两者之间的区别就在于，三角旗的行情巩固形态是由两条收敛的趋势线构成的，如图 8–2 所示。从某种意义上来讲，旗形形态一般都与矩形相关联，而三角旗形态则与三角形相关联，只不过是比较小的三角形而已。三角旗形态与三角形形态之间的差别就在于构建形态的两条收敛的趋势线方向不同。在三角形形态中，这两条趋势线的方向是相反的，而在三角旗形态中，这两条趋势线的方向是相同的。如

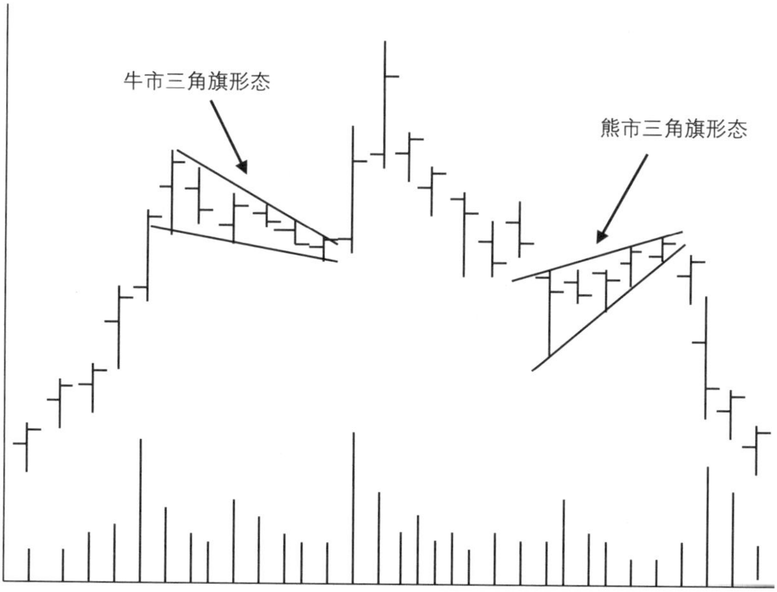

图 8–2　牛市三角旗形态与熊市三角旗形态

果其他条件都相同，三角旗形态在构建的过程中，成交量的缩减程度比旗形形态的还厉害。这可能是因为随着形态的发展，价格的波动性降低了。在其他方面，比如图形的解读、形态构建需要的时间、成交量特征等，三角旗形态与旗形形态基本上完全相同。

楔形形态

楔形形态与三角形形态非常相似，因为两条收敛的趋势线都是由一系列波峰和波谷连线而成的，如图 8–3 所示。在三角形形态中，一条趋势线是上涨方向，另一条趋势线是下降方向或者水平方向；楔形形态的两条趋势线方向相同，这一点与三角旗形态类似。下降的楔形形态代表上涨趋势短暂中断，而上升的楔形形态代表下降趋势短暂中断。在这两种楔形形态构建的过程中，成交量都会缩减，这很正常。由于任何地方的楔形形态构建大概需要二到八周左右的时间，因此分析楔形形态以周为时间单位比较合适，以月为时间单位则显得过于简单。

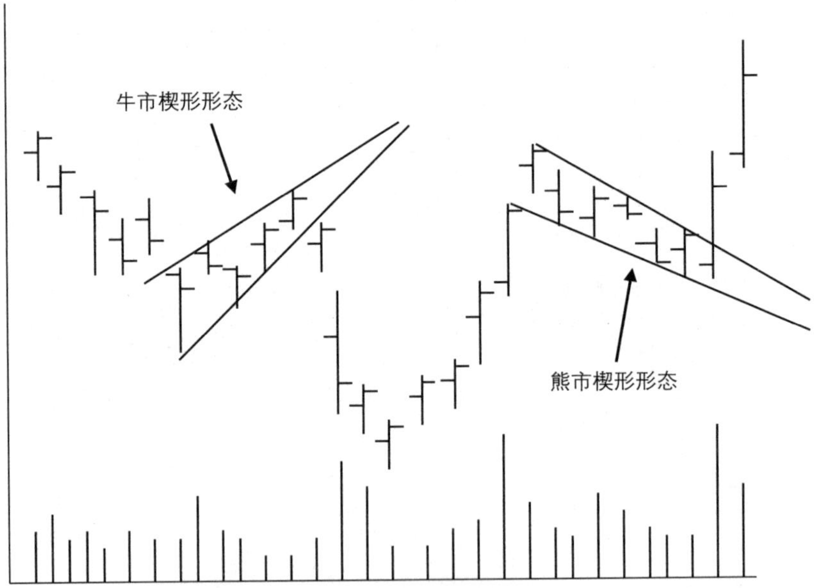

图 8–3　牛市楔形形态与熊市楔形形态

上升的楔形形态在熊市的反弹阶段非常普遍。在它们的形态构建完毕之后，价格通常会出现暴跌的走势，如果成交量同比激增，那么暴跌的幅度会更大。

楔形形态与三角旗形态非常相似，因为两者都是由两条收敛的趋势线构成，最关键的是，这两条趋势线的方向是相同的。两者的区别就在于，三角旗形态的突破点位置更接近交叉点，或者干脆就在交叉点上。而楔形形态的两条趋势线，在很多情况下，都是在离突破点比较远的位置交叉，理论上来看，这个交叉点位置已经不在图形上了。图 8–4 向我们呈现出来的就是这样的走势，交叉点远离行情突破点的位置。从这个角度出发，三角旗形态比楔形形态更接近三角形形态。有时候，楔形形态与三角旗形态的差别很难区分。如果其他条件都相同，那么楔形形态的构建一般都比三角旗形态构建的时间更长。图 8–5 向我们展示了 Facebook 的多个旗形形态和一个牛市楔形形态。左边旗形形态构建的过程中，成交量配合默契，处于逐渐缩减的状态，在突破点的位置，成交量又快速放大。图 8–6 向我们展示了熊市的旗形形态和一个牛市的楔形形态走势。我们注意到在形态构建的过程中，成交量都处于缩减的状态，而在突破点位置，成交量都放大了。给我们的最有效的提示就是，当成交量逐渐缩减时往往就是某个形态正在构建中，当然，这一点值得商榷。

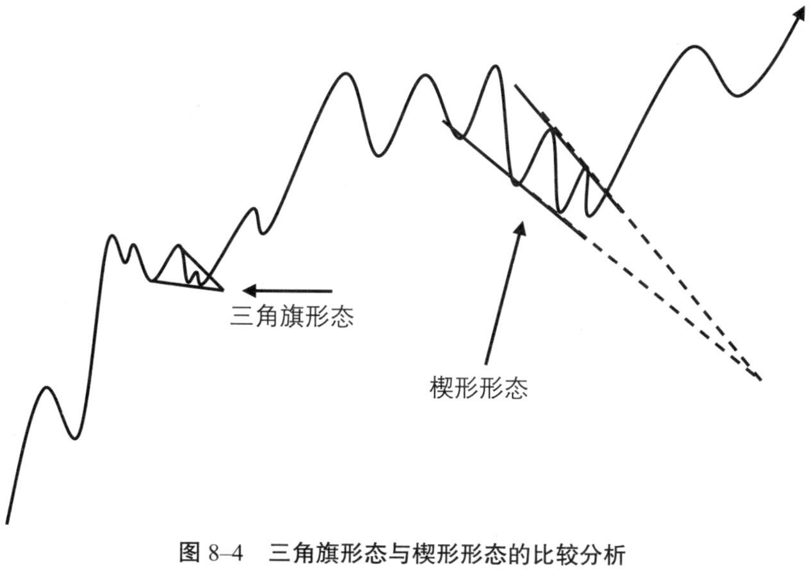

图 8–4　三角旗形态与楔形形态的比较分析

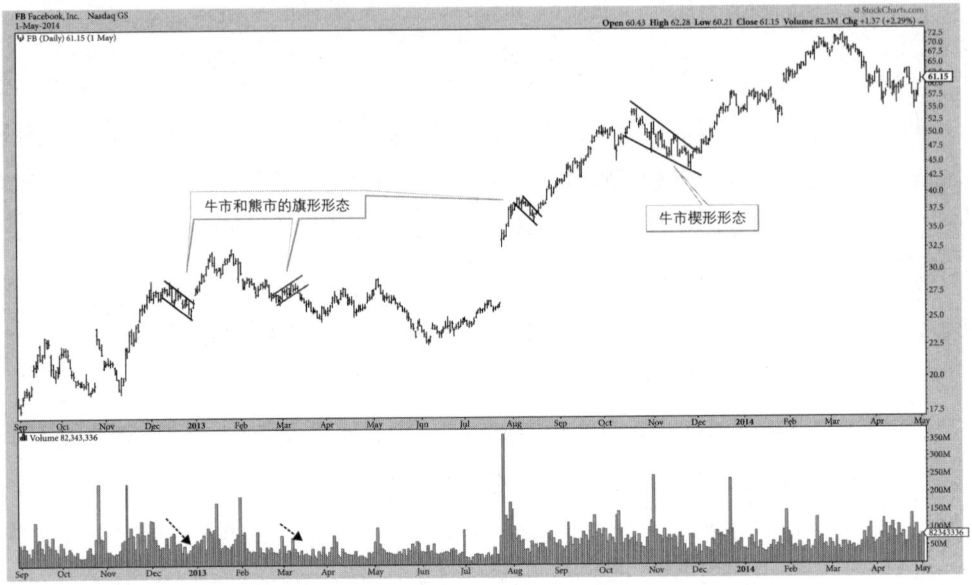

图 8–5 旗形形态与楔形形态（Facebook 2012—2014 年）

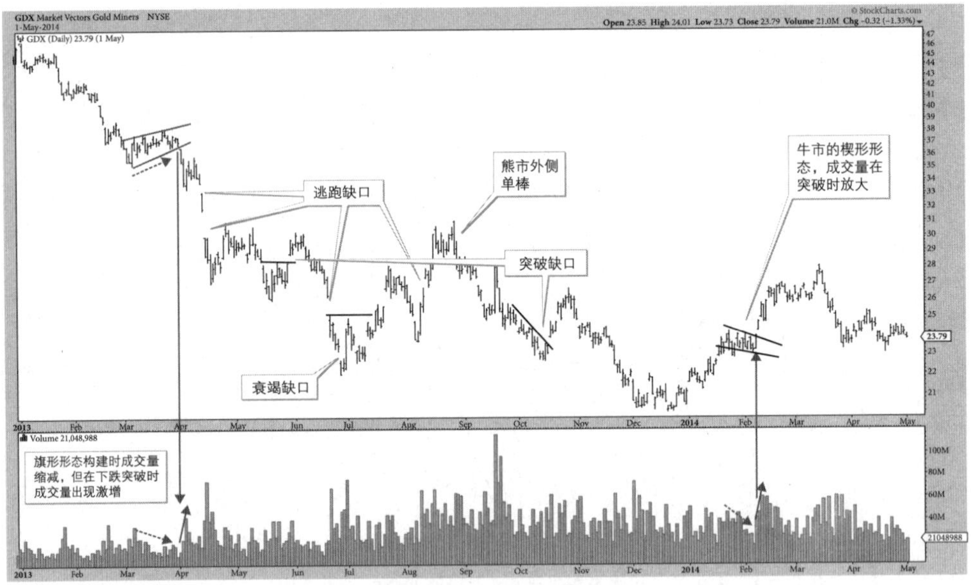

图 8–6 缺口、旗形形态和楔形形态（黄金开采 ETF 2013—2014 年）

缺口

当某个特定时间段的最低价格高于上一个交易时间段的最高价格，或者某个特定时间段的最高价格低于上一个交易时间段的最低价格，交易缺口就形成了，如图 8–7 所示。在日柱状图中，交易时间段为一天，在周柱状图中，交易时间段为一周，以此类推。下面的原则非常重要，要牢记。

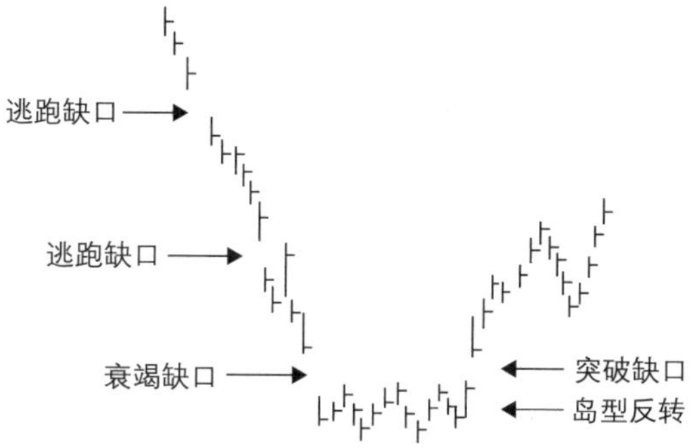

图 8–7　突破缺口

重要的技术分析原则：缺口只对流动性较好的证券图形分析有效。

这是因为缺口的出现更多的是反映突发新闻对市场情绪的影响，而不是反映交易量清淡的证券被操纵的状态。缺口的形成通常是因为隔夜的好消息或者坏消息影响了市场投资的情绪。日缺口形态比周缺口形态要常见得多，那是因为周缺口形态的形成需要周五到周日的价格存在跳空，而这样的机会与日缺口形态相比，只有后者的五分之一。月缺口形态则更少见，因为月与月之间很难形成价格缺口。日内交易最容易发现缺口的位置是开盘价。后面我会重点分析这一现象。当缺口出现在一段交易范围内时，我们称之为区间缺口，不过这并没有什么实际意义。

缺口作为衡量情绪指标的意义

如果有一天你跟你的朋友发生了争吵，一方当时表现得特别激动，说话声音非常大，你们俩肯定都会记得这个特别的场景，因为它代表着情绪被推到了某一高点。第二天，当情绪平复之后，咆哮的那个人肯定会表示歉意，然后你们俩都会对当时争吵的事情印象深刻。同样的逻辑也可以运用到技术分析领域，因为股票的各类图形走势就是对市场情绪的反映。这就意味着当价格运行到前期缺口位置时，上面和下面的区域都可能成为潜在的重要支撑位或压力位，在这个位置上，短期内，趋势可能会被反转。于是：

重要的技术分析原则：技术分析图形上缺口开始或结束的地方都是潜在的至关重要的点位，因为这些地方都代表着高涨的市场情绪。

当价格反转并将整个缺口区域都覆盖到时，我们称这个缺口关闭了，或者说“被回填”了。在日交易图形中，这个回填的过程有时候需要几天时间，而有些时候，回填需要几周或者几个月的时间。在一些特别罕见的情况下，有些缺口根本就不会回填。市场上有句俗语，说的是市场厌恶空白，这就表明绝大多数缺口都会被回填。现实也的确如此，绝大多数缺口最终都会被回填，只有极少数例外情况。

由于有些缺口需要几个月甚至几年的时间才被回填，所以在制定交易策略的时候，不能只建立在缺口在不远的未来很快就会被回填的基础上。在大多数情况下，行情总会去尝试回填缺口，而且在相当多的情况下，后续行情的发展也证实这样的缺口回填成功。

我们需要重点了解三种类型的缺口，分别是突破缺口、逃跑缺口和衰竭缺口。

突破缺口

当价格突破某一价格形态或者交易密集区间时，逃跑缺口就形成了。图 8–7 向我们展示了两个逃跑缺口的例子。缺口是牛市还是熊市，取决于缺口的方向。即便是向上缺口形态明显，有一点依然很重要，就是价格形态的变化一定要有成交量放大的配合。对向下缺口来说，成交量是否放大并不重要。

我们并不能推导出每一次缺口突破一定是合理的结论，因为在技术分析领域，并不存在“一定或确定”的事情。不过，与突破相关联的缺口通常比与突破没有关联的缺口更有说服力。如果缺口演变为锯齿走势，那么这一点或早或晚肯定会被信号所证实。因为大多数缺口都会被回填，所以并没有什么理由支持你必须要买，我们可以说，等到价格回补了缺口再做交易比较合适。毕竟，如果你错过了机会，市场并没有回调，而是继续上攻，你损失的顶多是一次可以赚钱的机会而已。可能这样的经历让你感到有些失望，但至少你没有任何本金的损失。记住：

重要的技术分析原则：市场最不缺的就是机会。

如果你有充分的耐心并严格坚守原则，在市场里等待机会的出现，那么从长期来看，你一定会做得特别成功。问题就在于，在今天这个浮躁和急功近利的时代，我们大多数人都没有这样的耐心和原则，我们总是希望自己能够通过连续不断的交易和投资最大化盈利，但这不现实。

在向上缺口突破时买入的危险在于你可能会赶上大众情绪的宣泄。但当大众情绪逐渐平静，股票价格回撤，这种不计成本的买入心理将会不可避免地遭遇失望。我们并不是建议你永远都不要在向上缺口突破时买入，而是希望你能够冷静地思考，做好充分的心理准备，能够接受买入后股票价格回调、你暂时处于亏损的状态。

在牛市初期阶段，突破缺口的有效性要高于牛市的后半程。这是因为在牛市的初期阶段，行情向上发展的动能非常充足。因此，我们可以看到，在牛市初期，图形上回撤和区间震荡的走势出现的概率要小很多。另一方面，牛市末期的突破缺口更多的是人气耗尽的表现，此时卖方在卖出后，基本上都会放弃在低位再买回来的想法。熊市的走法与心理活动正好跟牛市的状态完全相反。

如何在突破缺口买入，我提出了三步法则。图8–8为我们提供了一个理论案例。第一步，要明确是在趋势运行初期出现缺口，这个趋势至少是中期下跌的趋势，这一点很重要。换句话说，如果一个缺口代表市场情绪的持续改变，那必然会带来熊市心态（行情开始下跌佐证了这一心理）。第二步，缺口突破的当天应该出现意想不到的巨量。这一点再次反映出市场情绪的变化，因为牛市里筹码锁定都比较好。第三步，在接下来的二到四天里，市场试图回补缺口，但失败了，不过缺口当天的价格高度被拿下。检验的依据是市场参与者本来有机会改变他们的（牛市）思维，但他们并没有这样做。如果市场确认缺口，且通过后续的检验，那么法则关于价格新高的判断就能起到决定性作用。

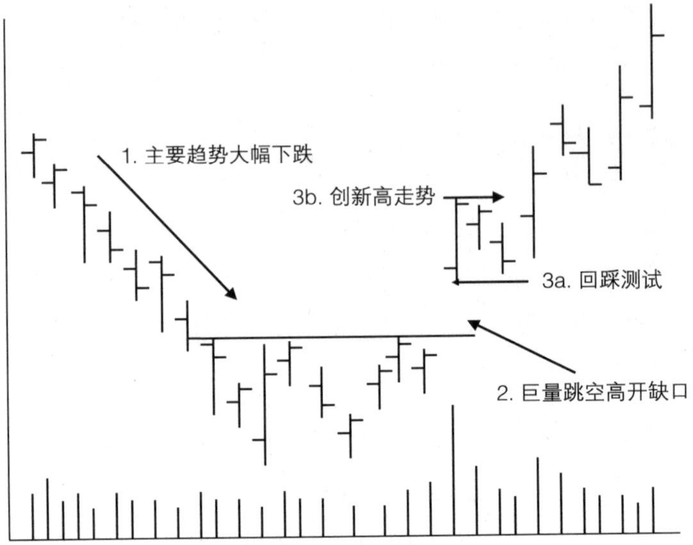

图 8–8　理论案例

连续或逃跑缺口

逃跑缺口出现在直线上涨或下跌行情中，这个时候价格快速波动，市场情绪渲染到极致。有时候，逃跑缺口结束得非常迅速，大概一天就完成了。而有些时候，逃跑缺口能够持续很长时间都没有回补，直到市场在反方向经历长期或中期震荡，缺口才得以回补。这种类型的缺口一般发生在前期突破和趋势最终完成的中间阶段，正是因为这个原因，持续缺口有时候又被称为测量缺口。超过一个持续缺口的行情偶尔就演变为价格变化的新趋势。多个逃跑缺口会被几个交易日或者更长时间的交易间隔开来。

衰竭突破

当行情运行包含多个逃跑缺口时，这就表明一段强劲的趋势正在前进。我们再次回到图 8–7。第二个或第三个缺口提醒了我们这样一个事实：趋势已经完全形成。因此，第二个或第三个缺口很可能就是最后一个缺口。与快速上涨或快速下跌相联系的正是衰竭缺口，它可能是一系列逃跑缺口中的最后一个缺口。一个衰竭缺口也可能演变为一个长期的价格走势。

事实上，突破缺口代表趋势的开始阶段，逃跑缺口代表趋势的中间阶段，而衰竭缺口代表趋势的末尾阶段。

让我们回到图 8–6，我们可以找到很多缺口形态的案例，它们后面都变成了特定的支撑位或压力位。2013 年 6 月的缺口很快被回填，之后便迎来了强劲下跌的信号，最终演变为衰竭缺口。随之而来的卖出高峰也从另一个角度证实了这个行情特征。

图 8–9 向我们展示了奈飞的九个缺口案例。一开始是一系列逃跑缺口，然后是 2012 年初出现的衰竭缺口，此时股票价格未能在 1 月缺口出现后保持下去。2012 年 2 月伴随着成交量的扩大，出现了熊市头肩顶形态，并演变为突破缺口。随后的向下缺口向我们展示了缺口的开始和回填演变为价格的支撑位和压力位。在这个案例中，支撑位是失败的。下一个缺口出现在 2013 年 2 月，是一个强势的向上突破缺口，表明支撑位和压力位可以在该图中反复出现，看看自己能否将图中的虚线画出来。最后，向上的突破缺口完成了奈飞公司这个时间段的价格趋势。

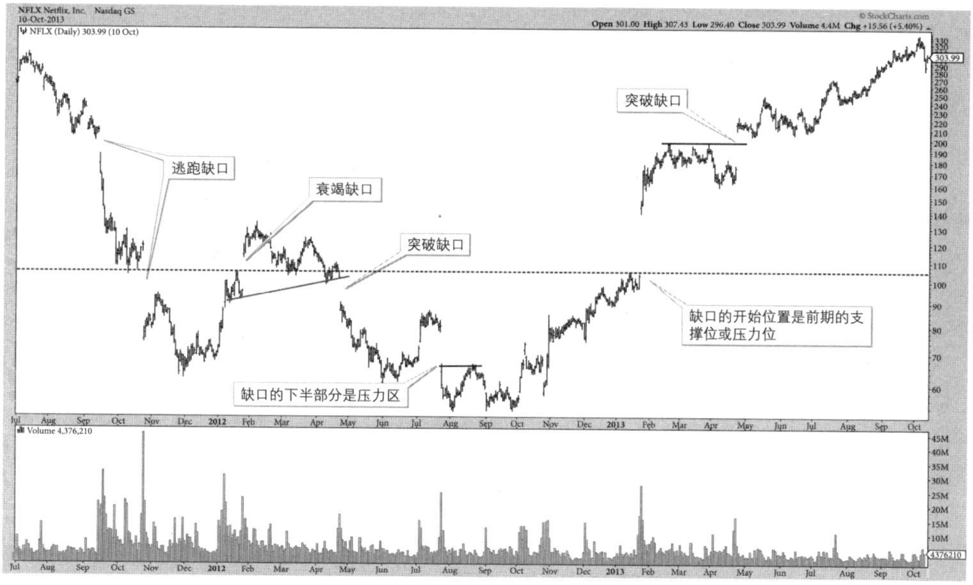

图 8–9 选定的缺口（奈飞公司 2011—2013 年）

日间缺口

日间图形中常见的开盘缺口有两种类型。第一种类型是当天的开盘价高于前期一系列交易日的价格水平，如图 8–9 所示。我将这种类型的缺口称为经典缺口，因为这些缺口经常出现在日线图中。

第二种类型的缺口更多出现在日间图形中，股票当天开盘价与前一天收盘价存在缺口。我将这类缺口称为棒间缺口（intrabar gaps），因为它们之间的差距是在一天之内的交易中形成的。例如，图 8–10 中特斯拉汽车的股票价格在 2014 年 3 月 28 日这一天就没有出现缺口。在图 8–11 中，虽然与图 8–10 的时间周期一样，但价格高开，出现了缺口。不过，如果你回看行情，就会发现前一天的交易价格波动范围（左侧黑色盒子）并没有超过开盘价，所以从日线图上来看，股票价格并没有出现缺口。

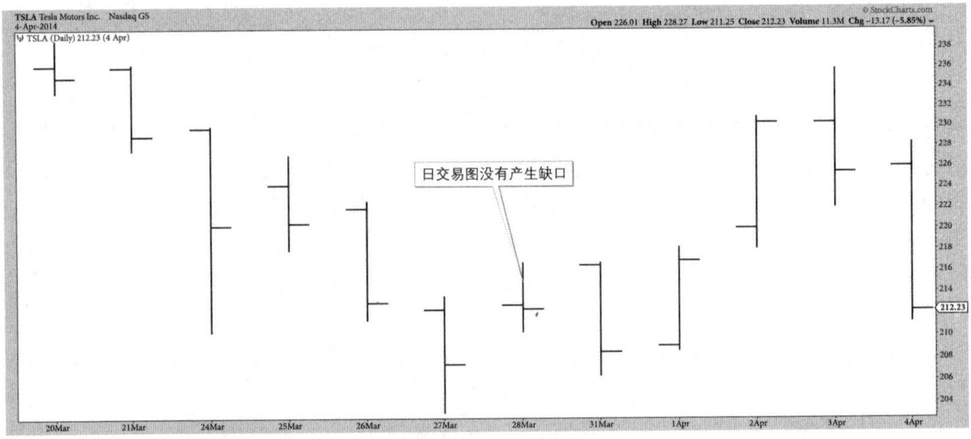

图 8–10　日交易图没有缺口（特斯拉汽车 2014 年）

如果你以日线图为参照，交易期限设定为二到三周，那么你对缺口的把握和分析与一到两天的交易周期相比，方法完全不同。

前一种类型的交易方式要避免在缺口产生时进行交易，因为几乎所有的缺口都会被回填。有时候，这只需要几个小时，但有时候，却需要二到三周才能完成回填。因此，如果你在图 8–11 的缺口形成之初就买入股票，你就要承担缺口回填带来的风险。问题是你并不知道缺口是在两天内还是四周内回填。

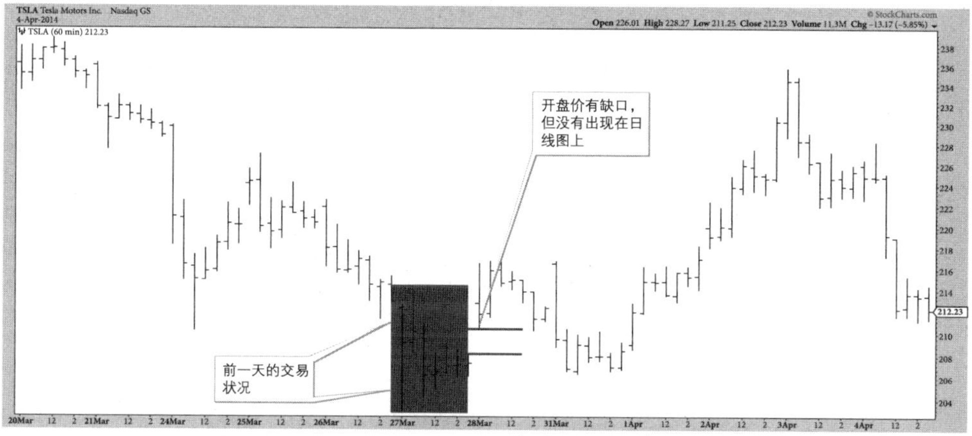

图 8–11　时交易图有缺口（特斯拉汽车 2014 年）

我同样建议日间交易者回避这样的行情，当市场快速走高或走低，意味着市场情绪处于充分释放的状态。这个时候，选择观望价格将会如何变化是非常重要的一环。通常情况下，如果向上突破之后，价格继续创新高，那表明在接下来的几个小时，甚至更少的时间范围内，市场将会沿着这样的基调前行。

单棒和双棒价格形态

决定形态重要性的一个关键因素是形态的规模。单棒和双棒价格形态不需要很长时间，所以它们对价格的影响都是短期的。例如，在正常情况下，由单棒构成的价格形态对价格的影响，一般说来，也就 5 到 10 天左右。以 10 分钟为时间周期的双棒价格形态对趋势的影响为 50 分钟到一个小时左右。尽管时间周期很短，但我对这些价格形态的研究越深入，它们对短期趋势反转的预测能力就越让我感到信服，可能是因为这些形态本身就是对市场大众心理的微观写照。并不是所有的单棒或双棒形态都会迎来趋势的反转。例如，有些形态只会带来趋势的改变，在经历上涨或下跌的行情之后，价格开始震荡巩固。还有一些形态会沿着原有的趋势继续前进。

当趋势已经走完，长期技术分析显示行情即将逆转，这些单棒和双棒价格形态就会在行情转折点出现。从某种意义来讲：

重要的技术分析原则： 单棒和双棒价格形态经常会成为行情的终结者或者反向行情的开启者，就好比压死骆驼的最后一根稻草，在长期技术分析角度来看，这样的价格形态意味着一轮新行情的开始。

一般解释性原则

适用于单棒和双棒价格形态的一般解释性原则主要有以下几个方面。

1. 为了确保这样的价格形态能够成为行情反转的有效标志，必定有反转的事情发生。这意味着顶部反转应该有一个意义重大的反弹，底部反转应该有一个快速的抛售。作为一个基本原则，这样的趋势越强劲，盈利的可能性就越大，价格形态的作用也就越显著。
2. 单棒和双棒的价格形态通常反映的是行情衰竭点。在上涨的行情里，当买方短时间内将价格推得太高，需要休息的时候，这样的价格形态就出现了。在下跌的行情里，因为卖方基本将手里的股票全部出清，所以准备出手的股票也非常少。
3. 为了反映市场情绪的变化，收盘价应该用与前一个主流趋势方向相反的交易区间内的价格衡量。这就意味着在顶部反转位置，卖方控制行情发展；在底部反转位置，买方控制行情发展。
4. 不是所有的价格形态都有相同的机会出现。有一些形态具备所有的特征，后面我们会分析。其他一些形态会以一种比较温和的方式反映出部分特征。有一个形态，我们称之为五星形态，具备所有的形态特征，与两星形态相比，它更容易使形态发生反转，而两星形态只具有部分形态特征。因此，在分析解读这些形态特征的时候，需要运用一些常识，而不能简单草率地根据一两个形态特征就判断价格即将发生逆转。
5. 在单棒和双棒价格形态构建的过程中，偶尔我们也有可能观察到确认形态。其中的例子就包括经典价格形态形成，或者有可能突破趋势线。这些事件不仅能够增强形态的重要性，而且还可以提升形态有效的概率。
6. 单棒和双棒价格形态的极端状态代表着图形上的情绪释放点。因为情绪释放点就是潜在的支撑位/压力位，它们代表的点位通常稍高于交易者设置的保护性止损指令价位。

外侧棒

外侧棒指的是交易价格波动范围完全超过前一天的交易波动范围。这种价格形态一般出现在下降和上涨行情的末期，代表着行情衰竭。图 8–12 是顶部外侧棒案例，图 8–13 是底部外侧棒案例。在这两个案例中，b 图中的黑色单棒价格波动幅度完全覆盖了前一天的交易波动幅度。

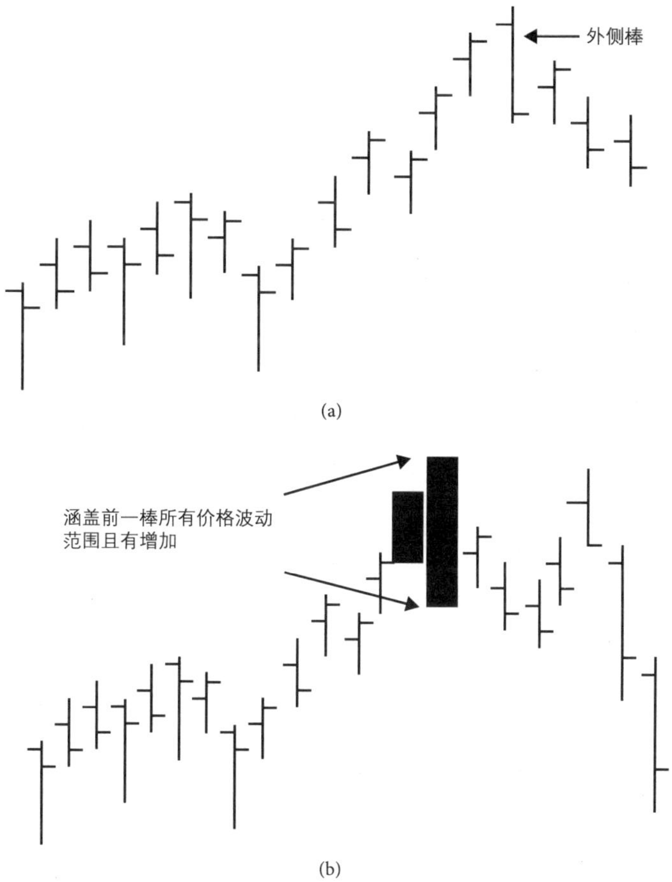

图 8–12　熊市里的外侧棒

在图 8–13 中，主流趋势是上涨，价格不断升高，买方力量强大，直到出现外侧棒。买方依然希望能够有更多的力量继续加入多头阵营，但在收盘的时候，卖方力量已经让收盘价跌到了前一个交易日收盘价的下方。买卖双方之间力量与倾向已经发生了微小的改变。买方再也没有能力和意愿继续将价格推到更高的位置。图8–13展示的情况正好相反。

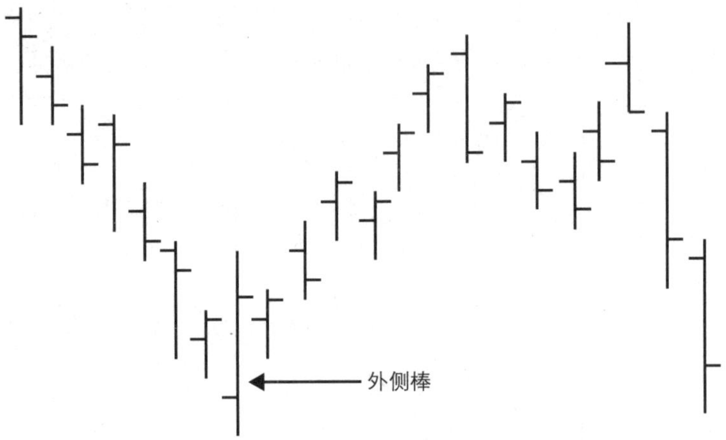

(a)

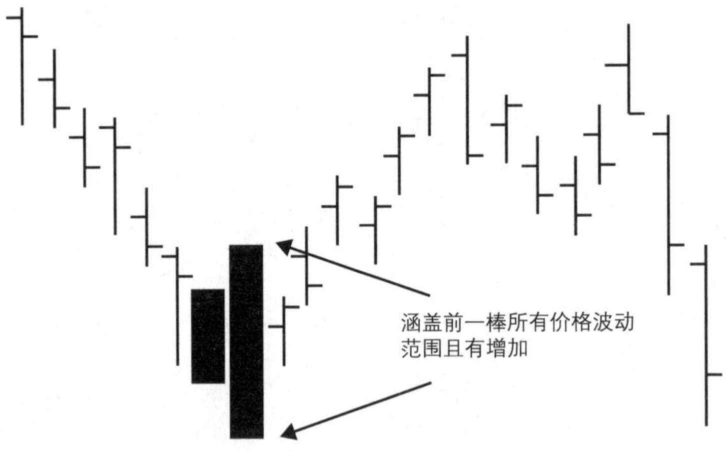

(b)

图 8–13 牛市里的外侧棒

决定价格形态的重要意义

决定外侧棒潜在重要性的指导原则主要有以下几点。

1. 与前面的棒相比，外侧棒振幅越宽，信号作用就越显著。开盘价和收盘价之间的距离越大，信号作用就越显著。

2. 第一个指导原则源于这样一个事实：外侧棒反映的是买卖双方力量的改变。在图 8–14 的第一个例子中，右边形态的信号作用就比左边形态的信号作用强，因为右边棒的振幅更宽。
3. 外侧棒前面的反弹行情（回撤行情）越陡峭，外侧棒的重要性就越显著。在图 8–14 的第二个例子中，右边的价格形态比左边的形态要更陡峭，因而信号作用更强。记住：陡峭的反弹或回撤行情能引发更大的盈利欲望。
4. 棒的数量越多，信号作用就发挥得越好。在大多数情况下，外侧棒仅包括一两根棒，但包含的棒数量越多，就说明顶部位置买方力量向卖方力量转移、底部位置卖方力量向买方力量转移的就越多，从而效果就越明显。图 8–14 中的第三个例子就很好地说明了这一点。

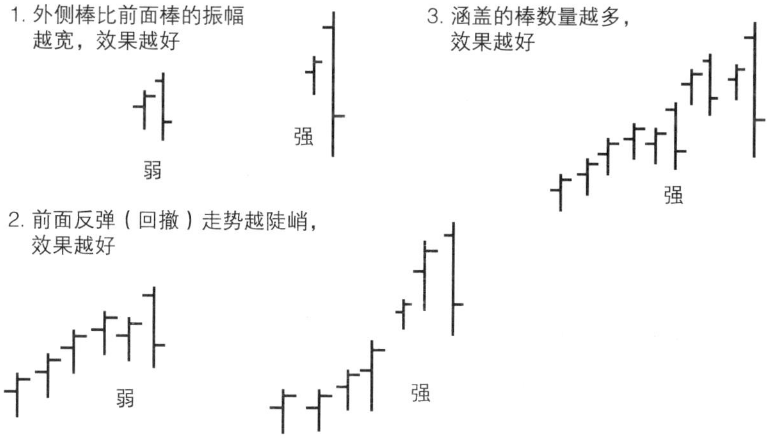

图 8–14　不同外侧棒的比较

5. 外侧棒成交量相对前面棒成交量放大越明显，信号作用就越强。这又要回到我们前面谈过的论点，这种形态的趋势不是由一方控制，就是由另一方控制。棒本身表明这种绝对优势不再有效。如果成交量显著放大，那么更多的市场参与者将会用行动表明他们的态度。
6. 价格越靠近棒的极点位置，表明偏离原方向的趋势越严重，效果就越好。例如，原来的趋势是向下的，相比价格靠近比较低的位置，价格越靠近棒图形的最高点，信号作用就越明显；反之亦然，这是因为外侧棒代表着市场情绪的反转和趋势的改变。

图 8–15 向我们展示了巴克莱 20 年期信托产品的特征。在左侧部分，我们可以找到一根外侧棒，效果涵盖了五根棒图的最小预期，这个图形中，其影响持续了好几天。图 8–16（本章前面）显示 2013 年 8 月熊市的外侧棒包含好几天的走势，然后迎来了很长一段时间的下跌。最后，在所有的外侧棒类型中，图 8–16 通过奈飞公司的走势向我们展示了所有我想介绍的熊市外侧棒的各种形态。前面的反弹走势很陡峭，成交量也很大，外侧棒当天的振幅很宽，且收盘价在低位。很显然，如果外侧棒失效，至少可以提醒技术分析人员，一切都有可能，市场上永远都没有完全确定的事情。该形态其中一个可取之处就是这个外侧棒的最高点被证实为反弹行情的压力位。我们将会在图 8–17 中分析一根成功反转的外侧棒。不幸的是，这根外侧棒正是日本东京指数 ETF。这根外侧棒的构建伴随着成交量的放大，不过，紧随其后的两个交易日成交量甚至更大。一条完美的趋势线被向下突破后，熊市拉开了帷幕。

图 8–18 是标准普尔指数 ETF 的走势，向我们展示了两例外侧棒的形态，两者都是对原有价格形态的突破。特别是第二根外侧棒让人印象深刻，因为它的振幅范围包含了价格形态形成过程的大多数交易日的波动范围。

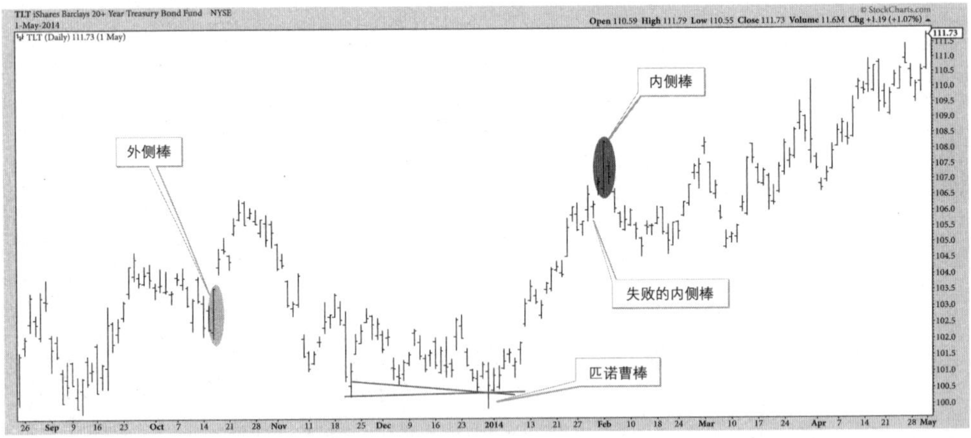

图 8–15 内侧棒、外侧棒、匹诺曹棒（巴克莱 20 年期信托 2013—2014 年）

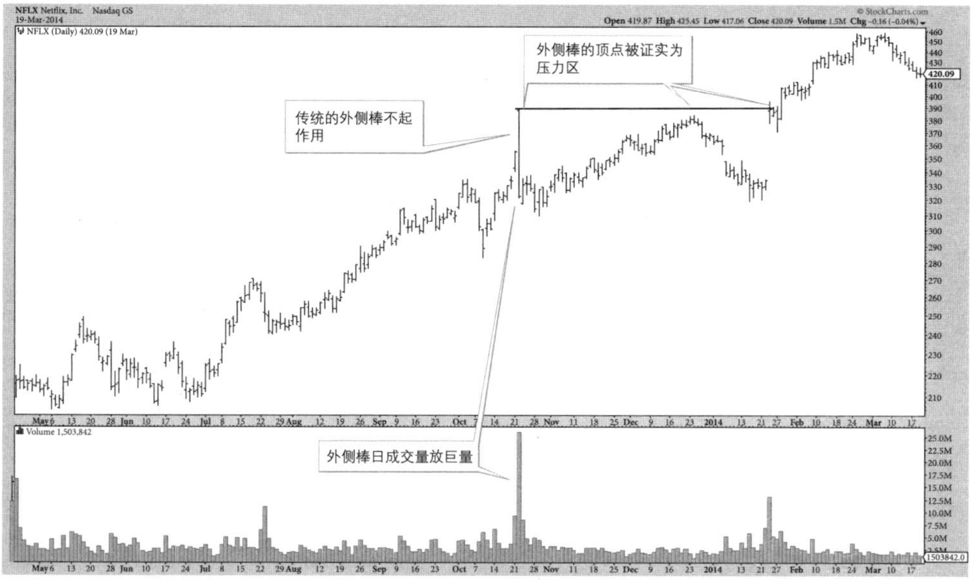

图 8–16 失败的外侧棒（奈飞公司 2013—2014 年）

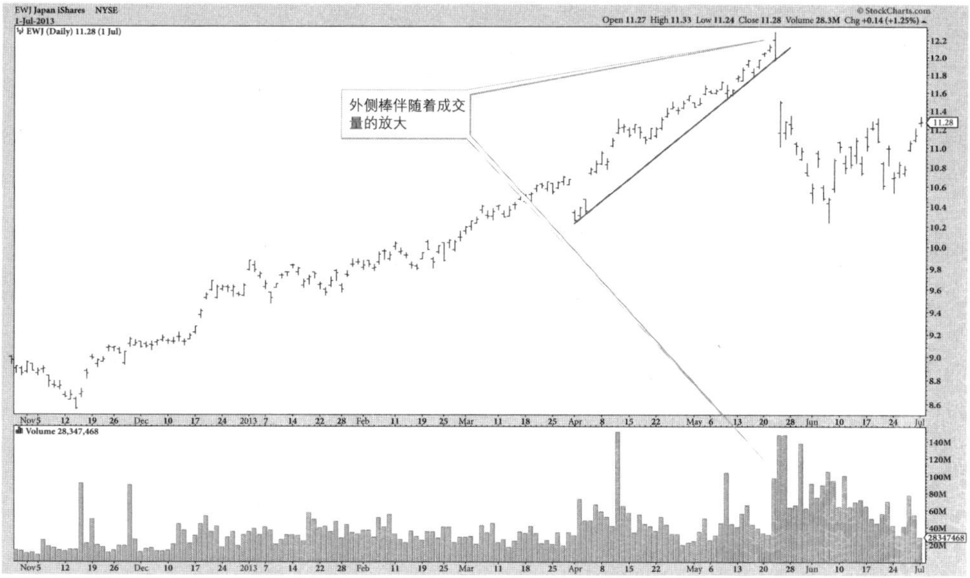

图 8–17 外侧棒（日本东京指数 ETF 2012—2013 年）

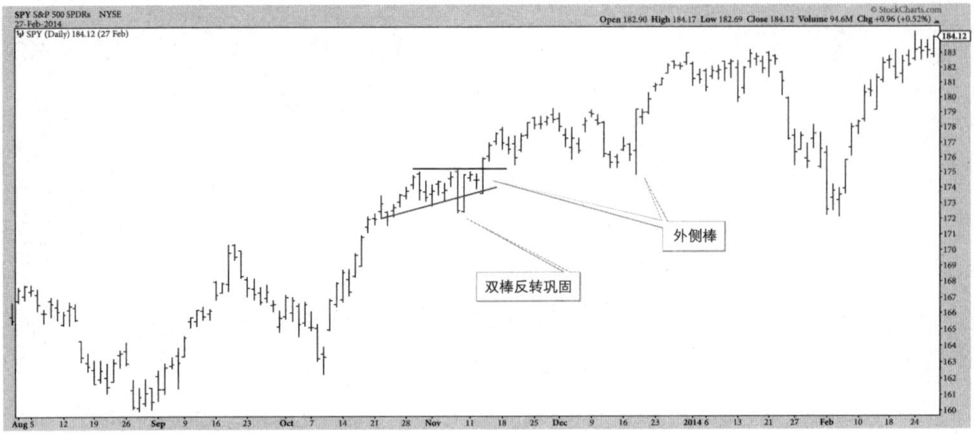

图 8–18　双棒反转巩固与外侧棒（标准普尔指数 ETF 2013—2014 年）

内侧棒

尽管内侧棒与外侧棒形成的前期交易范围完全相同，但它们的形态正好完全相反。内侧棒反映的是经过前期上涨或下跌的持续运行，买卖双方的力量对比更加接近，而在之前的行情运行中，总有一方占据绝对优势地位。

在图 8–19 中，我们可以看到前期走势，买方占据绝对优势地位。但在内侧棒形成的阶段，买方没有能力将价格推向新高。同样，卖方也没有占据绝对优势地位，因为卖方也不能将价格压到低于前一根棒线的最低位以下。事实上，买卖双方的能量非常接近，谁都没有绝对的控制能力。这一形态弱弱地表明前期趋势可能会发生改变。由于内侧棒没有像外侧棒那样反映出市场情绪的明显改变，因此接下来的价格形态波动幅度比较小，依次抗拒趋势的反转。但从趋势发展的特征来分析，随后的行情，趋势还是会发生反转。

图 8–20 就是市场底部区域形成的内侧棒案例。

决定价格形态的重要意义

1. 前面的趋势越陡峭，效果越好。也就是说，趋势强劲表明空方或多方占据绝对优势地位，从而为反转做好了准备。如果任何一方都不占据绝对优势，市场情绪就可能处于犹豫不决的状态，这样趋势可能不会发生任何改变。例如，在快速反弹的行情里，很多交易者账面盈利都很丰厚。当他们感觉到行情可能会反转时，会选择落袋为安，很容易就让价格跌下来。在下跌行情中，对做空者来说，情况正好相反。如果内侧棒出现之前，行情不是这么强劲，那交易者交易的欲望就会消减许多。

2. 相对于内侧棒，第一根棒以及前期的走势振幅越宽，效果越好。振幅宽阔的棒表明前期的趋势已经来到了高潮位置。一根棒线振幅很大，说明波动性很大，而波动性通常都是行情趋势即将发展反转的前奏。同样地，在强劲趋势即将走完的时候，宽幅震荡的棒线表明前期主导趋势前进的力量有可能进入衰竭状态。如果紧接着来一根大幅收窄的棒线，就意味着怀疑将会被证实。

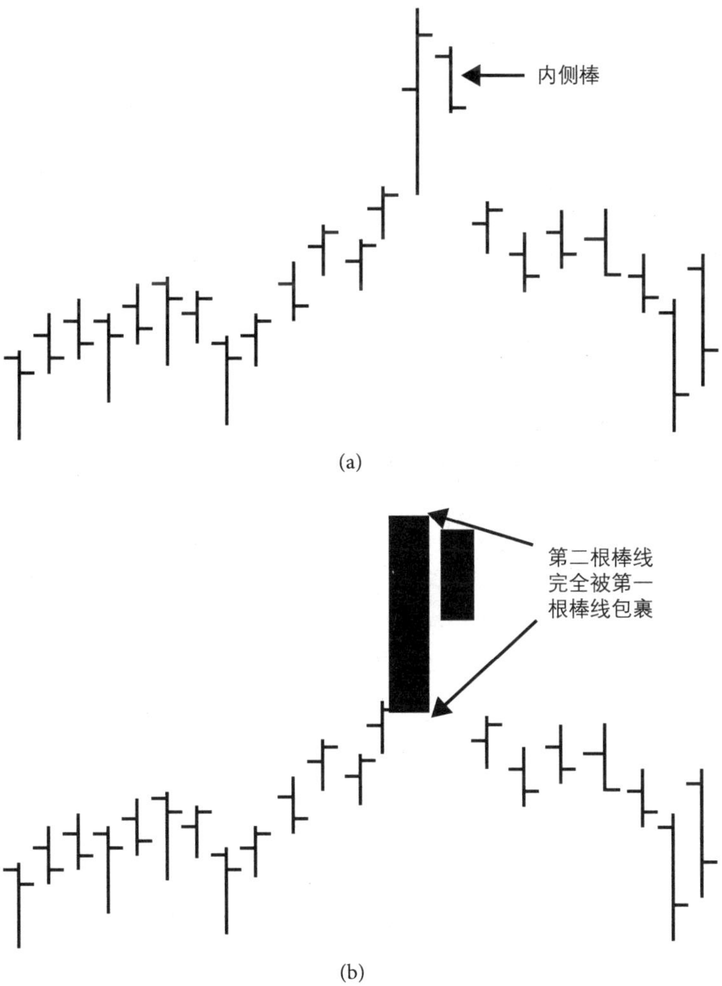

图 8–19　熊市的内侧棒

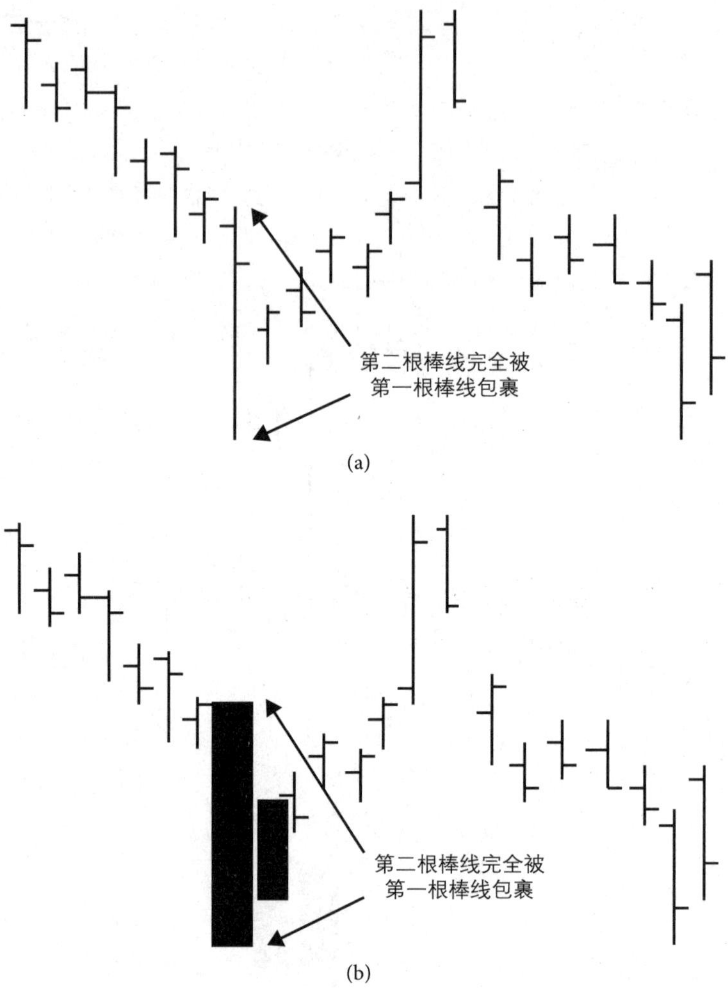

图 8–20 牛市的内侧棒

3. 内侧棒相对前一根棒线的长度越小，买卖双方力量发生大幅逆转的概率就越大，信号作用也就越明显。
4. 内侧棒的成交量应该显著地小于前一根棒线的成交量，这表明买卖双方进入了一个更加势均力敌的状态。如果我们发现内侧棒前面的那些棒线成交量都很大，表明那个阶段有一方力量推动着趋势前行。于是，当成交量显著缩减时，意味着任何一方对行情发展都不具备控制能力。

图 8–21 向我们展示了巴克莱 20 年期信托 ETF 的两个内侧棒形态。左边的内侧

棒比较温和，右边 2014 年 2 月形成的内侧棒就是典型的买方耗尽了所有能量放大成交量后的衰竭走势。第二天，我们就发现随着内侧棒形态的形成，市场进入了一个平衡状态。随之而来的就是向下突破趋势线，毫不犹豫地走出一波下跌行情。

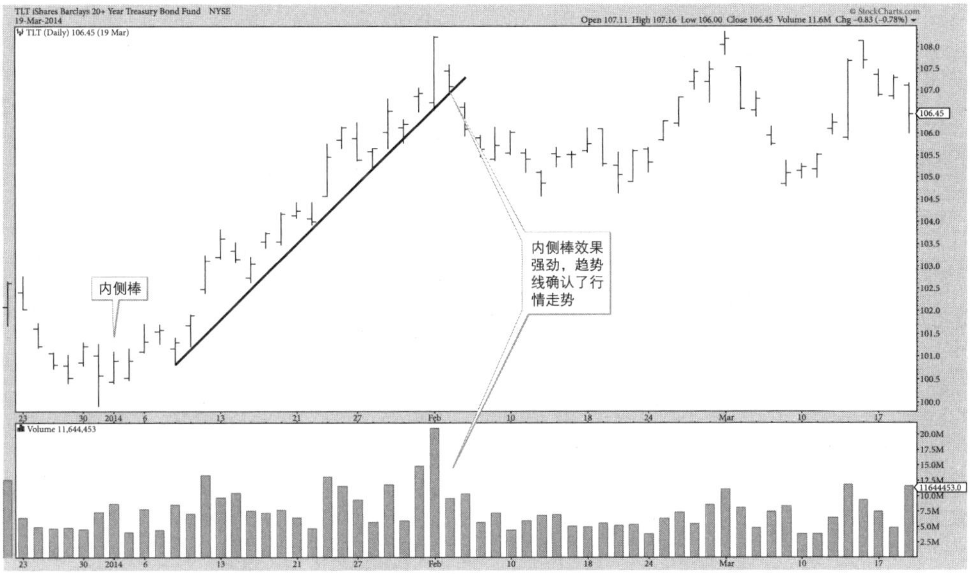

图 8–21　内侧棒（巴克莱 20 年期信托 2014 年）

并不是所有的内侧棒都起作用，我们可以重新审视图 8–15 中 2014 年 2 月的行情走势。第一根内侧棒就无效，几天之后出现了第二根内侧棒，就是图形里的阴影部分。这一根内侧棒之后，价格满足下跌的走势。

双棒反转价格形态

双棒反转价格形态包括两根相对较长的棒线。对熊市价格形态来说（见图 8–22），第一根棒线的开盘价在低位，收盘价在高位。第二根棒线的开盘价接近第一根棒线的收盘价，但其收盘价却与第一根棒线的开盘价接近。因此，对双棒形态形成过程中的买入者来说，在第二根棒线结束的时候，其实是亏损的。

对牛市价格形态的反转趋势来说，情况正好相反（见图 8–23）。这样的形态意味着力量衰竭。与其他单棒和双棒价格形态类似，双棒反转价格形态的形成通常需要经过一段长时间的上涨或下跌趋势，但它们的反转看上去比普通的单棒和双棒价格形态要更强劲。它们同样还会呈现出巩固或持续的形态。图 8–24 就是 Facebook 的价格形态。

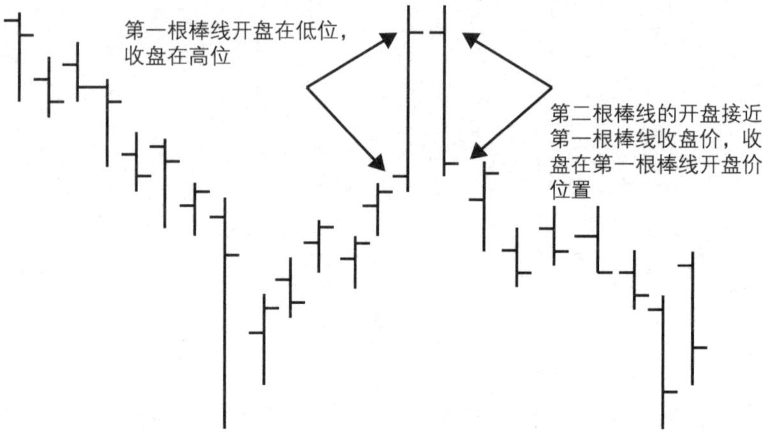

图 8–22　熊市的双棒反转价格形态

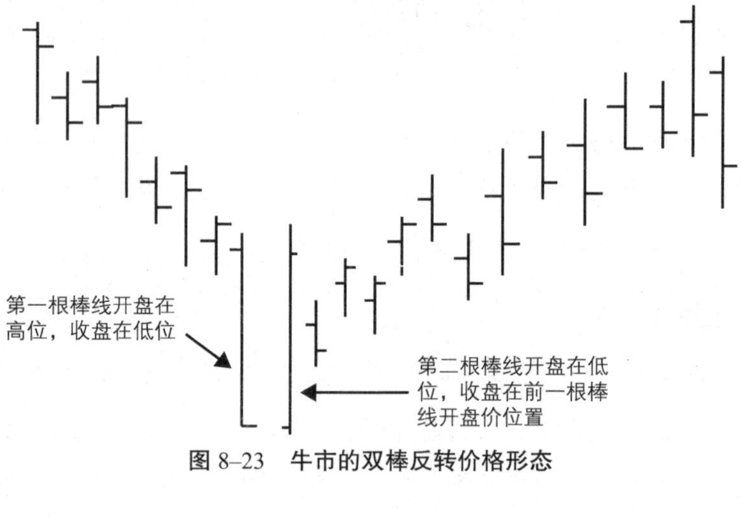

图 8–23　牛市的双棒反转价格形态

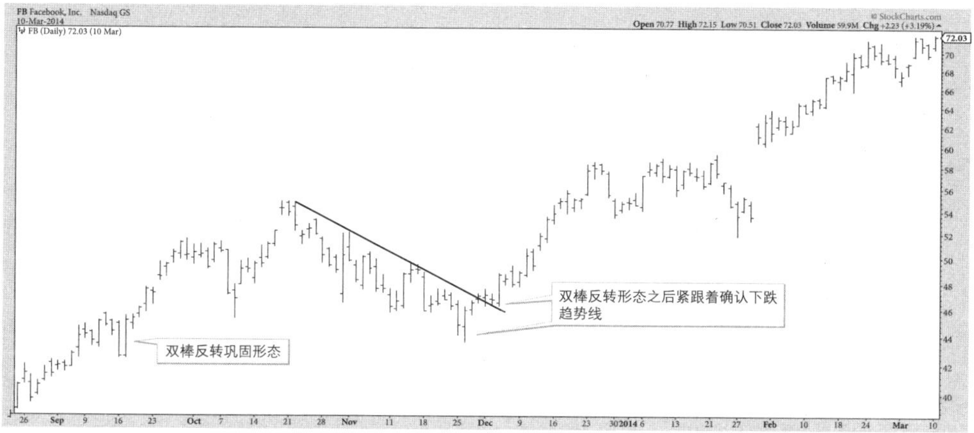

图 8–24 **双棒反转价格形态**（Facebook 2013—2014 年）

双棒反转价格形态具有以下一些特征。

1. 双棒反转形态出现之前必须经历一个强劲且持续时间较长的趋势。这是因为双棒反转形态意味着行情出现重大逆转，所以前期的强势反弹或回撤走势就显得尤为重要，这种反弹或回撤的走势形态比大多数单棒和双棒反转形态经历的反弹或回撤走势都要强劲。
2. 双棒的震荡幅度要比之前棒线的幅度更宽。我们有必要再次强调，宽幅震荡反映的是波动性和市场情绪的衰竭。我们看到的震荡幅度越宽广，看到的形态信号作用就越明显。
3. 双棒的开盘价和收盘价都应该位于棒线的两端。这对反映市场上已经发生的总体和意想不到的变动非常重要。多头锁定在顶部位置，而空头锁定在底部位置。
4. 双棒成交量的放大强化了市场情绪发生改变的观念。在一段强劲走势结束之后放出来的巨量，到底是代表买方还是卖方能量的衰竭，取决于前期的趋势方向是上涨还是下跌。同时，这也意味着在形态完成的时候，有更多的交易者被套住了。
5. 在大多数情形下，紧接着双棒反转形态的走势是一段快速发展的行情，价格会迅速朝相反的方向前行。然而，经常会出现这样的状况，那就是在真正的趋势来临之前，先会经历一段小幅回撤的行情。根据经验法则，我想说的是，回撤的行情走势越弱，后面的主流趋势就越强（或者底部位置出现的双棒反转带来的上涨趋势就越强劲）。同样地，回撤的幅度越小，形态发挥作用的可能性就越大。毕竟，如果市场情绪发生巨变，我们并不希望看到价格呈现出犹豫不决的波动，因为在其他条件都不变的情况下，价格变化表现得越犹豫，信号作用就越弱。

另一方面，在双棒反转价格形态构建完毕之后，当行情来到压力区和支撑区位置时，很适合下达低风险止损指令。回撤行情同样也提供了交易机会，当价格靠近双棒两端位置时，就可以下达交易指令。由于保护性止损交易指令是在价格形态的端点位置下达时，所以回撤行情同样可以有效减少交易风险。

我们有可能看到这样的情况，双棒反转形态在形成的过程中多次触碰移动平均趋势线，但在形态完成的时候，又回到了最初的点位。这是锯齿状走势，而且移动平均线也跟着一起变动。图 8–25 向我们展示了谷歌公司时线图的熊市双棒反转价格形态。我们可以看到熊市双棒形态之后的下跌行情是如何运行的。当形态不能保证在下跌趋势线上运行时，锯齿状的价格形态就形成了。我们注意到这种价格形态被另外一个波动范围更宽广的双棒形态包含在内。

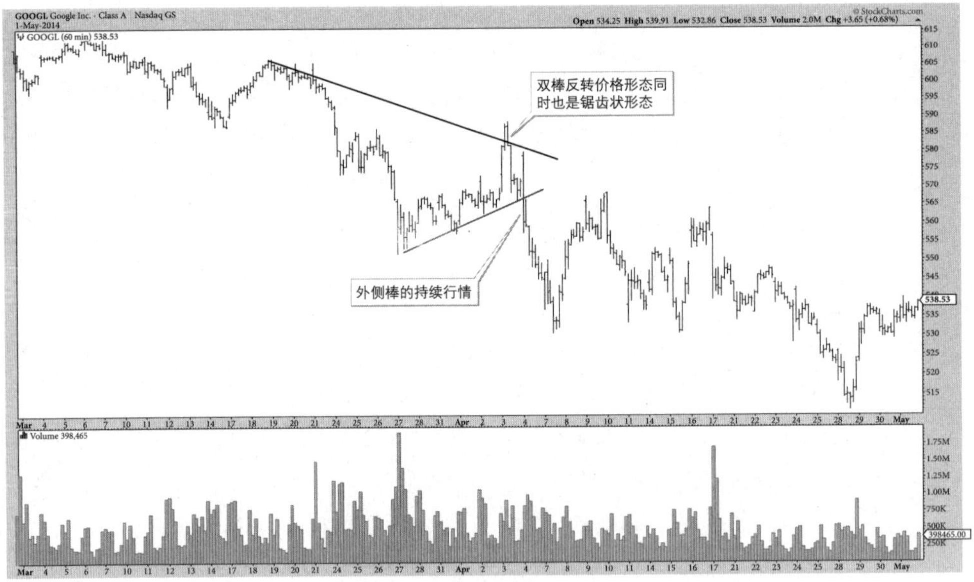

图 8–25 外侧棒巩固态势和双棒反转价格形态（谷歌 2014 年）

匹诺曹棒

当一根棒线的开盘价和收盘价都相对平静，当棒线本身短暂向上突破压力线（或向下突破支撑线），后又重新跌回压力线以下（或涨回支撑线以上）时，一个普通的衰竭形态就完成了。此处的压力位或支撑位很可能就是趋势线，这样的趋势线或向下，或向上，甚至还可能是一条值得信赖的移动平均线。我之所以称这些棒线为匹诺曹棒，是因为它们都是假突破，是骗线。图 8–26 和图 8–27 都是匹诺曹棒形态。

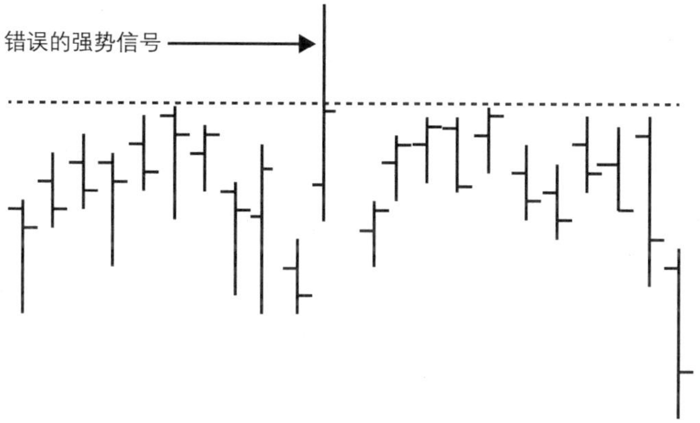

图 8–26　熊市的匹诺曹棒价格形态

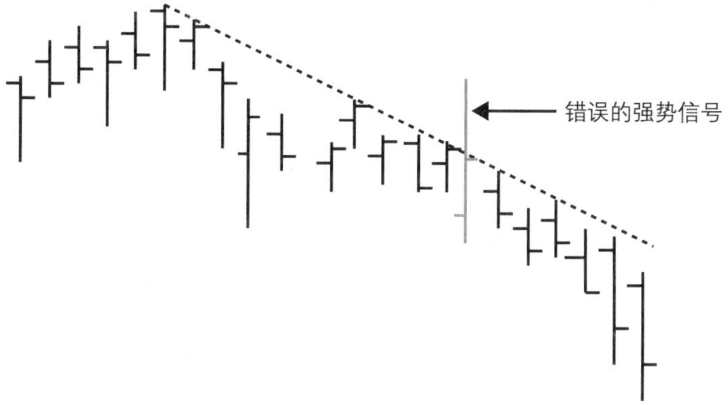

图 8–27　牛市的匹诺曹棒价格形态

匹诺曹棒是那些大部分交易都发生在棒前和棒后交易范围之外的棒线。这意味着价格向上突破的时候，会吸引随性的买方，并将他们套住。价格向下突破时，会让那些随性的做空者困在底部。当然，情况也可能会发生改变，因为市场上还有大量的潜在买盘。在这些随性买方大量买入的支持下，股票价格会越涨越高。

在匹诺曹棒出现的交易期间，价格会暂时向上突破压力位，或者向下跌破支撑位。不管是买方还是卖方，都有机会让价格沿着自己希望的方向发展，但他们都失败了。例如，如果多头看到行情向上突破，他们应该继续追高，行情应该继续向上发展。然而，棒线的收盘价却跌到压力线以下，这样的走势让多头感到很失望。

匹诺曹的特点就是当他说谎的时候，鼻子会越变越大。在匹诺曹棒线中，突破压力线或跌破支撑线的交易量非常大。我们可以进一步分析，匹诺曹的鼻子越大，他撒谎就越厉害。放到证券价格分析中，就是突破压力线或跌破支撑线的交易量越大，虚假信号的概率就越高，行情朝相反方向发展的可能性就越大。换个方式来思考，棒线的振幅越大，潜在被套的交易者数量就越多。

图 8–26 反映出这样一种状态，当明确向上突破为假突破时，表明多头能量出现衰竭，因为收盘价未能停留在强压力位之上。同样的分析原则也适用于上涨趋势线的向下假突破状态。

图 8–15 向我们展示了 2014 年 1 月出现的牛市匹诺曹棒案例。在这个例子里，有可能构建两条趋势线，这两条线在日间交易中都被突破。由于发生的次数比较多，在匹诺曹棒出现之后，价格呈现巩固的走势，随后开始了一波不错的反弹行情。图 8–28 是约翰·迪尔公司（John Deere）的两根以小时为分析周期的匹诺曹棒。第一根匹诺曹棒是牛市形态，很快突破了一条小幅下跌的趋势线。另一根匹诺曹棒的情况更厉害，在一段强势反弹之后，突破压力线，并在压力线之上运行短暂时刻，但很快被证实向下跌破上涨趋势线。

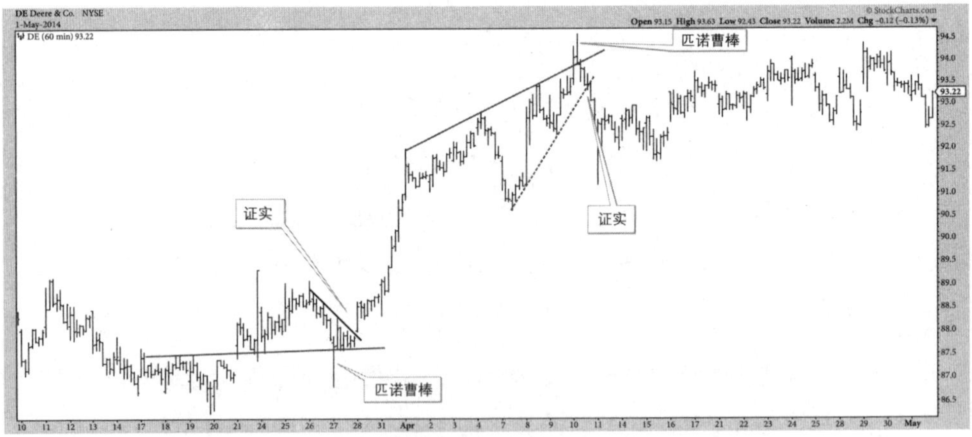

图 8–28　2014 年匹诺曹棒线价格形态（约翰·迪尔时线图）

小结

1. 旗形形态、三角旗形态和楔形形态基本上都是持续的价格形态，代表着对盈利状态的掌控。在这些价格形态形成的过程中，成交量都处于缩减状态，这些形态的日线图持续时间很少会超过三周以上，在形态突破时会伴随成交量的放大。

2. 缺口是市场情绪在图形上的反映，包括突破缺口（行情的开始）、逃跑缺口（行情的中继）和衰竭缺口（行情的结束）三种形态。它们的开盘价和收盘价代表着潜在的支撑位和压力位。

3. 单棒和双棒价格形态一般都是在短期持续的上涨或下跌行情之后形成的。它们反映的是买方 / 卖方能量的暂时性衰竭。

4. 上述形态趋势反转的意义主要是针对短期走势而言的。短期的时间跨度取决于我们分析的棒线所占据的时间跨度。

5. 比起必要特征少的棒线，反转棒线形态包括的必要特征越多，它们的信号作用就越明显。

第 9 章

移动平均线、包络线和布林带

引言

我们发现反映金融市场数据的任何图形，价格几乎时刻都处于上下波动状态。分析这一现象的重要技术工具就是移动平均线（MV）。移动平均线试图平滑上下波动的价格趋势，从而将信号歪曲降低到最低程度。尽管移动平均线不是完美无瑕的，但是在技术分析领域，毫无疑问，它是最有价值的工具之一。常见的技术分析中，移动平均线共有三类，分别是：简单移动平均线、加权移动平均线和指数移动平均线。到目前为止，最流行的仍然是简单移动平均线，我们也将重点介绍这条线。记住下面的原则非常重要：

> **重要的技术分析原则：**与趋势线一样，移动平均线反映的是行情的支撑位和压力位。移动平均线是动态的，线上的点位数值是时刻变化的，这一点与一些数值保持不变的特殊水平线不同。

简单移动平均线

一条简单移动平均线是将观测的数据加总，然后用这个加总的数值除以观测的总次数。这样得出来的数值就是平均数，或称均值。为了让平均数能够移动起来，每新加入一个数据的时候，就把第一个数据剔除。然后，再用新的加总数值除以观测的总次数，以此类推。

例如，如果我想计算 10 日的移动平均线，那我就需要将最近 10 个交易日的收盘价相加，然后除以 10，这就是今天要画的点位。明天的移动平均数也很简单，只要在总数值中加上明天的收盘价，然后剔除 10 天前的收盘价，再除以 10 就行了。对任何时间段，都可以用这样的方法加以计算。一般说来，向上的移动平均线表示市场处于上涨趋势（市场处于强势），向下的移动平均线表示市场处于下跌趋势（市场处于弱势）。

我们可以把市场指数走势与 25 日的移动平均线加以比较（见图 9–1），来描述道琼斯消费周期 ETF（IYC）的走势特征，我们发现 25 日移动平均线的方向变动要比价格本身变动滞后。这是因为移动平均线画在第 25 日，但数值却是过去 25 天收盘价的平均数。这个数值跟 25 日跨度的中间日数值相近，也就是第 13 日的数值相近。但我们注意到移动平均线的反转走势与价格本身的反转走势相距很近。问题在于，我们必须等一阵子才能让中心平均数赶上价格的真实变化。我们可以看到中间平均数的点落在图中第 12 天的收盘价上。

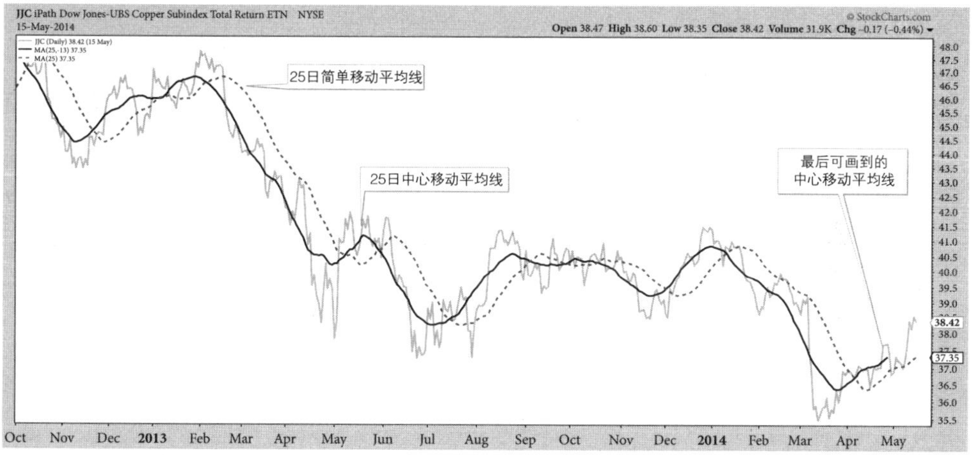

图 9–1 有中心位置和无中心位置的移动平均线（道琼斯消费周期 ETF 2012—2014 年）

考虑到金融市场上价格变化的速度非常快，滞后会带来潜在的亏损，所以移动平均线的这一滞后特性不能被接受。技术分析人员发现为了识别趋势反转，最好的做法是将移动平均线画到最后一周。

价格趋势的改变不仅可以通过移动平均线方向的反转来确认，而且还可以通过价格本身穿越移动平均线来确认。当价格向下穿越移动平均线时，我们可以认为这就是市场由上涨转为下跌的信号。当价格回升到移动平均线以上时，很可能就是牛市来临的信号。由于移动平均线能够清晰地给出买卖的信号指令，它可以帮助我们去掉交易过程中的很多主观性，这些主观性与趋势线的构建与解读紧密相联。

通常情况下，我们可以根据移动平均线变化采取交易行动，但是：

> **重要的技术分析原则：**在运用移动平均线做交易决策前，必要回顾一下行情，并能够证实价格和移动平均线之间存在客观可持续的关系。

特定移动平均线的准确度取决于时间跨度的选择。

首先，学会运用表 2–1（详见第 2 章），对你准备分析的行情趋势做一个判断。最粗的那条线代表的是主要趋势，这条线的两个最低点时间跨度大约为四年。较细的实线代表中级趋势，虚线代表的是短期趋势。表 9–1 罗列的是代表三个不同趋势的时间跨度。**请记住：没有任何一条移动平均线是完美无缺的，所有的线都有可能在某个点就失效了。**强烈建议你不要去做“曲线拟合”。只能说，在某个特殊的时间跨度内，找到一条完全有效的移动平均线还是可行的。不过，这只是用过去的经验来指导未来的操作，移动平均线与选取的历史数据越接近，其在未来发挥指导作用的可能性就越小。表 9–1 只是提供了一个参考。表格中并没有包括 200 日移动平均线，这条线在长期趋势分析中非常流行，这个时间跨度与 40 周线和 9 月线时间跨度大体相当。

表 9–1　移动平均线的时间跨度参考

短期（天）	中期（周）	长期（月）
10	13	6
14	26	9
25	40	12
30	52	18
45	65	24

在这方面，**时刻谨记下面这句话非常重要：大多数人花了大量的时间和金钱试图构建最理想的时间跨度，但无一例外，全都失败了。**

重要的技术分析原则：不要追求无法实现的完美状态。与其将时间用来寻找最佳的时间跨度，不如将时间用来分析大多数证券平时的表现。

毕竟，移动平均线只是众多技术分析工具中的一个，并不是什么必杀技。要将移动平均线与其他分析工具一起使用，比如趋势线、价格形态分析等，每个工具都有其作用。

对某个趋势选择时间跨度的时候，有一件事我们需要认真考虑，那就是敏感性和时效性之间的权衡。图 9–2 显示的是苹果电脑的移动平均线，实线部分是 65 日移动平均线。这条移动平均线提供的信号合理可靠，因为它的时间跨度比较长。不过，这些穿越经常出现在最终反转点之后。虚线是 10 日移动平均线。它的时效性很好，但大多数情况下，它的穿越是成本高昂的锯齿形态。在不考虑曲线拟合的情况下，正确的做法是选择一个合适的时间跨度，能够兼顾到时效性和经济性两个方面，这并不是一件轻松的事情。

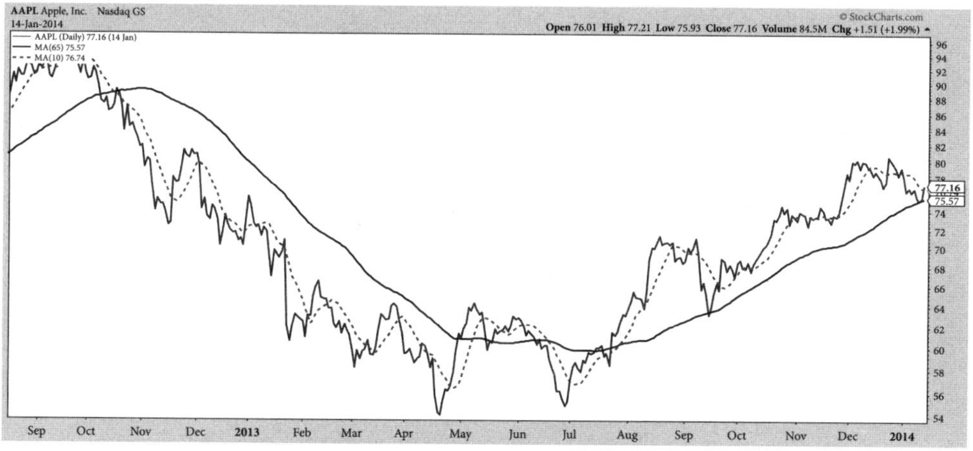

图 9–2　两条移动平均线的时效性与敏感性比较（苹果 2012—2013 年）

解读移动平均线穿越的原则

现在，有必要认真思考一下解读简单移动平均线的一些基本原则。

1. 与穿越被证明不值得信赖的移动平均线相比，过去穿越被证明为相对值得信赖的移动平均线显得更重要。

2. 移动平均线是平滑版的趋势线，它本身就是一个动态变化的支撑位和压力位。在上涨的市场行情中，当价格回调到移动平均线附近能够获得支撑时，回调走势通常会发生逆转。如果还有其他证据能够佐证这一走势，那么等股票价格回落到移动平均线附近买入就是一个不错的操作思路。毕竟，如果有移动平均线的支撑，你可以在支撑位以下设置止损指令。同样，下跌市场行情中的反弹行情通常会在移动平均线附近遭遇压力，然后，掉头向下。

重要的技术分析原则：移动平均线被触碰或接近的次数越多，不管是作为压力位还是支撑位，其被突破的重要性就越大。

3. 精心选择的移动平均线应该反映未来的行情趋势；因此，其被突破反映出来的趋势改变应该已经发生了。如果移动平均线是平的，或者方向已经发生改变，那么它被突破，能够比较客观地证实之前的趋势已经发生了反转。
4. 如果移动平均线本身正按照原来的趋势方向快速前进，此时出现突破，可以看成趋势反转已经发生的初步信号。只有等到移动平均线变平缓或者方向发生改变，或者从其他分析工具那里得到佐证，反转信号才能确认。从而引出一般原则：

重要的技术分析原则：移动平均线轨迹越陡峭，突破被证明为假信号的可能性就越大。

5. 通常说来，移动平均线的时间跨度越长，穿越信号的重要性就越大。例如，18月周期的移动平均线被穿越的重要性比30天移动平均线被穿越的重要性要大得多。
6. 移动平均线方向的反转比穿越更值得信赖。在移动平均线反转靠近市场转折点的位置，反转信号就变得更强大、更值得信赖。然而，在大多数情况下，移动平均线的反转都发生在新趋势已经开始之后，所以它也只是起到确认的作用。

总之，平均线可被看成一种“移动的趋势线”，与真正的趋势线一样，其重要意义来自长度（时间跨度）、被触碰或接近的次数，以及上升或下降的角度。图9–3考察的是道琼斯健康医疗ETF的价格走势，图形里的100天移动平均线向我们展示了一条移动平均线在被触碰或接近时是如何演变为强支撑位和压力位的。同时，它还向我们证明，陡峭的穿越角度与平缓的穿越角度相比较，前者更应该多加小心。

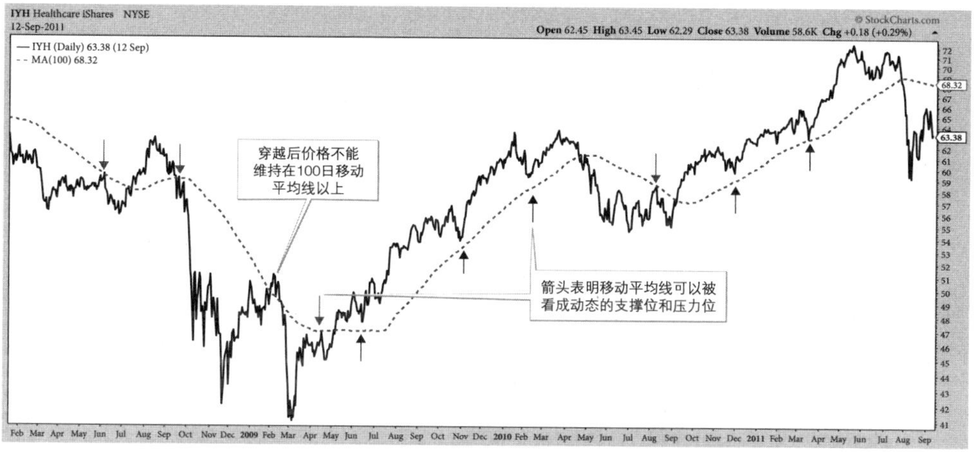

图 9–3 移动平均线演变为支撑位和压力位（道琼斯健康医疗 ETF 2008—2011 年）

何为有效穿越

穿越就是移动平均线被突破。然而，当我们认真观察移动平均线的特征时，会发现存在很多的锯齿突破、虚假突破的信号。我们怎样才能判断哪些突破是有效的呢？遗憾的是，并不存在可以非常肯定地做出正确判断的方法。事实上，很多锯齿形态无法避免，它们应该被看成生活的常态。既然说到这一点，说明还是可以通过过滤技术避免一些虚假的突破。过滤的类型取决于考察的时间跨度，很大程度上还取决于个人的经验判断。例如，我们决定对幅度超过 3% 的穿越行为采取行动，而忽视其他幅度的穿越。对 40 周移动平均线来说，3% 的背离可能导致平均价格 15% ~ 20% 的变动。在这种情形下，幅度 3% 的穿越就是一个合理的过滤。另一方面，对于 10 小时移动平均线来说，由于幅度 3% 的穿越可能包含了所有的穿越信号，在这种情况下，幅度 3% 的穿越没有任何价值。

锯齿状态在某个周期出现是很普遍的事情，为了确保穿越有效，技术分析人员都要求穿越必须至少持续两个时期以上。以日交易数据为例，运用这一方法进行穿越有效性判断，意味着要等第二天或第三天的数据确认才有效。更加可信的方法是将穿越的周期与穿越的幅度结合起来考虑，判断穿越是否有效。

个值得信赖的经验是，耐心等待移动平均线被穿越与趋势线被突破，或价格形态完成同时出现。这些信号强化了趋势线被突破或价格形态的信号作用，因此，在设置过滤条件时，就可以少一些限制和要求。图 9–4 以布隆博格商品 ETN 为分析对象，向我们展示了两个案例。在第一个案例中，上涨趋势的头肩顶形态完成与 50 日移动平均线被穿越几乎同时发生。第二个案例在图形右边，我们首先看到趋势线和移动平均线同时被穿越，随后出现了反转的头肩底形态以及 200 日移动平均线被穿越。

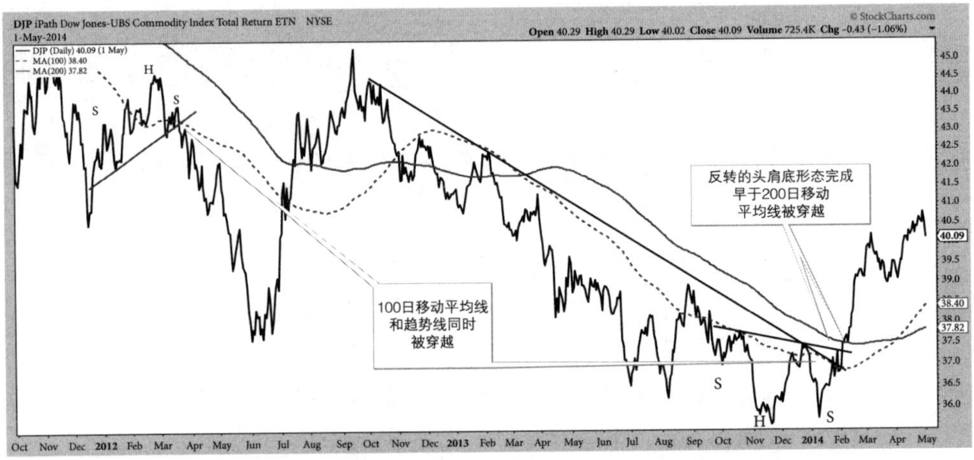

图 9–4　移动平均线与趋势线同时被穿越（布隆博格商品 ETN 2001—2014 年）

有时候，移动平均线被穿越的时候会伴随着成交量的急剧放大。在这种情况下，你应该减少判断突破的信号标准，因为成交量的放大意味着买方的热情高涨或卖方的恐惧增加，具体要看突破的方向是往上还是往下。图 9–5 中，特斯拉公司向上突破的走势正好契合了这一特征。形状类似椭圆形的 50 日移动平均线出现过多次穿越，但成交量都比较低。不过，在一系列穿越之后，交投活动显著增加，从而证实了这样的突破是有效的。随后，到 2013 年 1 月，当两条移动平均线都被穿越后，表明牛市来临的市场信号非常强劲。与此同时，成交量同比激增，确认了这将是一次有效穿越，事实证明，果真如此。

移动平均线通常都是用收盘价。收盘价比其他盘中价格更值得信赖，因为它代表着投资者持仓过夜、过周末的心态。此外，柱状日线图经常受当天谣言和其他杂音的干扰。毫无疑问，柱状日线图在一天内肯定会经常被穿越，从而提供了很多及时性信号。不过，锯齿状或错误的信号数量肯定更多。这是因为日间交易更容易受

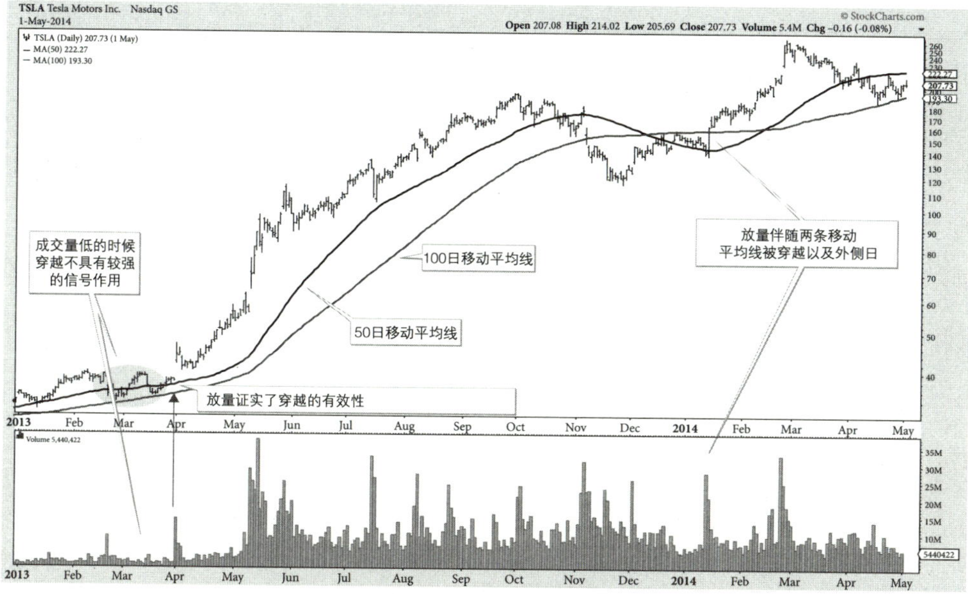

图 9–5　随着放量的移动平均线穿越，后续行情强劲（特斯拉 2001—2014 年）

到情绪的影响，很多操作都是下意识的，没有经过深思熟虑，存在操纵或扭曲的可能。正是因为这个原因，在判断穿越是否真实有效时，最好还是等到收盘后，用收盘价来做分析。

如果移动平均线在大多数情况下只是被柱形图的最高价或最低价触碰或接近，这属于例外情况，不适合只有收盘价的线图分析。这种情况意味着移动平均线代表着强压力位或强支撑位。因此，穿越这样的移动平均线，其信号作用更显著。

在某个震荡区间内，移动平均线还会起反作用。图 9–6 具有一定的代表性。最开始的时候，震荡区间范围还不明确，但经过一系列虚假穿越之后，证据越来越明显，证实交易震荡区间存在。图中 X 点的位置，就是两条虚线的起点。最终，当价格向上突破上面的那条趋势线，才表明这次穿

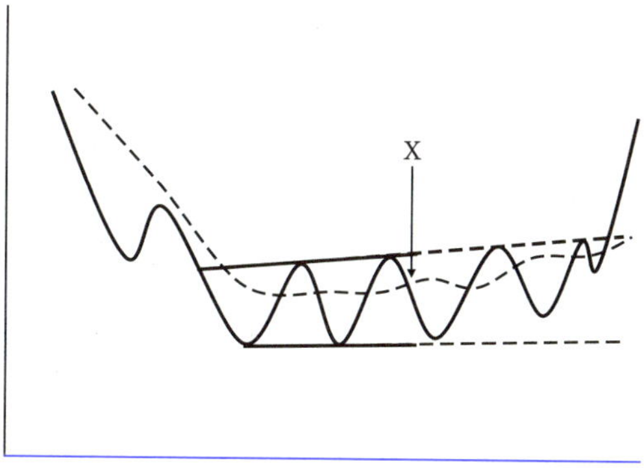

图 9–6　移动平均线与区间震荡

越移动平均线是有效的，而前面在震荡区间范围内的穿越都无效。图 9–7 中，我们用白糖 ETN 的走势来演示这样的形态。很明显，没有人会说价格进入了震荡区间范围，当经过一系列锯齿状信号确认后，震荡区间范围变得清晰。这时，形态完美的趋势线突破可以代替移动平均线的穿越。在本案例中，在最终突破到来之前，30 日移动平均线被多次穿越。请注意：移动平均线被有效穿越的价格是在 A 点，这是股票突破 2009 年 10 月到 12 月下降趋势线的位置，随后的向上爆发是在 B 点，这是股票突破另外一条趋势线的位置。

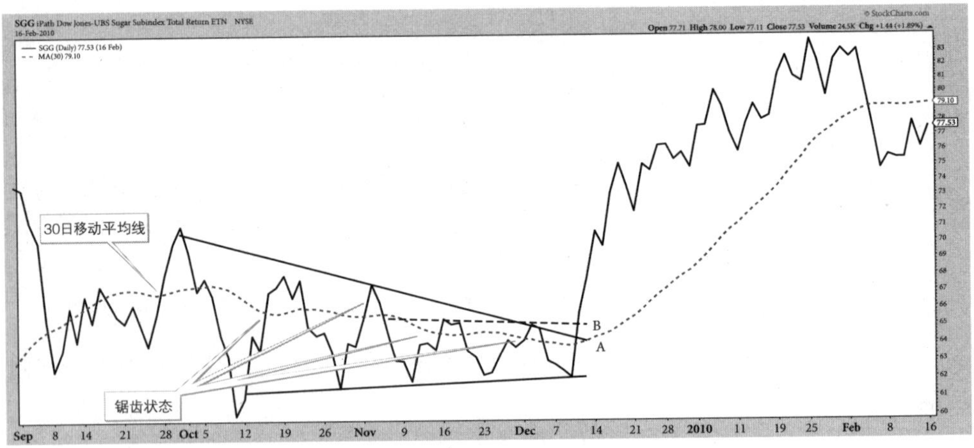

图 9–7　移动平均线在区间震荡范围内的穿越不值得信赖（白糖 ETN 2009—2010 年）

前权移动平均线

从统计的角度出发，在有中心点的情况下，一条简单的移动平均线只能准确地反映趋势，但中心点的信号作用是滞后的，前面我们对此有过分析。解决这个问题的方法就是赋予最新的数据更高的权重。

用这种方法构建的移动平均线比简单的移动平均线能够更快、更好地反映出行情方向发生了转变或者逆转，因为简单移动平均线赋予所有的数据相同的权重。

存在无数的方法赋予不同的数据不同的权重，但最常用的方法是指数移动平均线（EMA）。指数移动平均线是先计算当天的价格与移动平均价格之差，然后再将其指数化。指数化的数值大小取决于所选取的时间跨度。所有的图表都是电脑自动计算出指数移动平均线。需要牢记的是，由于赋予不同的权重，指数移动平均线比简单移动平均线更能提前反映趋势方向的转变，对任何时间跨度来说，这一点都成立。图 9–8 向我们展示了英特尔公司 30 日的简单移动平均线和指数移动平均线。我们注意到指数移动平均线的敏感性要强许多，能较早地反映行情方向出现逆转。因此，指数移动平均线的信号更及时。不过，移动平均线的信号作用通常不能同时兼顾及时性和敏感性，两者之间是此消彼长的关系，指数移动平均线虽然及时，但在价格预测方面表现一般，而且行情还经常出现锯齿形态。让事情尽可能简单化处理是我的一贯原则。从这个角度出发，我还是宁愿选择简单移动平均线，尽管它的效果要差一点，但贵在简单。

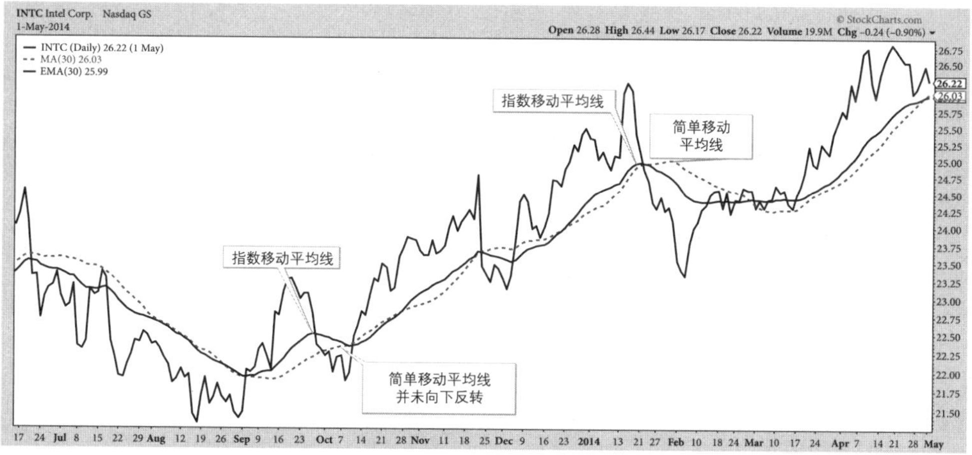

图 9–8 简单移动平均线与指数移动平均线比较（英特尔 2013—2014 年）

包络线

一种常用的分析解读移动平均线的方法就是按照一定的间隔，围绕移动平均线画包络线或包络带。图 9–8 就是苹果公司的包络线和包络带。如果带域选择合理，它们就会成为有效的支撑位和压力位。该技术建立在这样的原则基础上：股票价格总是围绕既定的趋势做一定幅度的上下震荡。换句话说，因为移动平均线是重要的结合点，所以与移动平均线相平行的线同样很重要。以这样的方式来分析，移动平均线确实就是趋势的中心点，包络线就是由移动平均线的最大和最小扩散值组成的趋势线。这好比狗主人手中的狗链，当狗跑出一定距离后，可以用它将狗拉回来，又允许狗跑向相反的方向，但能跑出的最大距离又是固定的。股票价格的运行与此类似。刚才比喻用的狗链就是两条包络线，如果用力拉一下，距离还可以变得更长。图 9–9 向我们展示的就是幅度为 10% 的包络线。不过，你会发现，当主流趋势很强劲时，价格在到达压力包络线时并没有遭遇明显的下跌反转。图 9–10 是苹

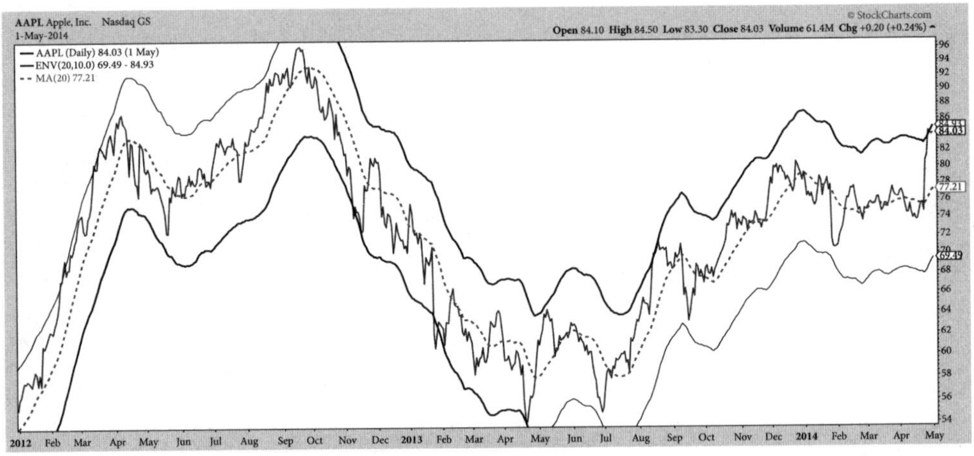

图 9–9　20 日移动平均线上下幅度为 10% 的包络线（苹果电脑 2012—2014 年）

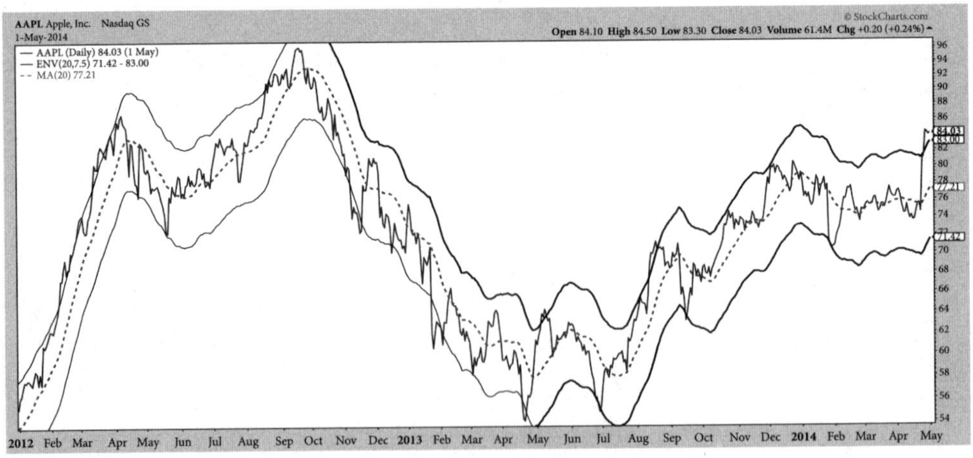

图 9–10　20 日移动平均线上下幅度为 7.5% 的包络线（苹果电脑 2012—2014 年）

果电脑 20 日移动平均线，包络线是按照上下幅度 7.5% 构建出来的。我们发现，在牛市行情里，价格经常会触碰上包络线，但很少会触碰下包络线。如果是在熊市行情里，价格从来不会触碰到上包络线，而下包络线则经常被触碰。如果上包络线被触碰到一次，那可能是行情转换为牛市的第一个信号。当然，并不是每次转换都是这样的情形，但包络线确实可以成为我们判断行情方向是否发生逆转的重要信号。

并不存在快速而又有效地确定多少幅度的包络线才是最合适的准则。我们只能根据价格的波动情况以及移动平均线的时间跨度，通过试错法来画包络线。画线的过程可以扩大，以图 9–11 为例，可以画出四条甚至是更多条的包络线（两条在移动平均线上面，两条在移动平均线下面），新增包络线的间隔距离与之前的间隔都一样。在本例中，包络线的间隔距离都是 10%。如果移动平均线上的数值是 100，那么上包络线的数值就是 110，下包络线的数值就是 90，以此类推。因为价格是由心理因素决定，而心理因素的变化通常是按比例前进的，所以包络线按照比例构建比按照绝对金额或点数构建更合理。例如，高于或低于移动平均线 10% 的间隔就比 10 点或 10 分的间隔效果更好。

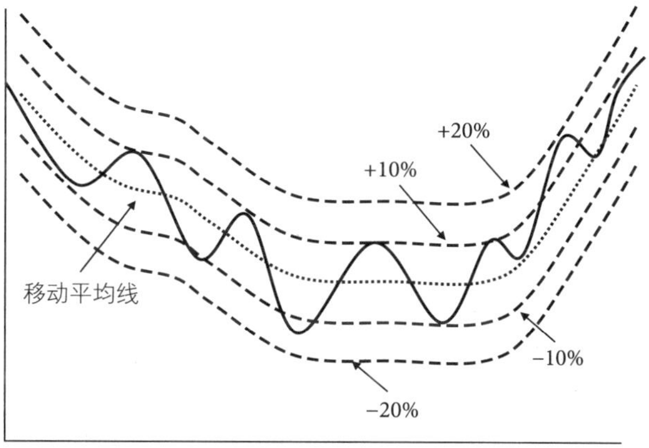

图 9–11　多条包络线

布林带

布林带的构建与包络线的构建类似，不同之处就在于布林带是以标准差作为间隔标准，如图 9–12 所示。这一技术是由具有创新精神的技术分析师约翰 · 布林（John Bollinger）发明的。对于像我们这些非数学专业出身的人来说，最简单的解释就是，布林带走势是收紧还是扩张取决于价格走势的波动率。波动率越大，布林带就越宽；波动率越小，布林带就越窄。画好布林带的第一个要求就是界定时间跨度，这一点与移动平均线一样。时间跨度越长，布林带的波动就越平缓，敏感性就降低。默认的时间跨度都是以 20 为基准，本例中，是 20 天。

画布林带的第二个需要确定的参数是标准差的数值。图 9–12 中，关于布隆布格谷物公司的布林带默认值是 2 个标准差。

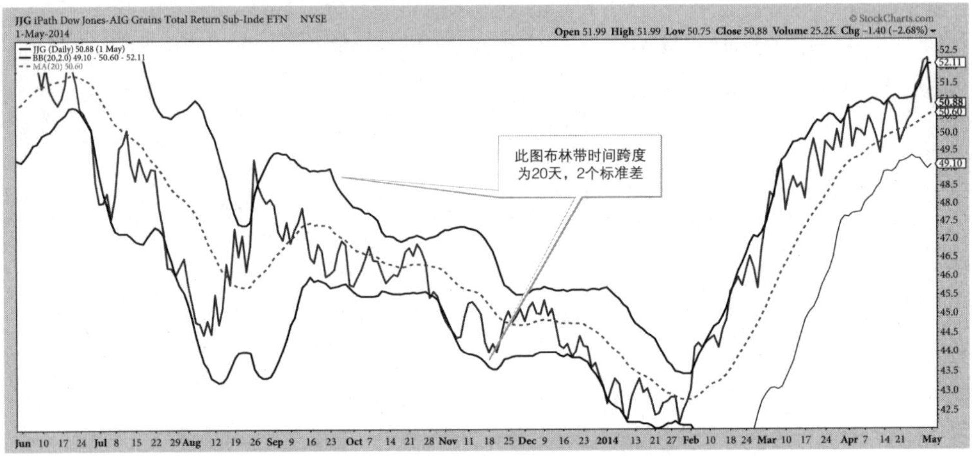

图 9–12 默认参数的布林带（布隆布格谷物 2013—2014 年）

在解读布林带技术指标的时候，需要遵循下面三个规则。

规则 1：当布林带变窄时，价格走势将有可能发生明显的变化

在这里，狭窄的布林带总是跟过去的趋势相关。在图 9–13 中，道琼斯电信 ETF 就出现过很多次变窄的走势。同时，我们也要注意两条趋势线被突破是如何佐证布林带的扩散的。

规则 2：如果价格超过了布林带，趋势还将持续下去

这从另外一个角度证明：如果价格超过了布林带，向上的动能很强劲，足以支撑更高的价格走势，反之亦然。在图 9–14 中，你会发现巴克莱 20 年期信托 ETF 的价格在 2011 年 3 月首次触碰布林带上边界。

通常说来，当价格超过上布林带或跌破下布林带，随之而来的是交易区间的反弹或回撤，这些信号表明价格有足够的动能维持原有的趋势前进。布林带的穿越经

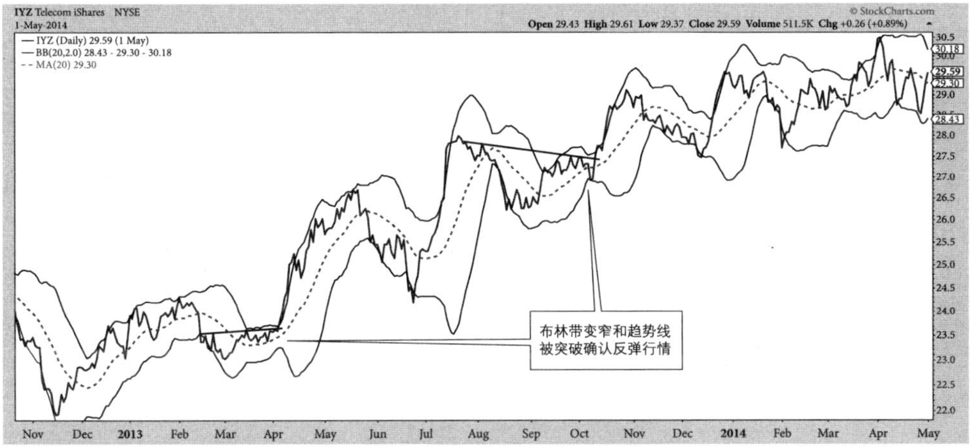

图 9–13　变窄的布林带与趋势线突破相结合（道琼斯电信 ETF 2013—2014 年）

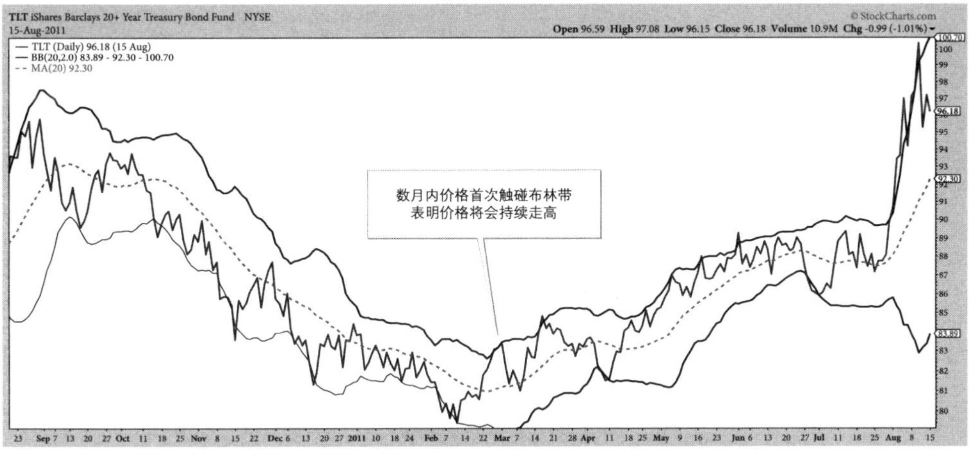

图 9–14　当价格超过布林带趋势将会继续前进（巴克莱 20 年期信托 ETF 2013—2014 年）

常表明短期动能衰竭，价格会快速回到原来的状态。不过，此时行情一般会横盘一阵子，然后再选择按照原来的方向继续前进。

到目前为止，你会注意到，在趋势真正发生反转之前，价格会几次穿越布林带。在这个位置，最显然的问题就是："你怎么能确认这一次穿越就是最后一次穿越呢？"换句话说，你怎样才能确定一段趋势的最高点和最低点？答案就在下面的规则 3。

规则 3：当价格成功穿越布林带，走出了反转的价格形态，趋势就会反转

这里，我们可以关注图 9–15 中黄金开采 ETF 向上反转和向下反转的两个案例。2012 年 6 月首次出现的是小幅突破。在经过四次错误负面穿越信号之后，出现了更加坚定有效的上涨信号。当价格突破小分布趋势线之后，信号出现。买入信号时效性强，是在多次向下穿越布林带之后出现的。

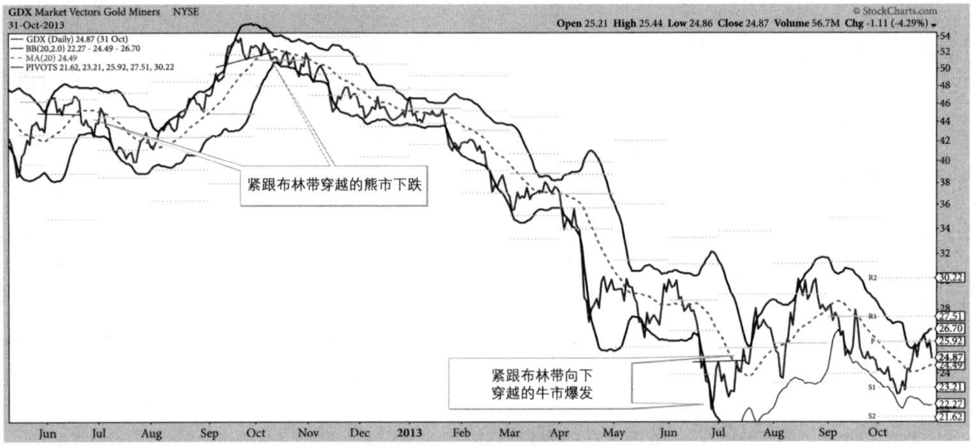

图 9–15 布林带的衰竭式穿越（黄金开采 ETF 2012—2013 年）

小结

1. 技术分析的一个基本假设是价格会沿着趋势前行。由于主要趋势里面包含很多价格的小幅波动，因此移动平均线可以帮助我们平滑这些数据，让我们更清楚地看清趋势运行的方向。
2. 理想的简单移动平均线本应该画在所分析时间跨度的中间位置（中心化过程），但由于时滞问题，可能价格已经发生了很大的改变，潜在的盈利机会已经错过很多，所以将移动平均数值放在周期末端值得商榷。
3. 移动平均线的不足很大程度上可以通过移动平均线的穿越得到弥补，穿越为我们分析趋势是否发生逆转提供了参考，通过加权平均或指数移动平均，我们可以更敏感地观察到趋势的改变，因为修正后的移动平均对更近的时

间赋予更高的权重。

4. 移动平均线并不是完美无缺的。时间跨度的选择经常意味着时效性与敏感性之间的权衡。时效性指的是尽可能早地赶上趋势变化，敏感性指的是参与趋势太早或遇到了无效的锯齿形态。

5. 包络线属于移动平均线，只不过是在移动平均线上边和下边，按照一定的间隔幅度画出来的特殊移动平均线。

6. 包络线可以帮助我们找到有价值的支撑位和压力位，这些位置往往都是反弹或回撤截止的区域。

7. 布林带也属于包络线的一种，只不过间隔距离换成了标准差。布林带是紧缩还是扩散，取决于价格的波动性。

8. 如果布林带是狭窄的，那么当它开始扩散时，往往意味着价格会出现明显的变化。

9. 价格下跌之后，突破其中的一条布林带是动能强劲的信号，我们有理由相信趋势仍将沿着原有方向前行。

10. 当价格反弹穿越布林带，趋势可能会经历短暂震荡，除非穿越伴随着趋势线被突破，因为这种情况的趋势线突破可能代表动能出现衰竭。

Martin Pring's Introduction to Technical Analysis

第三部分

高级技术分析法

第 10 章

用动能指标分析不一样的动态行情

何为动能

动能指标是试图测量价格向某一方向运行速度的震荡指标。在本章，我们将学习如何解读这些指标的基础知识，在下一章，我们会重点分析一些特别重要的单项指标以及如何运用这些指标来分析行情走势。

动能是一个通用概念。就像水果这个概念包含苹果、橘子、葡萄、香蕉等一样，动能这个概念也包含一系列单项指标，诸如变动率（ROC）、相对强弱指标（RSI）、异同移动平均线（MACD）和随机指标。

> **重要的技术分析原则：** 每一项动能指标都有其不同的特点，但解读它们的原则却是通用的。

水果的分类能够帮助我们更好地理解这一点（见图 10–1）。水果的两大重要特征是甜和通常都是在夏季生长。一些水果比另外一些水果要甜很多，有些水果对温度的要求很高，而有些水果的生长期比较长，差别诸如此类。动能指标同样也有一些共同的特征，但解读不同动能指标也存在个体差异，这一点与水果存在差异类似。解读动能指标的原则有很多，我们将重点分析最重要的五大原则。

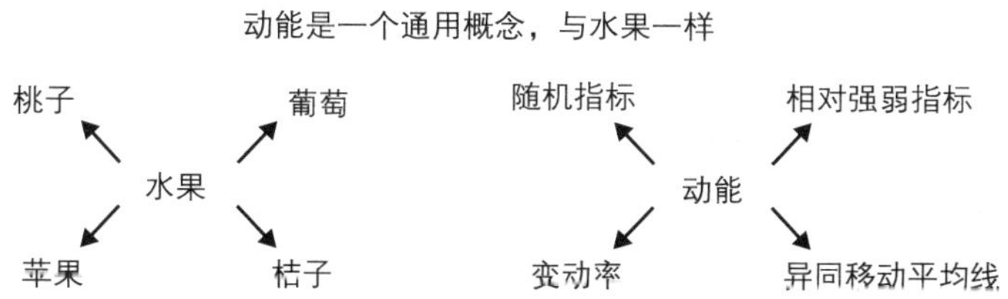

图 10–1　水果与动能特征分析

不管怎样，有些指标适合所有原则，而有些指标只适合两三个原则。从这个角度出发，我们随后将要学习的变动率和相对强弱指标就适用于所有解读原则，变动率更适用于趋势线的构建，而超买 / 超卖则更适用于相对强弱指标。

接下来，我们将重点分析五大动能原则，它们是：

- 超买和超卖现象；
- 背离；
- 趋势线突破；
- 价格形态完成；
- 异同移动平均和动能指标。

我们将会用很多时间来学习动能指标，但是有一点必须记住：你不可能通过动能买卖，只能通过价格进行买卖。这就意味着：

> **重要的技术分析原则：**可行的买卖信号只能来自真实的价格趋势发生逆转，而不可能来自动能指标的逆转。

研究动能指标只能告诉我们，潜在的技术走势什么时候变弱或变强，从而给我们提出忠告，价格反转即将来到。

在这里，有必要着重强调一点：本章所用的案例都不是特定的动能指标，或者说都是通用的动能指标。下一章，我们将讨论实际市场交易中所用到的单个动能指标。

超买和超卖

所有的动能指标都有这样一个特征，它们都是从一个极端走向另一个极端，以图 10–2 中可以看得很清楚。这些极端位置就是我们所说的超买和超卖水平。我在参加研讨会时，经常用狗链来解释这个超买超卖区域。出去遛狗都要栓条狗链，狗总是从一端跑向另一端，但始终被狗链控制着，一会儿从最左边的道路边缘冲向最右边的草坪，狗能够跑动的距离就是狗链的长度。通过价格波动计算出来的市场动能指标，原理跟遛狗的过程类似。当指标来到上涨趋势的顶部位置时，就处于超买状态，当回撤到一定震荡范围的底部位置时，就处于超卖状态。处于超买超卖两个极端的中间水平线就是平衡线，它代表着买卖双方力量的平衡点。

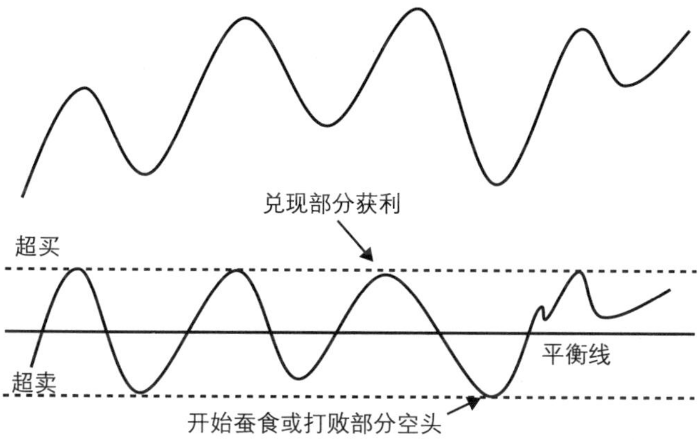

图 10–2　超买超卖现象分析

有些技术指标，比如相对强弱指标，在计算的时候需要设定明确的上限和下限，超过界值就会无效。在这些情况下，我们需要给超买超卖设定一个默认基准值。相反，有些指标就不存在所谓的理论边界，比如波动率指标，至少在上涨的趋势中不需要设定。不过，我们需要在反复实验的基础上，根据我们的最佳判断，在图形中嵌入超买超卖线。在后面的分析中，我会告诉你们如何找这样的点，但至少现在，我只想让你们简单地把这些线画出来，因为这两条线之间包含大量的交易活动。在这种情况下，我们可以将指标比喻成可以伸缩的狗链，其变化幅度范围比正常情形要宽。画出代表极端位置的线条可能并没有什么实质性的帮助。我们需要做的是找到狗链长度所能够达到的极点位置，也就是找到我们所分析的证券价格反弹和回撤能够到的极点水平。这意味着超买和超卖线都处于最佳位置，也就是行情最有可能达到的点，到达之后开始反转，在超买线和超卖线内来回震荡。

因此，当到了超买点时，你就会选择落袋为安，或者降低仓位。例如，假设你持有三张国债合约，价格已经反弹到超买的位置，你有必要兑现部分获利。即便趋势可能还会延续，价格还会上涨，但超买信号预示着反转的概率在增加。如果顶部位置风险已经增加，那么你就应该减仓。如果此时媒体大肆渲染牛市已经来临，情绪就会告诉你应该继续追高，那就用这些动能指标告诫自己，这个时候应该是减仓而不是加仓。

另一方面，如果你认为市场主流趋势是下跌行情，你在等待反弹减仓，当出现超买信号时，那就是你减仓的好时机。因此，当动能指标已经明确显示处于超买状态时，大幅加仓就是错误的操作。问题就在于，越是这样的时刻，我们中的大多数人越是着急买入，因为不断上涨的价格让市场情绪高涨，各种诱人的故事让投资者变得盲目乐观。

超卖的状态跟超买的情况类似，只不过方向相反而已。在价格大幅下挫之后，市场充斥着悲观情绪时，很少有人会在这个时刻进场。遗憾的是，此刻恰恰是我们应该大胆放手积极买入的时机。这个时候，我们要克服人性的弱点，抵制住构建空头仓位的诱惑。因为在这个时刻，你可能想的是通过继续做空赚钱。但是，相信我，及时收手，兑现部分利润，让自己以公正客观的视角来审视市场，特别是当反弹行情一触即发时，更应该积极做多。

你认真考虑一下就会发现，当市场价格非常低时，很多内行人士开始积极买进，因为他们预期市场未来会变好。当指标显示市场处于超买状态时，这些内行人士会选择落袋为安，兑现利润，除非他们认为有更多的利好消息会支持市场继续走高。那些看不到有利好消息出来的投资者自然会选择卖出，而那些被市场高涨情绪刺激的投资者会选择买入。超卖环境下的市场状态与超买环境的市场状态正好相反。机构投资者原本要买入某只股票，但获知这家公司将会发布盈利下降的报告，于是机构投资者就会暂停买入，等到报告公布后，市场处于低迷的时候再买进。而那些对未来没有信心、不了解这家公司未来会变好的弱势投资者，就会在股价低迷的时候交出筹码，卖给机构投资者。

一个备选策略

市场趋势在很多时候都会保持方向不变，因此，当趋势运行突破超买或超卖极端位置的时候，动能指标就会显示趋势仍然会持续前进。在那种情形下，最好的操作选择是静等指标回落到超买超卖线之内，然后再采取相应的操作。在图 10–3 和

图 10–4 中你都能够发现这样的走势。在图 10–3 中，当价格运行到 A 点时，已经处于超买区域；当行情继续上攻，穿越超买线，到 B 点位置时，盈利超过预期。类似的情况出现在图 10–4 中，只不过这里是超卖。当行情运行到 A 点位置时，已经处于超卖区域，但行情继续下跌，到 B 点创下新的超卖位置。我并不是说每次都会出现这样的情况，因为事实并不是如此，但动能分析方法毫无疑问绝对是一个值得掌握的技巧。

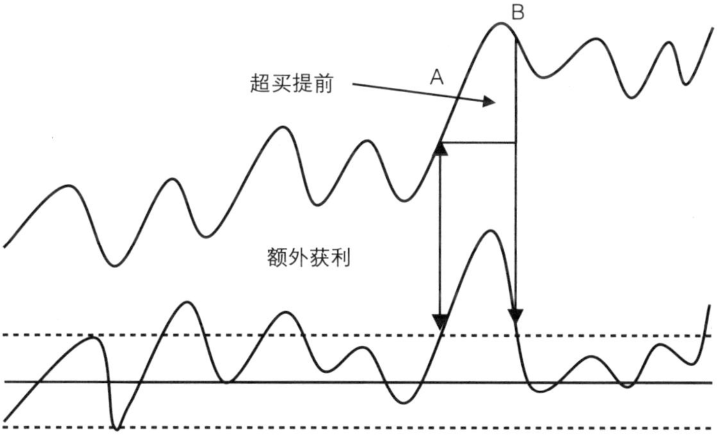

图 10–3　利用超买突破技术谋求更好的卖出选择

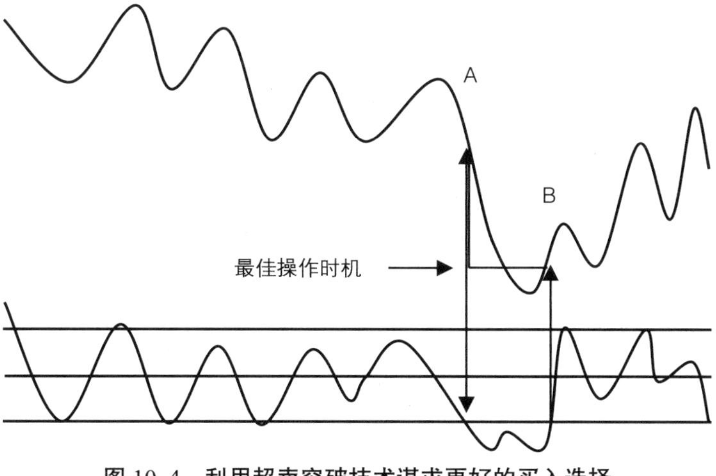

图 10–4　利用超卖突破技术谋求更好的买入选择

时间框架会影响超买超卖的重要性

当我们解读动能指标时，脑海中一定要经常想到它们所反映的时间框架类别。例如，时间周期是 5 日的动能指标极端情况分析与时间周期是 12 个月的动能指标极端情况分析就完全不一样。图 10–5 分析的是铂金月度数据，一共考察了 12 个周期的波动率，而图 10–6 分析的则是日线图，考虑的也是 12 个周期的波动率。只不过这次的时间跨度是用天来衡量的。很显然，月度数据图形中的超买解读在日线图中得到了相当大幅度的修正。

图 10–5　12 个月的波动率（铂金 1999—2014 年）

图 10–6　12 日的波动率（铂金 2013—2014 年）

当主流趋势方向改变时，动能特征也会发生变化

市场价格由交易者和投资者的心理情绪决定。一般来说，牛市的时候，投资者的情绪都比较乐观，熊市的时候，投资者的情绪都比较悲观。这也同样反映在动能指标上。例如，主流趋势中运行的震荡指标不仅会到达极端位置，而且在牛市行情里处于超买的状态与熊市行情里处于超卖的状态，其时间跨度比非主流趋势中超买超卖状态都要久。

图 10–7 中，我们注意到超买和超卖的极端水平与图中实线所表示的平衡线距离基本相等。在牛市背景下，反弹行情在超买区域表现突出，比回撤行情持续时间要长。回撤行情每次到超卖线位置时就开始反转，甚至有时候震荡指标还没有到超卖线就会

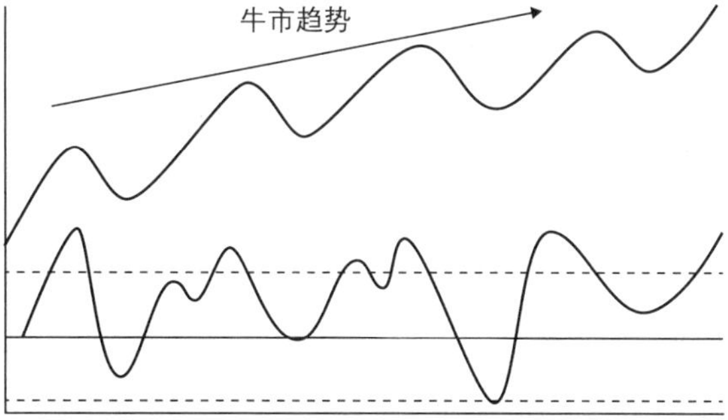

图 10–7　牛市行情下的超卖状态

反转。这种走势本身就是牛市初期的特征。

熊市的情况正好相反，图 10–8 向我们展示了熊市中的动能表现。熊市中的反弹行情有能力回到超买线极端位置，但通常都在超买线下就止住了。回撤让超卖线突破正常行情中的极端位置。牛市行情下，超卖通常都会产生一波反弹行情；但在熊市行情下，超卖不一定能产生反弹行情。

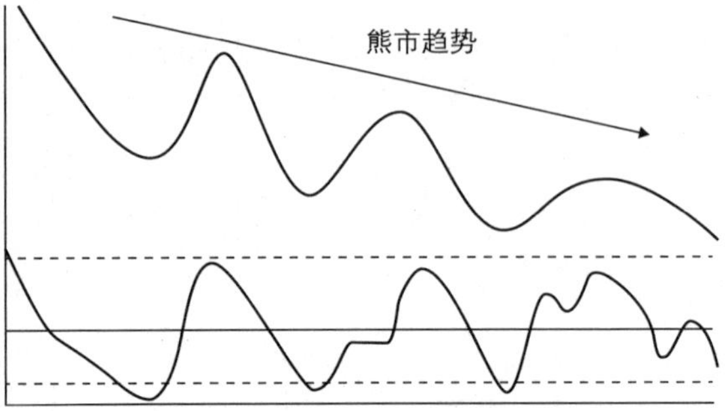

图 10–8 熊市行情下的超买状态

之所以会出现这样的走势，是因为在牛市超买状态下做空并不是一个明智的选择，因为下跌都是有幅度限制的。相应地，当主流趋势是熊市时，反弹行情会缩短，向上突破经常是假突破。在这种价格长期走低的背景下，想通过做多赚钱是很难的。基本结论就是：

重要的技术分析原则：不要跟趋势做反向交易。

我们还可以进一步分析，在很多情况下，我们要根据主流趋势的方向，尽可能地构建我们可以掌控的交易范畴。这些情况都可以从图 10–9 中得到相应的提示，你会发现，熊市可供交易的范围很少，超买状态很弱，超卖状态不仅强且时间久。就像生活在北半球的候鸟，到了夏天就会往北飞向更高纬度的地方，图中我们发现动能指标往上震荡的幅度也很高。我并不是说对每一只证券，你每次都能很好地区别牛市和熊市的走势。不过，当你能够很好地界定这类行情时，以下两点可能很管用。

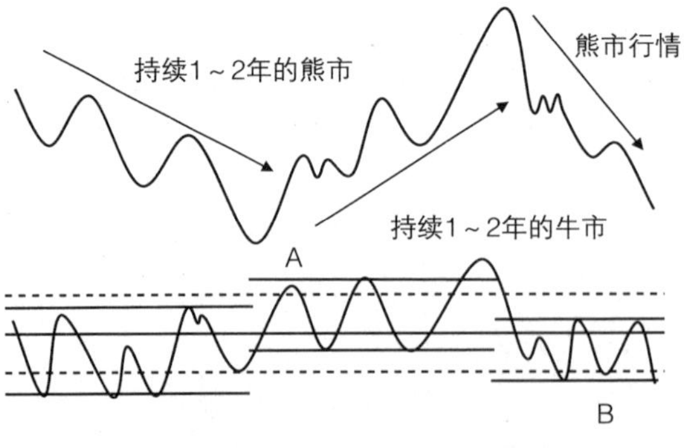

图 10–9 牛市和熊市行情中的动能指标提示的交易范畴

1. 比如，当熊市里的震荡指标到了超

买的极端位置，这其实是牛市的特征，而不是熊市的特征，你应该以此信号为证据，告诉自己主流趋势的方向可能已经发生改变。

2. 如果你确信主流趋势是牛市，震荡指标到了超卖的位置，那就意味着大举买入的机会出现，因为牛市对超买的敏感远超熊市对超买的敏感。

背离

我们在介绍超买和超卖状态时，都是假设震荡指标的波峰和波谷与价格的波峰和波谷大概是在同一时间出现的。

然而，这种情况并不常见。同样的可能性是动能指标往往先于价格指标反转。想象一下，将一支钢笔扔向空中。钢笔在离开手的那一瞬间，速度最快。之后，钢笔向空中飞去，但速度却越来越慢，直到无法抵抗重力施加的影响。然后，钢笔落回地面。

动能指标尝试用图表的形式反映出这个加速和减速的因素。图 10–10 向我们展示了在上涨的市场环境下，动能指标的运动轨迹。A 点是速度最快的位置，随后价格以越来越慢的速度上涨，到达最高的 C 点位置。当震荡指标没有跟价格同节奏波动时，动能和价格之间存在冲突和偏差，这就是背离。价格在不断上涨，但动能却越来越弱，我们称之为负背离。

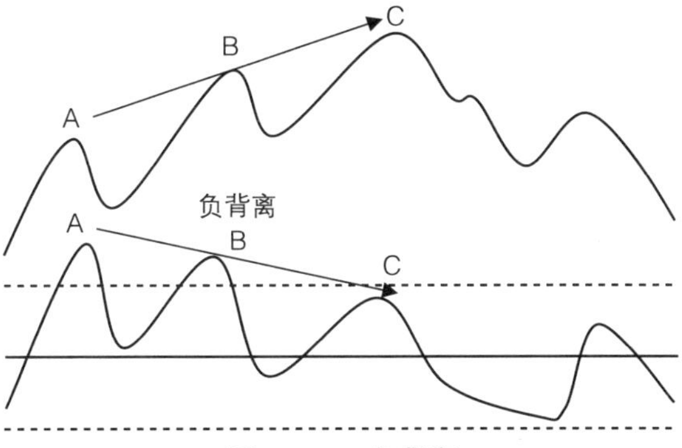

图 10–10　负背离

> **重要的技术分析原则：** 逐渐恶化的动能指标是价格趋势即将走弱的早期信号。

某一方面，市场与房子类似：建房子很漫长，但拆房子却很快。因此，在大多数情况下，证券价格大部分时间都是在缓慢地上升，而不是在下跌。这就意味着动能指标的主要特征在市场波峰的时候通常比市场波谷的时候更明显。

即便如此，市场底部区域也同样会出现背离，这被称为正背离，因为动能指标先于价格触底。这种现象就好比汽车在空挡的状态下翻越一座山，在汽车从山顶下来的时候，速度越来越快或者说动能越来越大。但当汽车快要到达山脚下的时候，会慢慢减速。尽管速度在下降，但在汽车最终停止之前，依然是在前进。在这个例子中，汽车的速度就好比动能指标，汽车所在的位置就是价格水平。

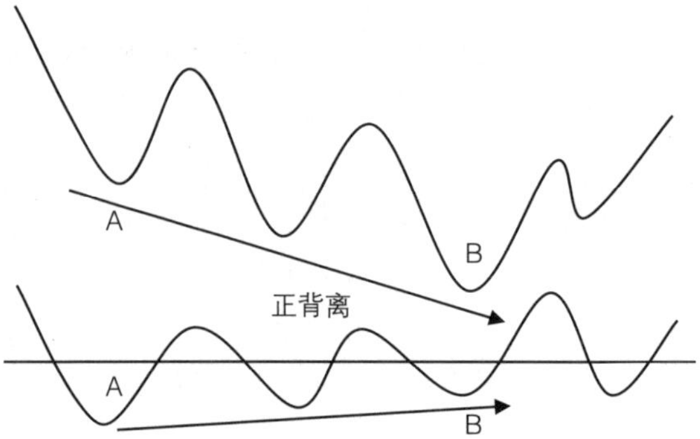

图 10–11　正背离

在图 10–11 中，价格从 A 点跌到 B 点，但是以越来越慢的速度下跌。从技术分析的角度来看，市场状态正在改善，或者说越变越强。实际上，如果你发现市场处于赶底行情，却没有出现背离形态，那么你可能需要重新审视一下之前的分析，因为在大多数市场底部，不管是什么时间跨度的市场底部，都至少会出现一次正背离。

评估背离的意义

有三个因素可以帮助我们评估背离的意义，分别是：

1. 背离的次数；
2. 背离之间的时间跨度；
3. 价格最终反转时动能指标与均衡线的距离远近状态。

让我们依次分析上述三个因素。

总的来说，背离发生的次数越多，它们的意义就越重要。在市场顶部位置，大量的负背离意味着趋势即将进入漫长而羸弱的状态。

同样的原则适用于市场底部位置的正背离。正背离的数量越多，技术分析效果就越显著。

背离之间的时间跨度也很重要，因为它能反映出你所分析的趋势属于哪种类型。例如，如果交易者分析的是短期价格趋势，他们就会预期至多一周左右的时间发生背离。另一方面，如果投资者关心的是主要趋势，他们就会从中期趋势时间框架下构建的动能图形中寻找背离现象。在这种情况下，中期趋势内出现的三次背离，其重要性就要大于短期趋势内的三次背离。

最后一点也很重要，它是背离与均衡线之间的距离。一般情况下，最后一次背离与均衡线的距离越近，其意义就越重大。在市场顶部位置，反弹的动能指标只能通过稍微高出零度水平来体现行情的上涨，而紧随其后的便是市场大跌，如图 10–12 所示。这是技术分析领域为数不多的、可以通过一个技术指标预测未来走势特征的案例。我必须强调的是，在这种情况下，市场不一定总是遭遇快速大跌。请记住：技术分析并不是那么完美无缺的。不过，在大多数情况下，当弱化的动能指标被趋势线突破所确认时，你就应该小心远超平均水平的抛盘。

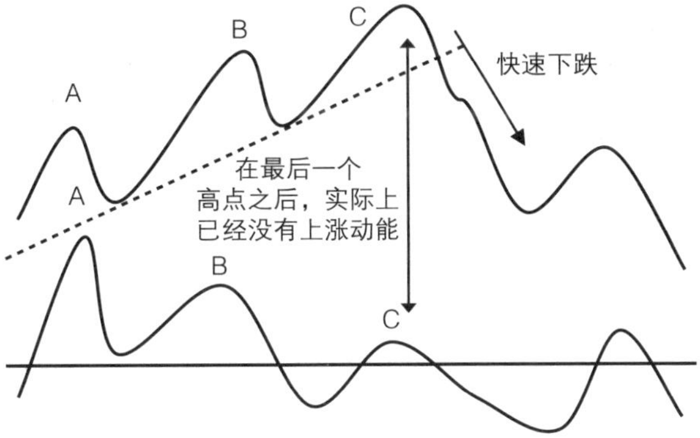

图 10–12 没有实际上涨动能的背离

同样的分析原则也适用于市场底部，只不过分析方向相反。这种情况通常是价格创新低的同时伴随着一系列正背离。在这个状态中，最后的下跌行情勉强让动能指标跌到均衡点以下。如果这一形态被价格向上突破所确认，那么随之而来的将是一波暴涨行情。

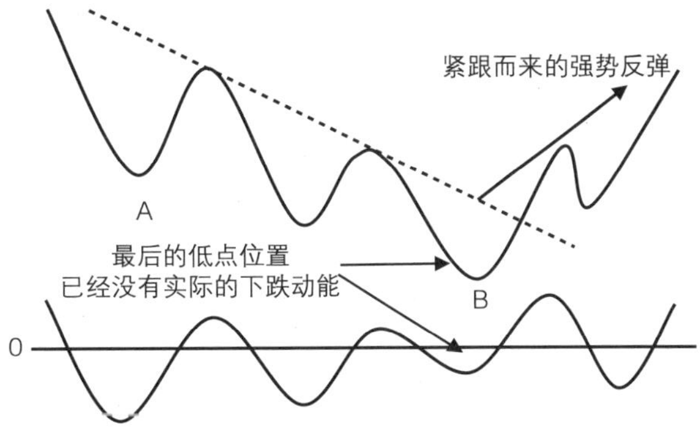

图 10–13 没有实际下跌动能的背离

图 10–13 向我们展示了这种状态。价格在 B 点创新低，动能指标罕见地跌破均衡线，

随后，市场开始大幅反弹。

背离必须被价格所确认

可能最需要我们牢记的一点是：

> **重要的技术分析原则：**背离是通过价格自身的突破来确认的，这一点对背离来说尤为重要。

我们可以这样思考：云层越厚，雨就会下得越大。但是，你并不知道什么时候会下雨，直到你伸出手感受到雨滴。因为只要还没下雨，就有可能刮来一阵风，将乌云吹走。

这一点跟价格与动能之间的关系类似。一个背离可能会导致另一个背离出现，如此循环下去。价格确认趋势有很多种形式：趋势线突破、移动平均线突破、价格形态完成、波峰波谷反转，以及其他许多方式。

趋势线突破

与价格运行一样，动能也是沿着趋势前行。这就意味着，用来分析价格的技术工具同样也可以用来评估动能趋势的反转。这一点很重要，因为动能趋势的反转，虽然不总是但却经常与价格趋势反转紧密相联。偶尔，震荡趋势指标分析将会非常准确地告诉我们动能即将反转，随之而来的就是价格发生反转。不过，动能反转的时间点与价格反转的时间点经常会相差比较大，所以如果根据这个信号进行交易，可能赚不到钱。这就是为什么我们要等待价格反转信号得到确认才进行操作，这一点非常重要。

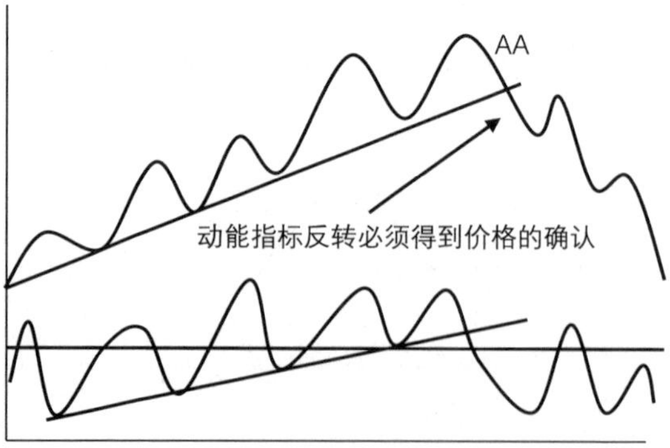

图 10–14 熊市特征的动能趋势线突破

在图 10–14 中，我们可以构建一条动能指标趋势线，就是将动能指标的底部相连接。当趋势线被突破后，向上的动能可能会发生反转。当然，这只是告诉我们动能趋势的变化，并没有涉及价格趋势的变化。为了掌握价格趋势的变化，我们应该找出一些动能趋势反转的点位。其中有一个方法，我认为很不错，那就是将动能趋势线的突破与价格的类似突破相匹配（如图中的 AA 线）。当两条线都被突破时，市场趋势通常都会发生反转，至少行情会整理巩固一阵子。事实上，正如我们在前面的章节中所分析的那样，动能信号是我们验证趋势反转加权证据理论中的附加证据。

一般情况下，动能趋势线越重要，价格紧跟着反转的可能性就越大。确认动能趋势线重要性的原则与确认其他任何趋势线重要性的原则完全一致。在此，我们回顾一下：（1）趋势线的长度；（2）趋势线被触碰的次数；（3）趋势线上升或下跌的角度。如果价格趋势线让人印象深刻，与所分析时间跨度相关联的主要趋势发生反转的概率就会越大。

在图 10–15 中，你会发现同一原则再次发挥作用。这一次，趋势线是由下降转为上升。我们首先看到的是动能趋势线被突破，这给我们提出了警告。随后，价格趋势线同样被突破，信号明确。

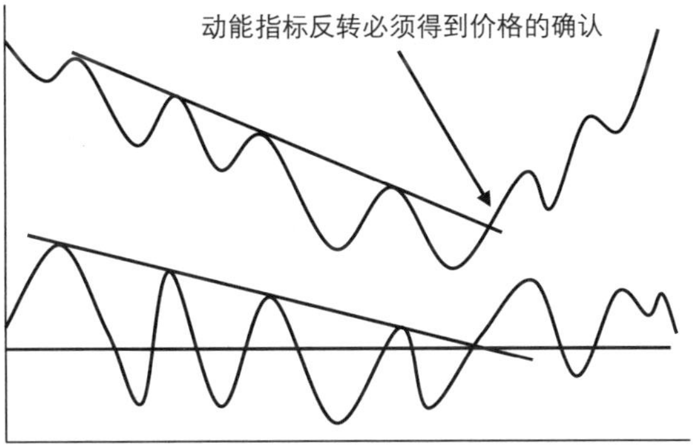

图 10–15 牛市特征的动能趋势线突破

总的来说：

> **重要的技术分析原则：**两条趋势线被突破的时间离得越近，信号作用就越明显。同时，如果一条合理的价格趋势线先于动能趋势线被突破，信号作用一样强烈。

上述原则存在的原因就在于动能会引领价格发生变化。如果两者的关系反过来，那就表明，在顶部阶段，价格快速下跌开启新趋势，那些依然相信上涨趋势会延续的投资者将会遭遇重创。同样，在底部阶段，忽视价格进入上涨趋势的投资者会错过绝佳的进场机会。

价格形态完成

价格形态不常发生在震荡行情中，一旦它们出现，我们就应该格外注意，因为这些形态通常都会带来非常有价值的运动。我想再次强调一遍：动能的反转就只是动能发生反转，并不是价格发生反转。不过，当动能价格形态反转得到价格趋势突破的确认时，一般都会带来非常重要的后果——在相应的时间跨度范围内。

动能指标价格形态有以下价格形式：矩形、头肩形态、三顶部、三角形等。价格形态的分析原则同样适用于动能指标价格形态完成分析。例如，任何形态的重要性都取决于其形态的大小和深度。不过，一般来说，动能趋势持续性要小于价格趋势，所以确认动能形态要比确认价格形态容易，规模没有那么大。图10–16就可以看出这一区别，动能指标的头肩顶形态先出现，然后价格的头肩顶形态确认了这一反转趋势。

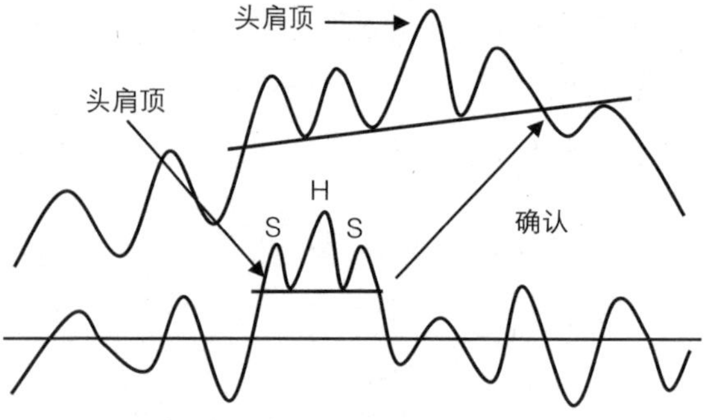

图 10–16　熊市特征的动能价格形态完成

图10–17是市场底部头肩形态确认的例子，先是动能指标形成底部头肩形态，随后，价格突破确认了这一形态。这一例子还将动能形态突破与价格本身反转信号相连接。技术图形是会进一步改善还是恶化，动能指标都会事先给出警告。

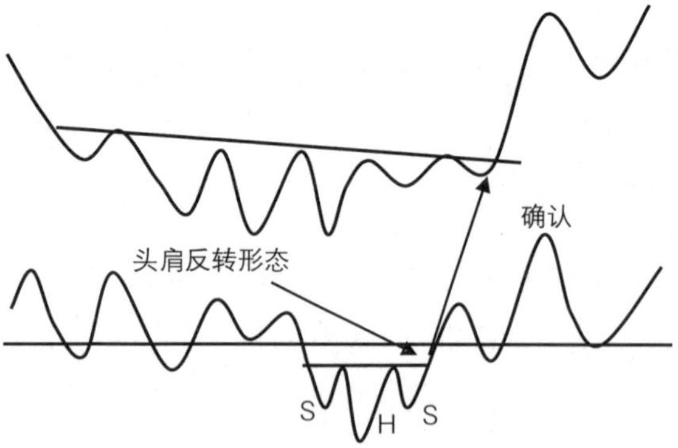

图 10–17　牛市特征的动能价格形态完成

当解读这些关键点时，充分运用常识是一个不错的主意。例如，当震荡指标显示进入超买状态，说明向下反转的概率增加。因此，当牛市动能形态已经完成，同时，震荡指标显示超买，大概率事件是市场即将进入下跌行情。图10–18向我们展示了市场底部头肩形态的反转走势。

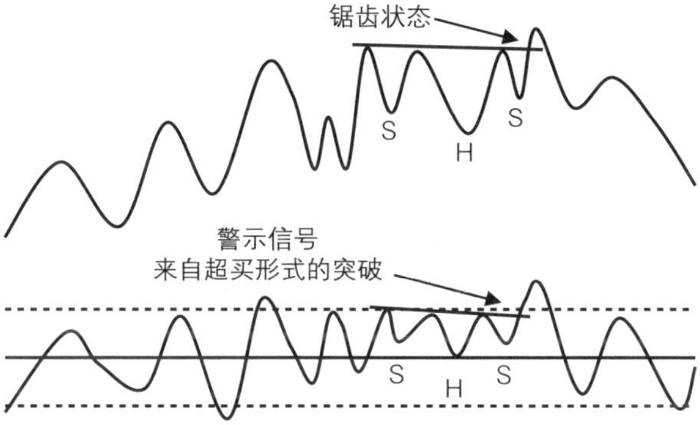

图 10–18　超买背景下向上突破形成的锯齿状态

异同移动平均和动能指标

因为原始的动能指标参差不齐，且随机性较大，所以需要用移动平均线对这些指标进行平滑处理。这样可以让我们更加简单明了地看清楚潜在的市场趋势走向。问题在于绝大多数原始动能数据过于参差不齐，所以不方便用常见的移动平均线穿越技术，因为那样会带来太多锯齿形态。图 10–19 就很明显。

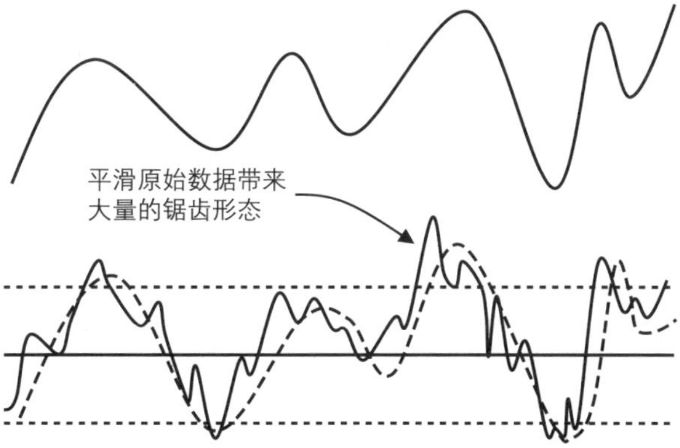

图 10–19　参差不齐的动能指标与移动平均线穿越

因此，很多技术分析人员都是画两条移动平均线：一条短期的移动平均线和一条长期的移动平均线（见图 10–20）。当短期移动平均线（实线）上穿长期移动平均线（虚线）时，动能指标显示买入信号出现。当短期移动平均线下穿长期移动平均线时，动能指标显示卖出信号出现。这些信号通常都比较容易接受，但是随后在 A 点出现的信号警告我们不能用纯技术分析的方式来对待这些信号。我们还需要获得准确的判断数值。我要再次强调：买卖的动能指标必须得到价格趋势突破的确认。下一章，当我们分析两个具体的指标，即KSD/MACD和随机指标时，我会更加深入地解释这个问题。

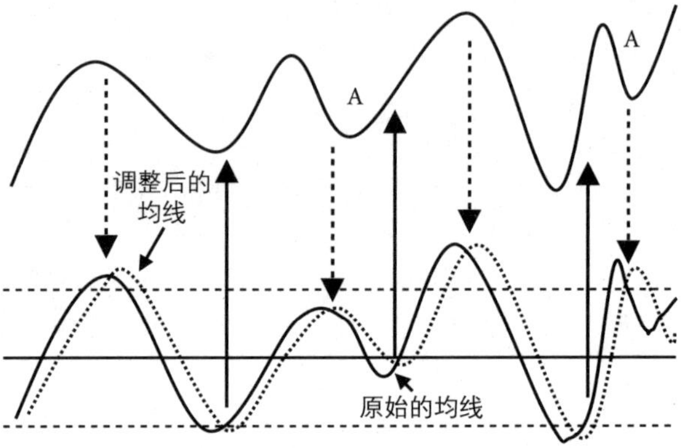

图 10–20　两条动能移动平均线

小结

1. 动能是一个通用概念，包含一系列动能指标。它衡量的是价格变化的速度，通常会在价格趋势发生改变之前，给我们提出警告信号。
2. 解读动能的原则适用于各种类型的震荡指标。
3. 极端值和动能背离并不能代表实际的买入或卖出信号：只有通过价格趋势反转才能判断买卖信号是否确立。不过，当价格信号确认后，动能指标特征强化了这一信号的作用。
4. 常用的确认价格趋势反转的趋势决定技术也可以用于动能指标分析。这些技术包括趋势线、价格形态和移动平均线穿越。
5. 动能趋势反转通常会带来价格趋势反转，但两者之间经常有时滞。如果反转突破同时出现，就表明信号作用显著。
6. 经常提醒自己：动能趋势反转必须通过价格趋势反转来确认。

第 11 章

六大有用的动能指标

现在，是时候将上一章学习的原则用更加实战的方式，推广到六个重要的动能指标上。这些指标是变动率（ROC）、相对强弱指标（RSI）、异同移动平均线（MACD）、随机指标、KST 和特殊 K 指标。由于所有的流行图绘制程序都能够画出这些指标，所以为了节省时间和简单化处理，这里我就跳过公式，不再解释如何计算这些指标了。让我们首先从变动率指标开始。

变动率

变动率可能是最容易计算的动能指标，但不要因为容易就不重视它，因为往往最简单的就是最有效的，变动率就是这样的工具。很多人都有这样一个误解，认为复杂数学计算推导出来的指标一定会优于简单公式计算出来的指标。有些指标可能确实如此，但大多数指标并不是这样的。我们都有这样的倾向：用复杂的工具替代认真思考。技术分析的黄金法则就是：

> **重要的技术分析原则**：不要因为简单而抛弃一个指标；不要因为无效就拒绝一个指标。

变动率的计算是将今天的价格与 N 个周期前的指标相比较。例如，10 天的变动率就是用今天的价格除以 10 天前的价格，或者用明天的价格与 9 天前的价格做比较。计算的结果以高于或低于均衡线的状态被构建出来。图 11–1 就是标准普尔 ETF 的变动率。

图 11–1 10 天变动率（标准普尔 ETF）

超买和超卖水平

变动率指标非常适合用来解释超买和超卖。问题在于，在哪里画这些技术线没有固定的原则。这条线的上下震荡幅度与我们所要分析的证券的价格波动性以及时间跨度有密切的关系。

因此，超买和超卖线都是依据个人习惯或判断来构建的。不管你如何画，有一点应该明确，那就是这些线与均衡线的距离都应该是相等的。这是因为引发价格波动的市场情绪，也就是恐惧和贪婪，都是按比例变化的。因此，在图形上也要同比反映出这些情绪的变化。

总的来说，我们可以将超买和超卖的极端位置比喻成前一章所提到的狗链的最大距离。遗憾的是，实际的变动率更像是橡胶狗链，具有一定的弹性，其最远距离通常会比正常的极值要长。这就意味着我们在运用这一指标时要灵活处理。理想的状态是，我们所画的这些线能够尽可能地将多数的反弹和回撤行情包含在内，但又不会因为有太多的上下波动而降低超买和超卖的重要作用。它们应该尽可能画在支持行情发展反转的位置。

图 11–2 向我们展示了大宗商品 Powershares DB ETF（DBC）的变动率走势，这条线与均衡线距离太近，因为它包含了每次反弹和回撤行情。因此，这里的超买和超卖指标数值并没有什么实际的操作价值。

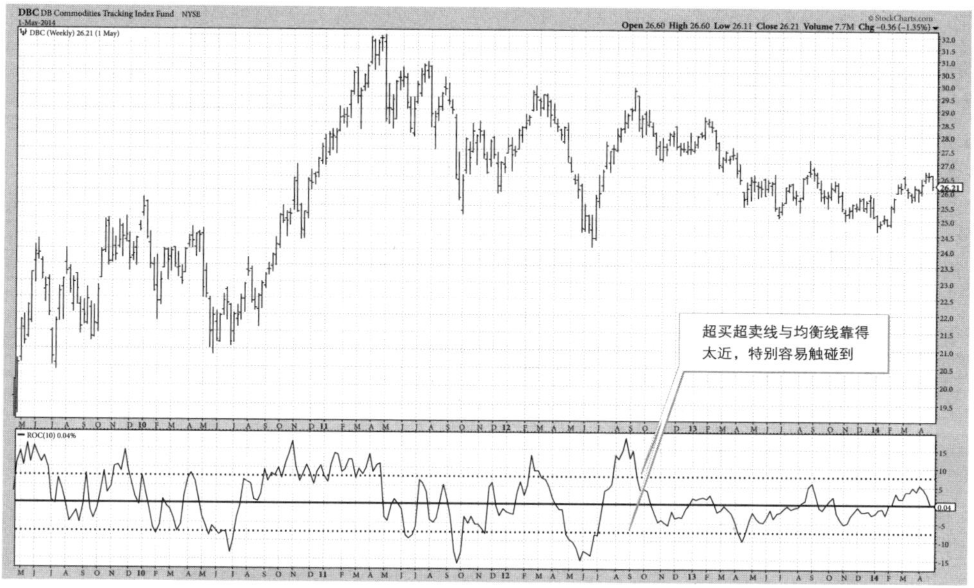

图 11–2 超买超卖线过于靠近均衡线（Powershares DB ETF 2009—2014 年）

另一方面，案例图 11–3 中的变动率线又离均衡线距离太远。这条线的最低下限到了 –17.5，从理论上来说，价格不可能会跌到这么低的水平。所以，这个水平的变动率也没有什么实际意义。

图 11–4 中的线虽然也不是那么完美，但从常识来看，还是比较合理的折中选择，因为这条线能够靠近大多数极端点。你可能会有这样一种感觉，当这些极端点被触碰时，趋势发生反转的概率会很大。

图 11–3 超买超卖线过于偏离均衡线（Powershares DB ETF 2009—2014 年）

图 11–4 超买超卖线处于合理位置（Powershares DB ETF 2009—2014 年）

背离

图 11–5 向我们展示了日本指数 ETF 的两个动能背离案例。从字面 A 到 D 之间的行情，反映出这样一个事实，依照字母顺序，价格波幅在扩大，这是典型的负背离。虚线表示向上的趋势线，尽管没有最大限度地表示肯定，但也证实了波动性在不断上升。第二种情况可能并不是非常严格的背离形态，因为价格并没有创新高，但却非常接近。有一个事实比较明确：变动率未能让反弹行情持续下去，说明上涨的动能已经不存在。当价格确认趋势被突破（实线），价格将会面临超过平均跌幅以上的下挫。

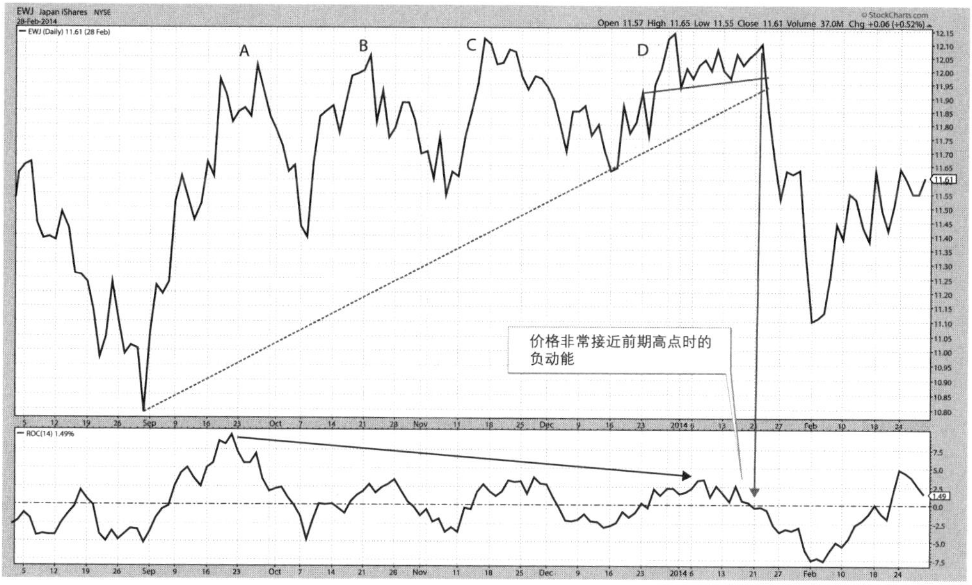

图 11–5　变动率指标的一系列严重负背离（明晟日本指数 ETF 2013—2014 年）

趋势线构建

大多数变动率指标参差不齐。这就意味着通过变动率指标很难准确地判断出趋势的反转点。另一方面，变动率参差不齐也有好处，可以让趋势线的构建变得更加容易。事实上，趋势线分析是最有效的变动率解释工具之一。图 11–6 向我们展示了黄金信托 ETF 的三条动能趋势线。但动能趋势突破被价格突破确认后，图形给出了一些非常及时的信号。变动率指标的趋势线突破并不代表卖出信号真实出现，但它能够及时提醒你，趋势很可能要发生反转了。

图 11–6　变动率趋势线突破（黄金信托 ETF 2013—2014 年）

这里有一点需要引起我们注意：变动率指标可能会向一些不正常的极端值发展，远超出正常的超买或超卖水平。这意味着，如果将两到三个反转点连起来，就会构建出一条非常陡峭的趋势线，如图 11–7 中向下的虚线趋势线。因为趋势线的角度非常陡峭，极值的选择又比较随机，所以我们在解读这些突破的时候，需要加倍小心。

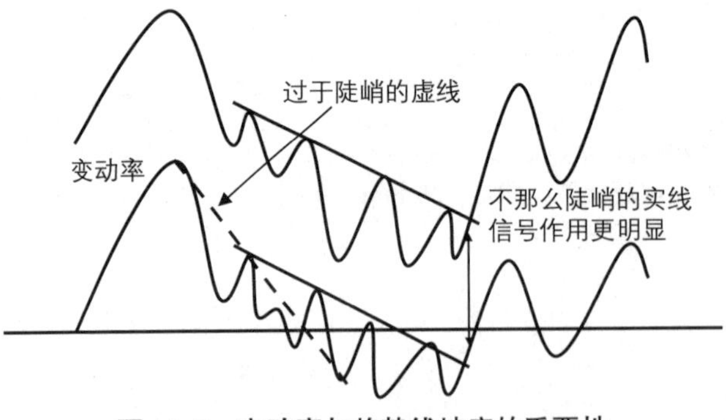

图 11–7　变动率与趋势线坡度的重要性

接下来，我们看看另外一条趋势线（实线），也是由相同的数据构建的。这条线的角度就没有那么陡峭，比较平缓，触碰的次数也比陡峭的趋势线要多。这样的趋势线是我们分析走势的不错选择。

价格形态

变动率指标的一个重要特征就是它们很容易构建价格形态。在图 11–8 中，回看谷歌公司的多年价格走势，我们就能够找到两个重要的价格形态。第一个是向上倾斜的头肩顶形态，当价格趋势线被突破后，形态得以确认。2013 年股票走牛，价格向上突破强劲的原因主要有两点。第一，这里是一个直角三角形的扩散形态，往往会随之出现一波强劲的趋势。第二，动能指标和价格突破是同时发生的，这种情况出现，通常意味着接下来的行情走势也会很强劲。此外，图形的时间跨度比较长，但只有两种价格形态，这表明此类现象比较少见。即使如此，这种走势也值得重视，因为被确认的反转趋势通常都很有价值。

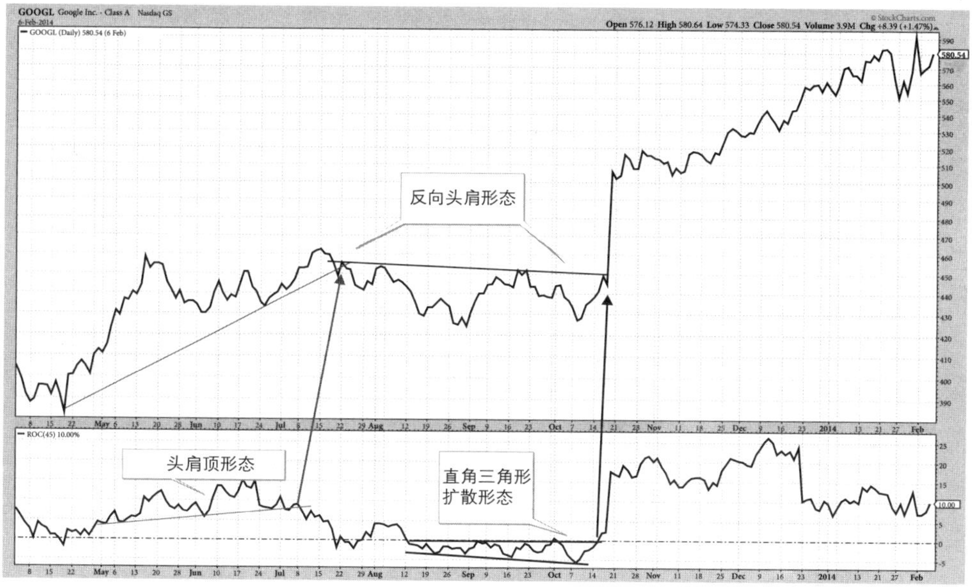

图 11–8　变动率价格形态（谷歌 2013—2014 年）

经常牢记关注突破点的位置，对上升趋势中接近超买线位置的价格形态来说，其有效性要低于超卖线，甚至中间线位置的价格形态。下降趋势中的反转形态也遵循同样的规则，只不过是反向的。

突破经常会导致锯齿形态，案例中经常出现。图 11–9 通过巴克莱 20 年期信托 ETF 和 14 天变动率向我们展示了这些状态。第一次反向头肩形态突破发生在 2012 年 6 月，第二次向下假突破发生在 2013 年 10 月到 11 月。这一次并没有出现在超卖线位置，但却很接近，然后出现了假的负背离。顶部出现在 2013 年 4 月，到年底的时候，矩形突破宣告下跌趋势结束，开始反弹行情。

图 11–9 一些失败的变动率价格形态（巴克莱 20 年期信托 ETF 2011—2014 年）

图 11–10 以加元为例，向我们揭示了 39 周变动率失败的信号表现。与此同时，如果你用的是周数据，时间跨度以季度为分界，看上去效果似乎不错：13、26、39 或 52 周。右边的向上突破是典型的锯齿形态，其移动平均线正好是反向突破。失败信号告诫我们，即便我们采取最佳措施，仍然有可能失败。幸运的是，这样的情形毕竟是少数，是意外，但仍然是一个很好的警示，告诉我们在执行交易之前，找到应该设定止损指令的位置是非常重要的。遵循这一方法，你就能够公正客观地测度你的风险，并看看是否值得冒险。在本例中，不存在我们需要设定止损指令的低风险区域。最靠近的位置可能是稍低于虚线的地方，这个地方是前期的底部区域，并不是最佳的风险收益比区域。

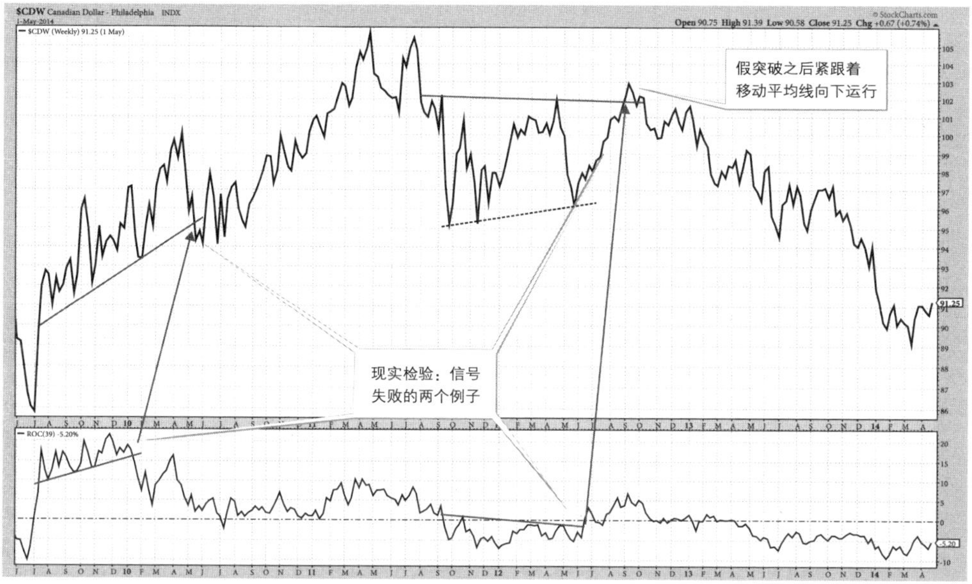

图 11–10　趋势线与形态失败（加元 2009—2014 年）

重叠的变动率动能指标

一个比较管用的做法是将两个或多个动能指标放在同一张图表中加以分析。按照这个方式分析，有可能发现动能反转的特征，而这些特征在只考虑某一个动能指标时可能并不明显。我们可以将巴克莱 20 年期信托 ETF 的 12 日、25 日和 45 日的变动率指标联合起来分析。从 2011 年 10 月到 2012 年 8 月，我们观察 25 日的变动率指标，并没有发现反转特征。但 12 日和 45 日的变动率指标都显示出反转特征。此外，在 2012 年 4 月，三个日期的变动率指标都突破了趋势线，这是一个非常明显的信号。这反映出一个事实：

> **重要的技术分析原则：**某一时间的价格是由几个不同时间周期相互作用决定的。

这三个不同的变动率指标反映的是不同时间周期。因此，当它们全部同时朝同一个方向运行时，信号作用就非常明显。请记住，为了复制多周期环境，变动率指标应该选择不同的时间跨度，如图 11–11 所示。在这个例子中，我们用变动率指标作为我们分析的对象，那么我们同样可以选择相对强弱指标做相同的比较分析。核心就是：我们要在同一张图表中尝试复制不同时间周期的指标，看看它们是否反映一致，或者看看我们能否找到一些反转特征，这些特征在单个时间周期内可能观察不到。

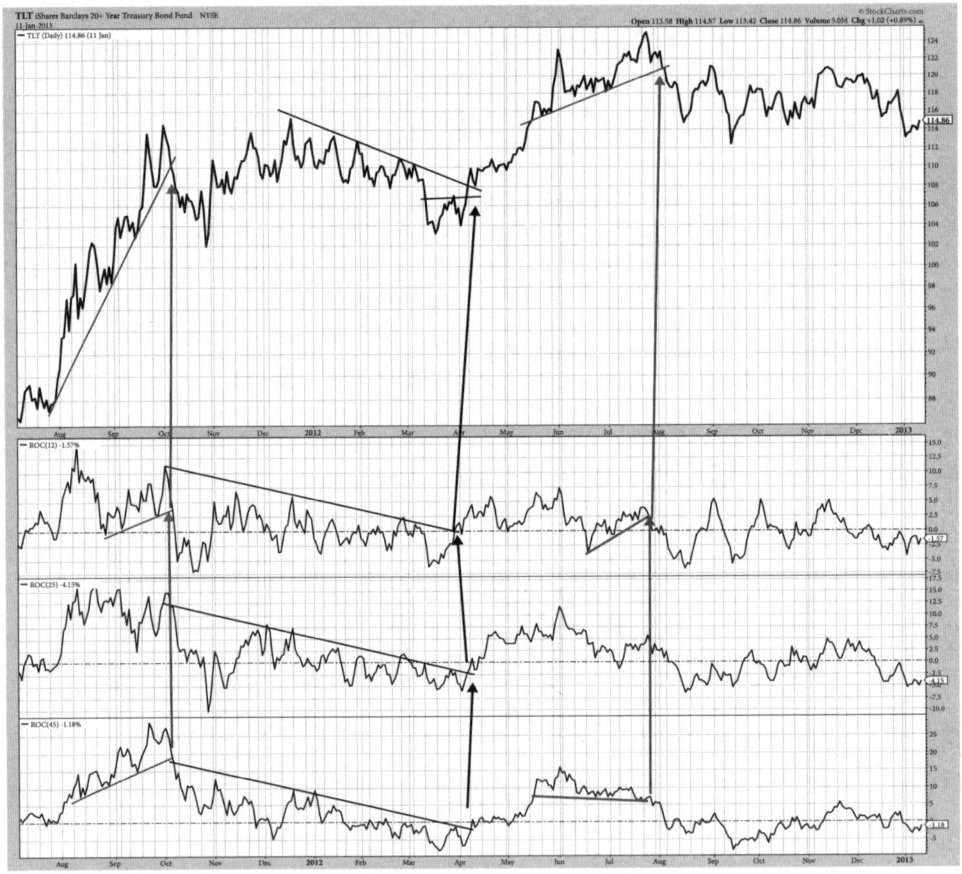

图 11–11　重叠的动能指标特征（巴克莱 20 年期信托 ETF 2011—2013 年）

相对强弱指标

RSI 就是相对强弱指标，它是一系列动能指标中的一种，但我们千万不要把它跟相对强势原则搞混。相对强弱指标是通过一系列数据除以另外的系列数据获得的。回想一下我们在上一章用狗和狗链所做的比喻，你就会记得，动能指标存在的一个问题是它们会出现一些不寻常的极值——就像橡胶狗链可以被拉伸到极端位置。但相对强弱指标却不存在这方面的问题，因为它的计算结果是在 0~100 之间，事实上，0 和 100 这两个极值很少会出现。这一指标将 14 个周期设为默认时间跨度，计算属性允许存在标准的超买和超卖区域。我们常将超买线设定在 30，超卖线设定 70，图 11–3 为我们提供了案例。

非常重要的一点是：相对强弱指标的波动性与大多数动能指标的变化是相反的。这就意味着，对特别短的周期来说，其波动性会更强。当我们研读图 11–12 中的银惠顿（Silver Wheaton）9 日相对强弱指标时，会发现超买超卖设定指标很容易就会出现，而且经常被突破。用虚线表示的 20 和 80 相对强弱指标看上去要更可行，而且弹性比较大。

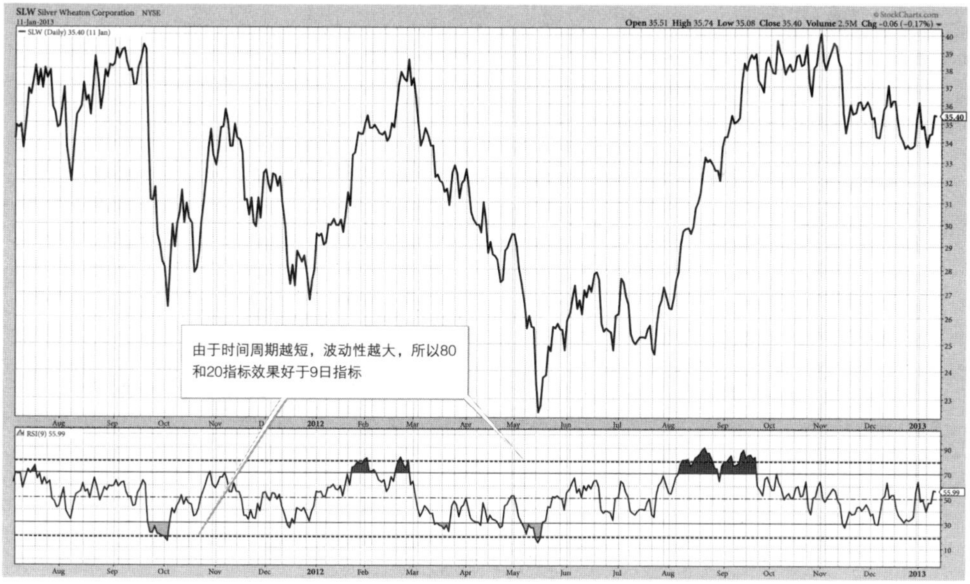

图 11–12　9 日周期相对强弱指标超买超卖（银惠顿 2011—2012 年）

再看看案例图 11–13 中 30 日周期的相对强弱指标，这里它们很少会到达超买和超卖区域。这就意味着，当时间跨度拉长之后，这些通道就变窄了。某种意义上，以 40 和 60 为指标的虚线实用性会更强。

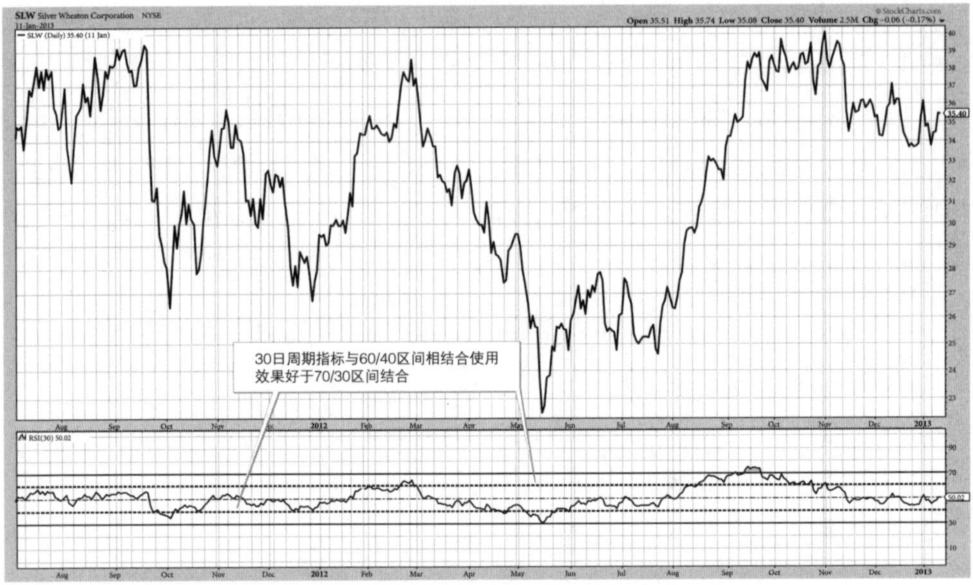

图 11–13　30 日周期相对强弱指标超买超卖（银惠顿 2011—2012 年）

解读相对强弱指标

前面章节中所介绍的很多用来解读动能指标的基本原则，同样适用于解读相对强弱指标。我将重点分析其中的六个。

1. 顶部和底部。以默认的 14 个周期为时间跨度，当指标超过 70 时就是顶部，当指标低于 30 时就是底部。图 11–14 中的 IBM 公司就是这样的情况，这也是对超买和超卖的另外一个解释。因为动能指标会先于价格指标发生变化，所以在行情的顶部和底部，动能指标会事先发出潜在技术走势变强或变弱的警告。
2. 图表形态。因为 RSI 本身经常是锯齿交叉，所以它是为数不多能够自我构建形态的指标。虽然形态类型看上去没有变动率那么多，但毫无疑问，各种形态依然是 RSI 分析的一个重要附加工具。图 11–15 向我们展示了宝洁公司 14 日的 RSI 在 2011 年 5 月呈现出来的向上倾斜的头肩形态。同一年的 10 月，我们再次看到了这样的形态走势，并且这一头肩形态被趋势线突破所确认。
3. 上涨趋势中的震荡失败。上涨趋势中的震荡失败发生在 RSI 靠近均衡线水平时（见图 11–16），RSI 指标已经出现超买现象。然后，它向超买区域发展，虽然价格创新高，但震荡并没有突破前期高点。真实的 RSI 信号出现在指标跌破最初超买震荡的低点。

图 11–14　相对强弱指标顶部和底部（IBM 2011—2013 年）

图 11–15　RSI 价格形态（宝洁 2011 年）

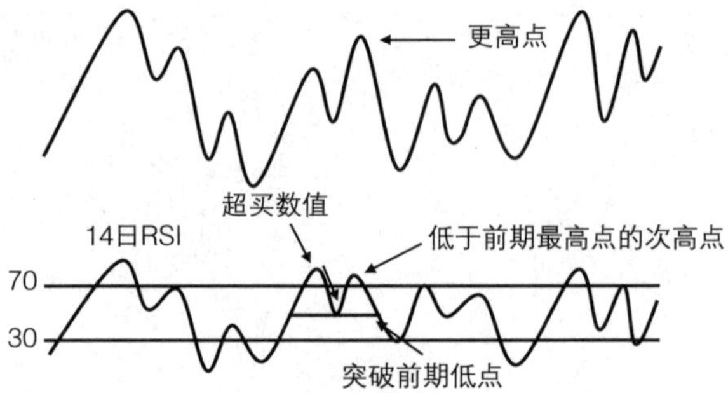

图 11–16 RSI 熊市的震荡失败

4. 下降趋势中的震荡失败。当在市场底部出现震荡失败时（见图 11–17），以 14 日为周期的 RSI 指标会首先跌破 30，然后再反弹回来。随后，RSI 再次出现下跌，回到 30 以下，但幅度没有前一次那么深。此时，价格会创下新低。最终，RSI 会反弹到 30 以上，当它超过前期的反弹高点时，一个完全的下跌震荡失败就确认了。总的来说，失败震荡到达的极值越远，其重要性就越大。请记住：RSI 是一个动能指标，它的有效性需要通过价格趋势反转信号来确认。图 11–18 以 S&P ETF 为分析对象，向我们展示了一个失败的下跌震荡，在这个案例中，出现过两次趋势线被突破卖出信号，不仅及时，而且概率还非常高。

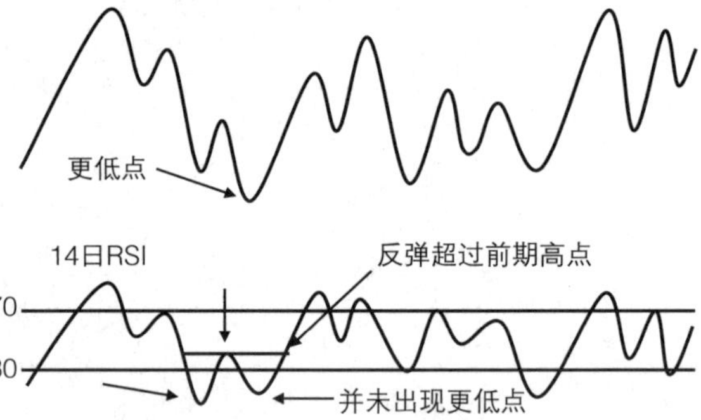

图 11–17 RSI 牛市的震荡失败

5. 背离。RSI 指标最有用的功能之一就是确认价格和动能之间的背离。背离的情形处处都有，但我们应该特别注意国际中国 ETF2014 年第一季度出现的两次时线图背离现象。在这个案例中，我们在 2 月底的时候看到了正背离，随后在 3 月的时候出现了负背离。

6. 趋势线。市场经验证明，RSI 趋势线构建方法毫无疑问是一个非常有效的方法，如图 11–19 中所示，在 A、B 和 C 这三点位置，RSI 指标都向我们发出警告，价格走势即将发生反转。然而，由于公式有很多限制条件，上下极值分别限制在 100 和 0，所以从某种意义上来讲，RSI 指标的适应性范围要小于 ROC 指标。RSI 指标的重要作用主要体现在超买 / 超卖和背离的判断上。

图 11–18　RSI 熊市震荡（S&P ETF 2003—2013 年）

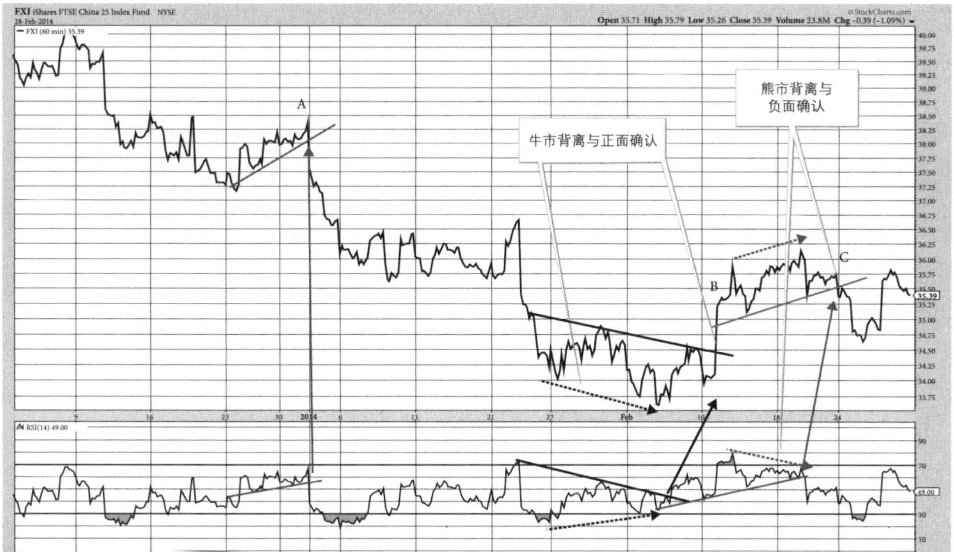

图 11–19　RSI 趋势线突破与背离（国际中国 ETF 2013—2014 年）

更多案例

图 11–20 研究的是 S&P ETF14 日周期的 RSI。我们可以发现其超买数值被趋势线突破所确认。要注意延长的趋势线作用发生了改变，由原来的支撑位变成了压力位。这是转向熊市的信号，最高点的宽幅震荡也确认了这一转变。

图 11–20　RSI 趋势线突破（S&P ETF 2013 年）

另一方面，图 11–21 是明晟新兴市场指数 ETF，向我们展示了当价格限定在一个比较宽幅的交易范围内时，RSI 的价值比较突出。当然，只有价格已经在范围内震荡一段时间，你才会意识到交易范围的界限是多少。不过，当你通过画一系列平行线找到交易波动范围时，这个震荡区间才会变得明显，于是，这个以星期为周期的图形上的超买和超卖 RSI 指标意义就没有那么大了。

图 11–22 是 S&P ETF 在 21 世纪前十多年的行情走势以及 14 周 RSI 变化情况。这张图的意义就在于把 RSI 指标在牛市初期和熊市初期中的表现区分开来。注意观察指标是如何从牛市的高位向熊市初期转换的。同样地，在熊市初期，RSI 并没有达到超买数值，仅仅是在两次牛市背景下触碰到了超卖数值。无须多说，在熊市初期阶段，与由超买信号触发的大多数下跌走势相比，弹性范围比较大的 RSI 指标极

值带来的下跌走势的时间周期会更短。

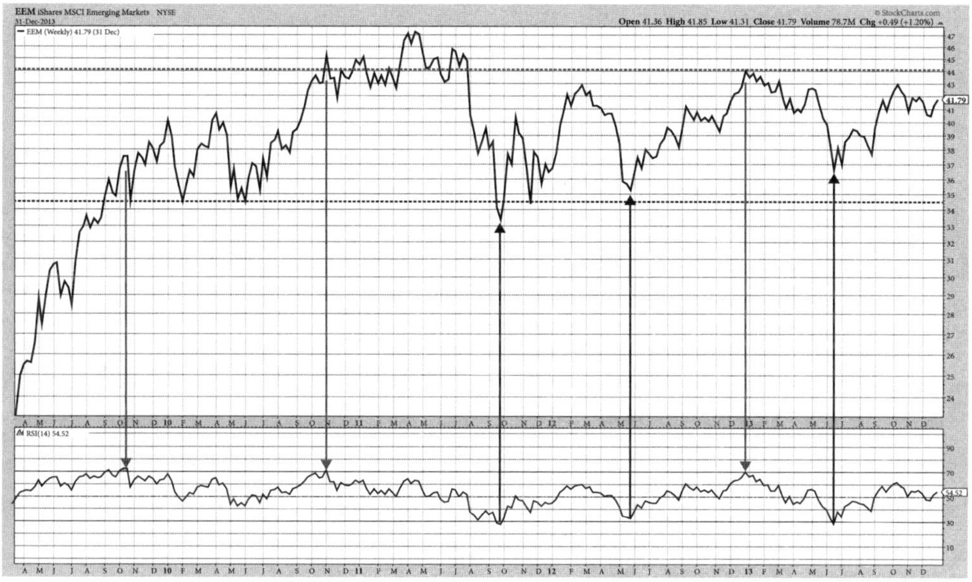

图 11–21　一定交易范围的 RSI（明晟新兴市场指数 ETF 2009—2014 年）

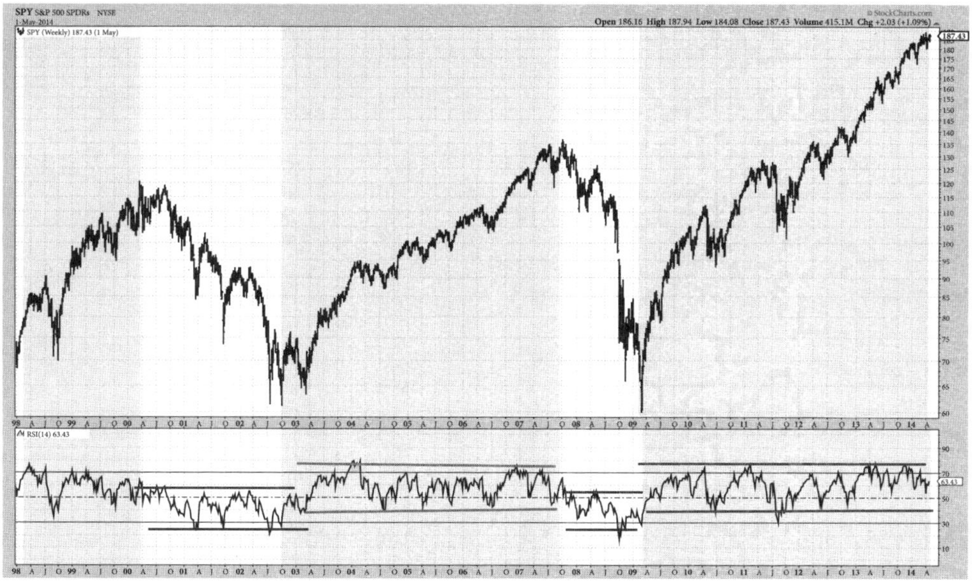

图 11–22　牛市初期和熊市初期 RSI 形态（S&P ETF 1998—2014 年）

异同移动平均线

异同移动平均线（MACD）是通过计算两条移动平均线的距离而构建出来的指标，这两条移动平均线本身也是图形上的指标。MACD指标的假设前提是价格按照趋势运行，但趋势的运行又不是直线的，而是围绕趋势上下波动。

指标的名称来自这样一个事实，用于计算的两条移动平均线经常是相互交织和背离的状态。大多数人在计算MACD时，都使用指数移动平均线（EMA），这条线默认12日为短周期，26日为长周期。

图11–23的顶部区域是黄金信托ETF的价格走势，中间部分反映的是12日周期和26日周期的EMA，最下面区域的指标来自12日和26日指数移动平均线的差异。零线表示这两条指数移动平均线完全一样。当短周期的EMA高于长周期的EMA时，我们所说的MAC–DEE线就在均衡线上方。两条垂直的箭头线表明当MACD穿越零线的时候，两条EMA也在互相穿越。中间区域的两条EMA相互缠绕强化了其锯齿形态，底部区域的MACD先向一个方向穿越各自的参照线，然后又快速反穿越参照线。底部区域还包括第三条均线，这就是MACD中的9日EMA，我们称之为信号线。之所以叫信号线是基于这样一个事实：信号线穿越MACD时产生了买入和卖出的信号。

有一个问题就是当我们运用短期数据（比如日数据）时，信号线会产生太多的锯齿形态。这就是为什么我更倾向于用其他动能解读技术而不是信号线。我要补充一点，当所用的数据是周或月数据时，锯齿形态会少很多，在图形上看，构成不了问题。

很显然，MACD可以通过很多不同的组合来构建。Singalert公司的杰拉德·阿佩尔（Gerald Appel）就这一方法开展了大量的研究工作，是这个指标的重要支持者。他建议用8日、17日和9日的EMA构建MACD，不过，他感觉用12日、25日和9日EMA构建的MACD给出的卖出信号更值得信赖。长周期时间跨度反映出这样一个思想：成就一笔生意比毁掉一笔生意要耗费更长的时间，反映在市场上就是上涨比下跌需要更多的时间。时间周期越长，就越能明显推迟卖出信号的出现，因此，这些指标会显得更加及时。

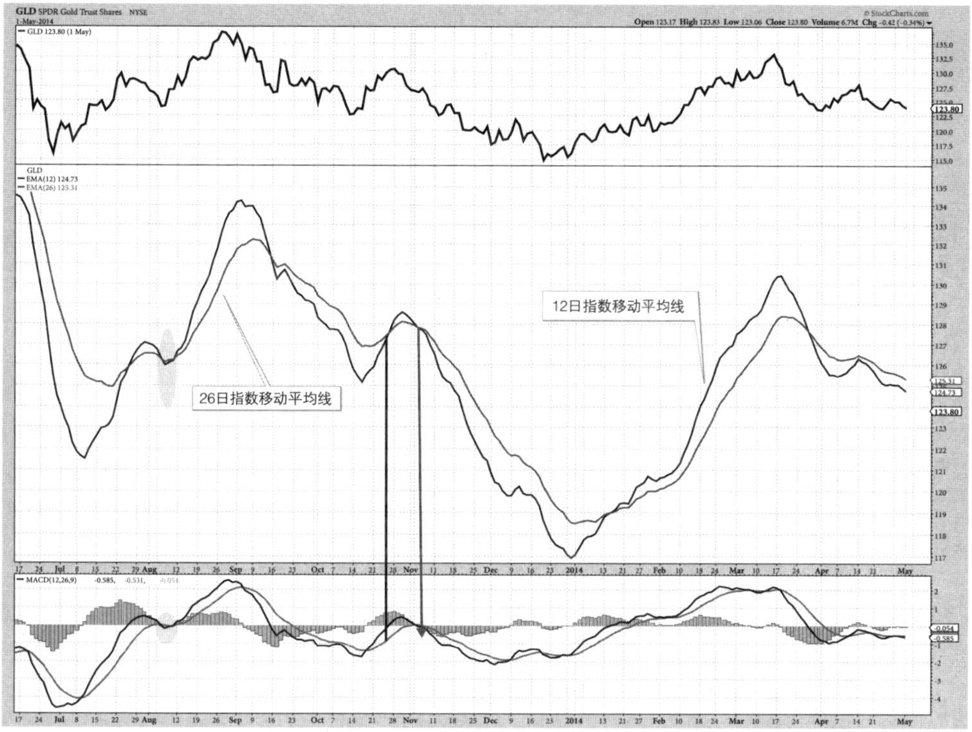

图 11–23 MACD 构成部分的复制（黄金 ETF 2013—2014 年）

MACD 也可以绘制成直方图，如图 11–24 所示。这一技术最早是在 1986 年由汤姆·阿斯普雷（Tom Aspray）提出的，他用这个方法来预测 MACD 信号线穿越的走势。由于 MACD 使用的是移动平均数据，而移动平均数据在价格上会存在滞后现象，信号线穿越滞后情况会更严重，因此这会影响交易的风险回报比率系数计算。MACD 直方图中的牛市或熊市背离可以警示技术图形分析师 MACD 信号线穿越情形。MACD 直方图分析的优势体现在强化波峰和波谷的作用，但也存在着很多不足，主要是很难确定对价格图形模式形成和趋势线穿越的判断。

图 11–24 向我们展示了 IBM 公司不带直方图的标准 MACD 图形。在这个例子中，所有的买入信号都出现在某种意义的反弹走势之后，图形中还出现了两个锯齿行情，用椭圆形加以标注出来了。请注意，我已经将超买线和超卖线都画出来了，

这是解读 MACD 的另外一个比较合理的方法。遗憾的是，并没有什么标准位置可以让它们以波动率的角度将不同的证券和不同的时间框架加以区分。正如我们在波动率指标中所了解的那样，只有反复实验、不断摸索才是构建这些图线的唯一正确途径。MACD 还可以用月数据来构建，虽然变化会缓慢一些，但是可以比较准确地反映出牛市和熊市的走势。

图 11–24 带有信号线的 MACD（IBMF 2013—2014 年）

图 11–25 向我们展示了标准普尔 ETF 从 1994 年到 2014 年的技术走势图形。在这个图形中，我们发现向上和向下趋势的穿越经常会及时提醒趋势即将发生反转。当然，没有任何事情是完美的，图中的两个椭圆位置就是锯齿行情的走势。这再一次证明，如果只是根据价格本身走势来判断某种趋势的突破，那这些信号的重要性没有想象的那么重要。

图 11–26 以微软公司周 MACD 为例，向我们展示了 MACD 表现较好、较差和比较奇怪的三种走势。左边的图形反映的是直线上涨的走势，这个时候下跌的行情很少出现。对动能指标来说，这样的行情非常麻烦，因为存在太多的锯齿形态。正如你看到的那样，只是在 1997 年出现过一次非常及时的信号。另一方面，图形表

明 MACD 也经常出现正背离和负背离。在 20 世纪初，我们在图形上见到过两次背离。请注意，每一次背离都会得到价格趋势突破的确认。

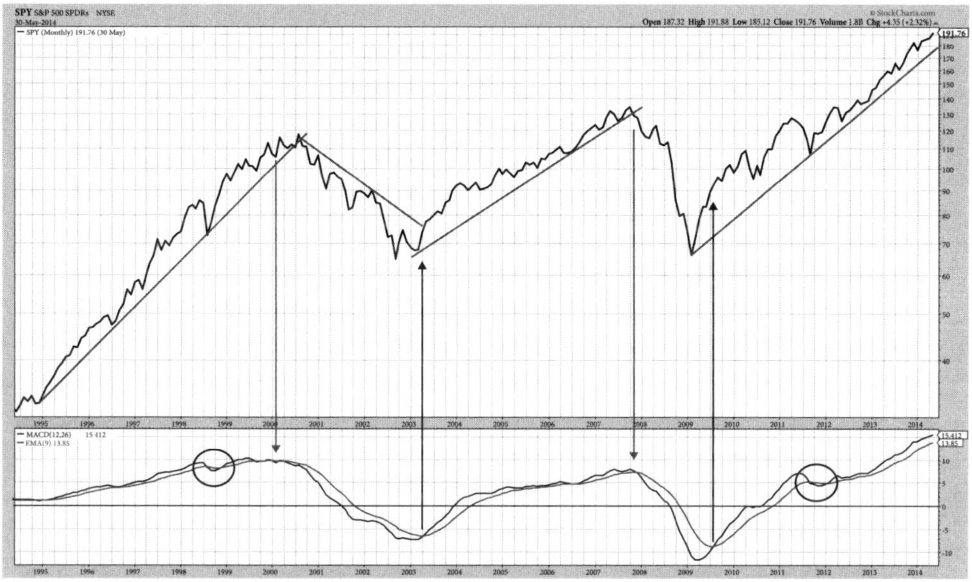

图 11–25　融合趋势线的 MACD 走势（标普 ETF 1994—2014 年）

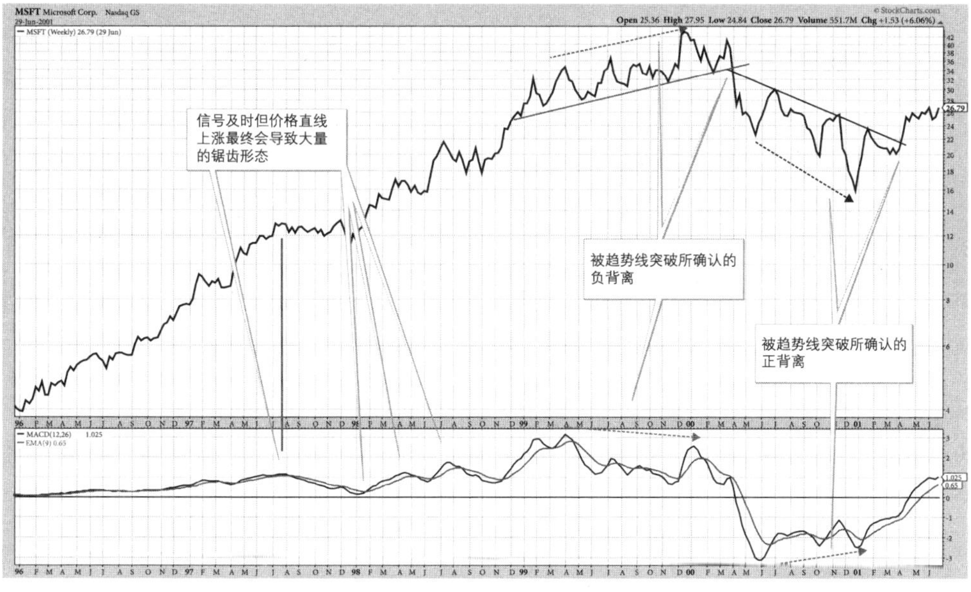

图 11–26　MACD 背离与趋势线突破（微软 1996—2001 年）

图 11–27 是谷歌公司的 MACD 走势。在这个图形中，虽然信号线穿越不是很多，但其他一些有用的动能分析技术依然有效。我们从图中可以看到，2012 年夏季的时候，有一条非常明显的下降趋势线。2013 年下半年的时候，也有一个小幅度的头肩反转形态，在 2014 年的春季，出现了步入熊市走势的正斜率头肩顶形态。用类似 MACD 这种比较平缓的指标来构建形态走势是非常少见的，不过当出现一些特殊情况时，比如水平的反转头肩形态，行情突破往往都是爆炸性的。

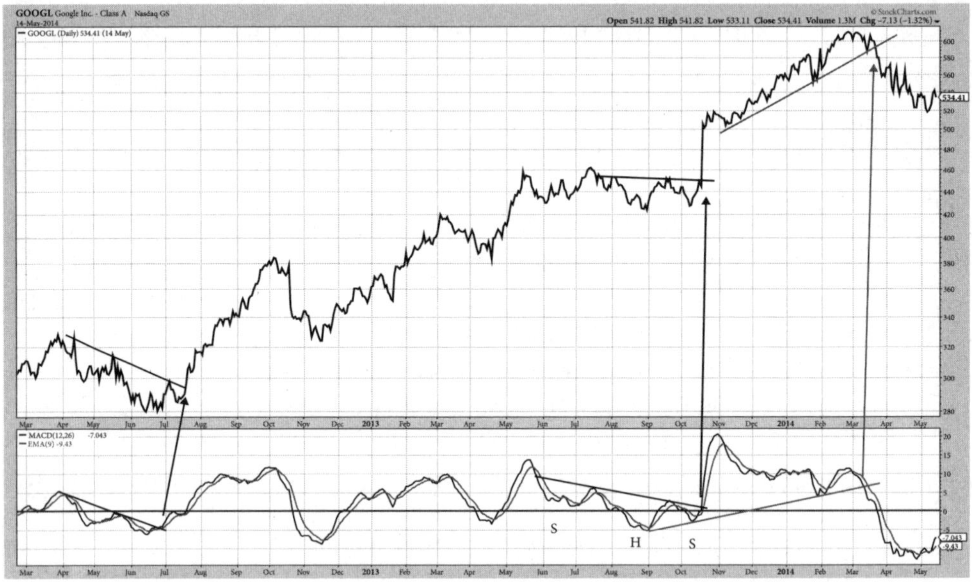

图 11–27　MACD 趋势线和价格形态（谷歌 日线图 2014 年）

随机指标

随机指标是一个非常流行的指标，可能是因为它具有简单又周密的特征，从表面上来看，它可以为我们提供能盈利且易操作的信号。随机指标建立在这样的假设前提基础之上：在上涨趋势过程中，价格趋于在交易震荡区间的上边界附近收盘，在下跌趋势过程中，价格趋于在交易震荡区间的下边界附近收盘。这里所说的交易震荡区间指的是某个考察的时间范围内上下震荡的区间。例如，日数据指的是某一天交易的震荡区间范围，周数据指的是某一周交易的震荡区间范围，以此类推。当趋势接近反转点时，价格在远离极点的位置收盘。图 11–28 向我们展示了一个上涨趋势。请注意，代表收盘价的水平棒线在上涨趋势的开始阶段总是处于接近最高点的位置。不过，随着趋势的完成，收盘价开始出现在一天中交易最低的位置。因此，随机指标公式的目标就是要在上涨的市场趋势中找到收盘价接近低点而不是高点的信号，因为这代表着趋势即将发生反转。

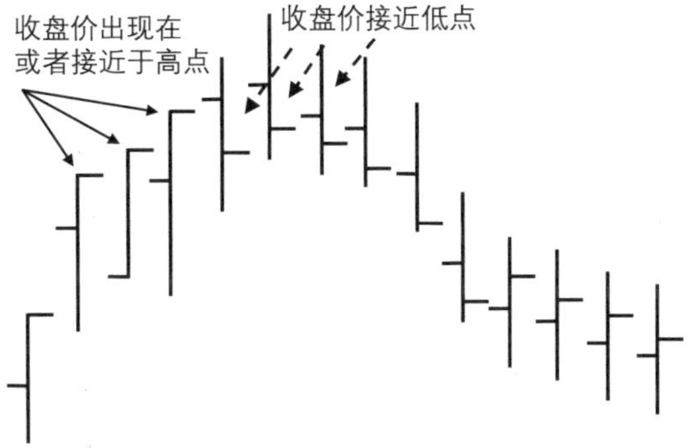

图 11–28 上涨趋势完成后收盘价开始远离高点位置

对于下降的市场走势来说，情况正好完全相反，图 11–29 对此有清晰的演示，图中有两条线，分别是 D% 和 K%。

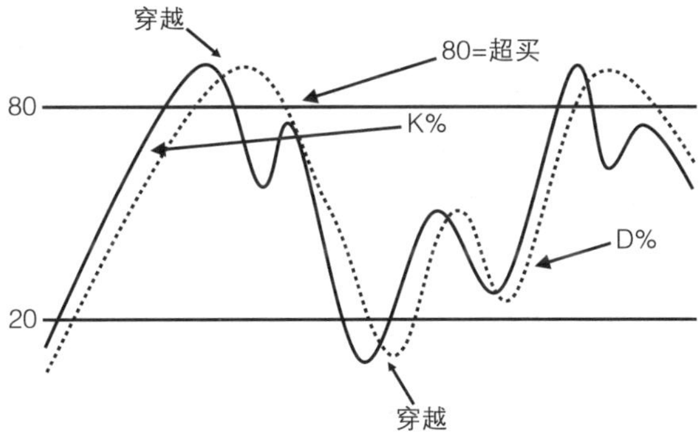

图 11–29 随机指标与超买 / 超卖水平

K% 线是两条线中更敏感的那条线，但 D% 线更重要，因为它会给出更多的信号。这两个指标很容易被人们搞混，但有一个方法很容易将它们俩区分开来，我们可以将 K 视为“大步快走”，而将 D 视为“优哉游哉”。因此，当为随机指标选定参数时，优先选择 K，然后才考虑 D。同样，也可以将它们自身的右边部分看作平滑线或者移动平均线。这就意味着你选择的参数越高，指标的平滑作用就越明显。图 11–30 以费城交易所交易的欧元指数为例，展示了 K% 参数是 14 而 D% 参数是 3 的随机指标走势。从本质上来说，随机指标是移动平均线穿越系统，后面我们还会学到其他的分析性技术，可以用于解读这一流行指标。那表明参数越大，指标的平滑作用就越明显。

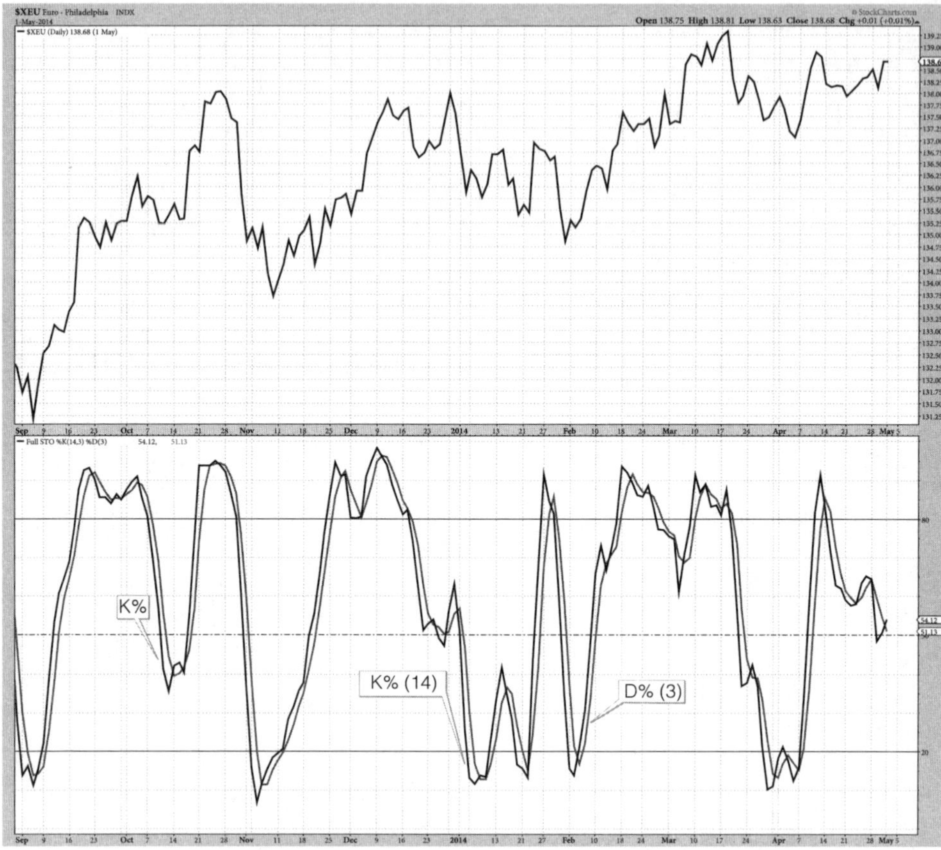

图 11–30 欧元指数的随机指标走势（欧元 2013—2014 年）

慢速随机指标是基本随机指标的平滑变体。在这个指标下，最初的 K% 线已经抹除，用老的 D% 线代替，并将它命名为慢的 K% 线，一般用默认的三天作为 D% 线的参数。为什么创造慢速随机指标？原因就在于这样一个事实，常规的公式经常受制于锯齿形态。如果你仔细观察图 11–31 中标普 ETF 的走势，你就会在图形中间位置看到用 14/10 两个参数构成的快速随机指标，以及图形底部用参数 14、10、10 构成的慢速随机指标。很显然，这两个图形的走势是相反的。图形底部的指标做了平滑处理，从而能够更加敏感地反映趋势的变化。遗憾的是，过于平滑导致图形反转信号的及时性不足。通常情况下，K% 线是一条实线，而 D% 线是一条虚线或者点线。在这里，它们是粗细的结合体。

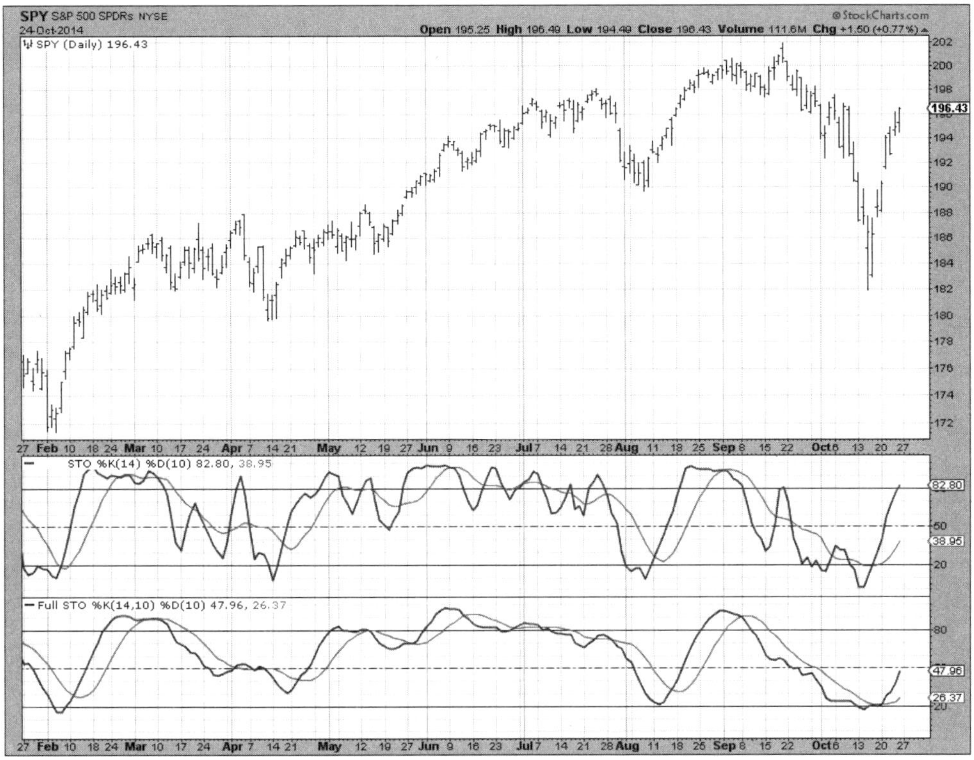

图 11–31　快速和慢速随机指标（标普 ETF 2014 年）

解读

指标数值一般落在 0 到 100 之间。80 通常代表超买，20 通常代表超卖。大多数绘图软件都以这些数值为默认值。当选定短期参数或者非慢速随机指标时，这些数值通常都会呈现出锯齿状态。我们后面会看到，当指标用长期或更平滑的方式分析时，锯齿状态本身会导致不同的解读，这就意味着会出现更多的移动穿越。下面我们将重点分析随机指标的几种解读方法。

1. 穿越。当比较敏感的 K% 线发生转向并穿过移动比较慢的 D% 线时，就是穿越，如图 11–32。当数值低于 20 超卖水平或高于 80 超买水平时，穿越的有效性就越强。对选取较长参数的慢速随机指标来说，这是一种相对较好的解读方式，因为在比较平缓的环境下，很多其他类型的随机指标并没有表现出这样的特征。

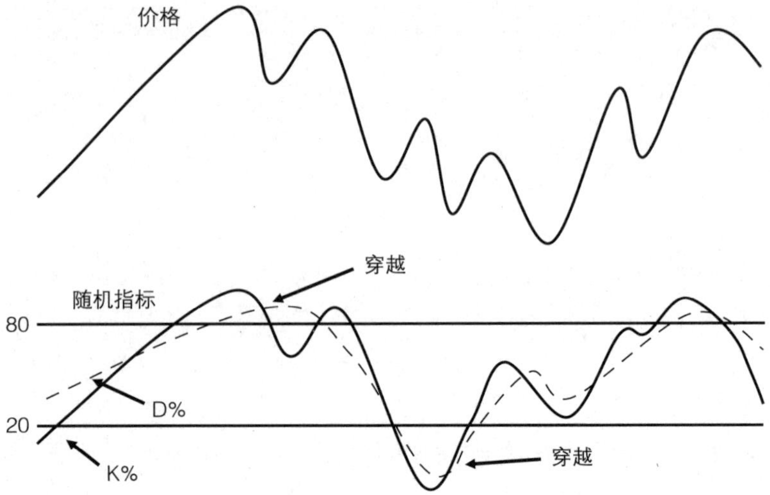

图 11–32 随机指标穿越

2. 背离。K% 线与价格之间的背离与前一章讨论的情况类似，如图 11–33。随机指标与 RSI 在背离方面的差别就在于，随机指标的背离现象出现的次数比较少，从而指标也显得更为平缓。事实上，我们可以这样说，在特殊的转折点位置，D% 基本上只会经历一次背离，或者最多两次背离。

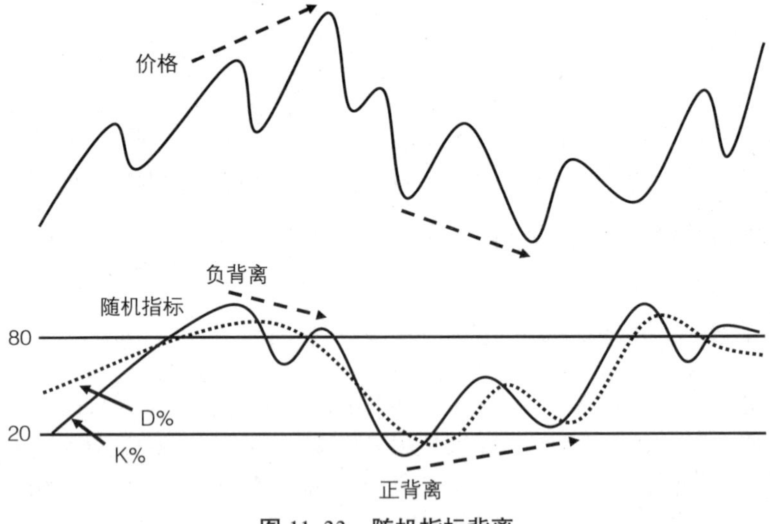

图 11–33 随机指标背离

3. 失败。在市场底部区域，K% 线从下往上穿过 D% 线，随后回落几天，但依然保持在 D% 以上，失败情形就出现了，如图 11–34。这代表着某种检验，如果成功，就意味着新的上涨趋势确立。在靠近右边的位置，你会发现类似的情况出现在市场顶部。在图形上，我们可以清楚地看到 K% 线从下向上穿过 D% 线，成功地维持在 D% 线上方，并创出新高。这种类型的失败与前一章我们讨论 RSI 指标震荡的情况类似。

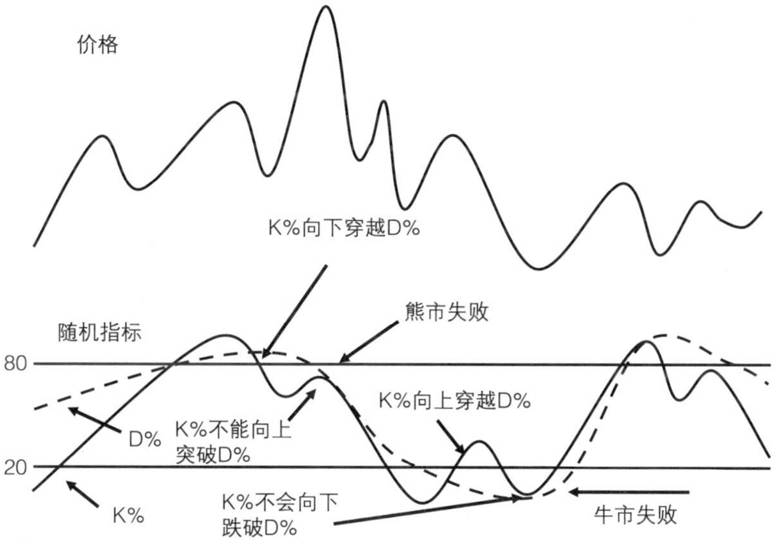

图 11–34 随机指标牛市和熊市失败

4. 铰链。铰链就是每条线运行的速度变缓，如图 11–35。这意味着下一个交易周期将会发生逆转（如果是日数据就是下一日，如果是周数据就是下一周，以此类推）。本图中，我们以 K% 线为例，在右侧的时候，K% 线先快速反弹，但随后的反弹力度明显减缓，就是右侧箭头所指的位置，省略号代表上涨势头放慢。B 处铰链的走势正好相反，是牛市中的铰链状态。
5. 警告。在一个上涨的市场环境下，当 K% 线经过一段时间的上涨之后，突然在某一天发生逆转（也可能是某一周或者某个月，这取决于我们所分析的时间框架），这就是警告态势，如图 11–36。这意味着只有一天或者两天的时间，上涨的行情将会发生逆转。相反的走势出现在图形右侧，是下跌市场环境下的警告态势。
6. K% 线到达极端位置，如图 11–37。在正常情况下，当指标达到超买和超卖极值时，行情趋势很可能发生逆转。不过，当 K% 线达到极值 0% 或 100% 时，这意味着强或弱。当市场处于超买状态，K% 值达到 100% 或者接近 100% 时，意味着超买状况一旦消失，接下来的反弹将会让价格创新高。典型的情况是当 K% 值从 100% 的位置重新回到 20% 到 25% 的位置时，很快就会反弹。当测试过程按照这个模式发展的时候，真实的股票价格也会遵循这一模式前进，并创新高。

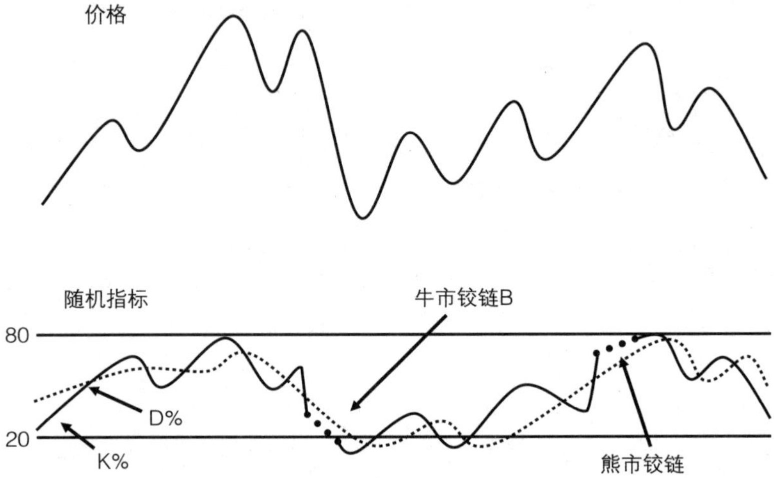

图 11–35　随机指标牛市和熊市铰链

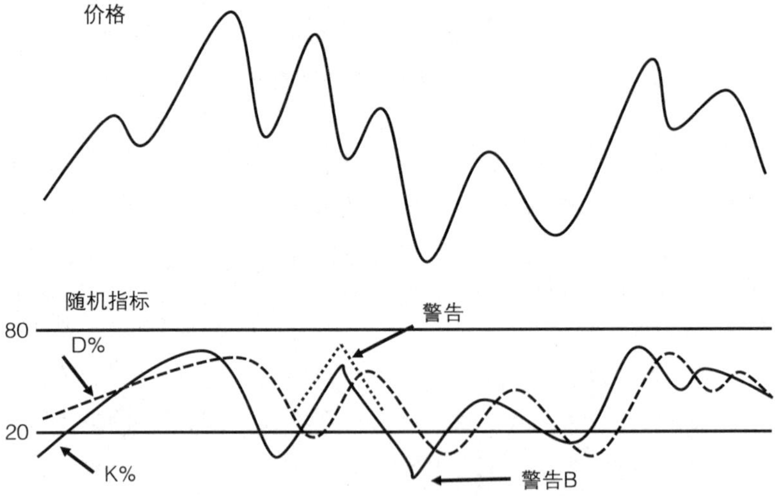

图 11–36　随机指标警告

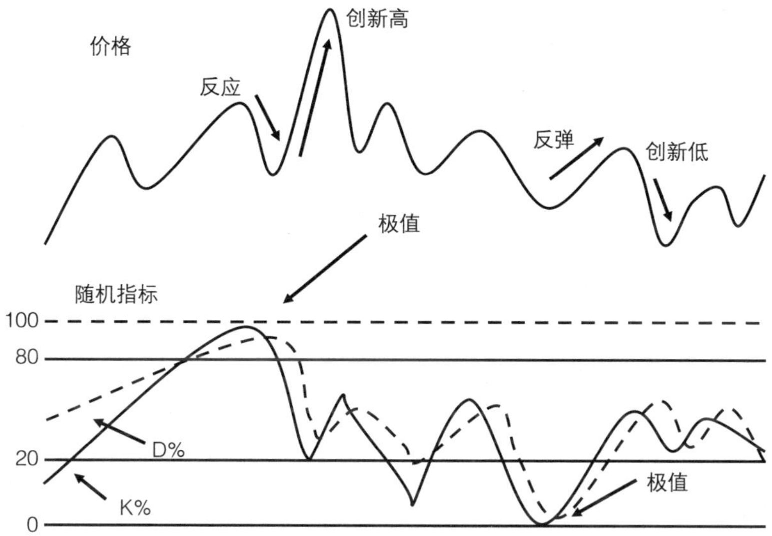

图 11–37　随机指标极值

下跌的市场走势与上涨的市场走势完全相反，极值会出现 0% 的位置。然后就会出现第一波反弹，但随后会创新低。从某种意义上讲，这些极值指标告诉我们市场已经对当下信息做出了过度反应，但事实是，这些随机指标确实可以在某种潜在力量的作用下，展现出其应有的价值和意义。除了最高的 100% 和最低的 0% 这两个极值外，其他的数值和走势均有比较强的参考作用。

案例

图 11–38 向我们展示了巴克莱 20 年期信托产品的快速变动随机指标状态。案例图中出现了两次牛市铰链和一次熊市警告。在第一个牛市铰链形态中，当行情从底部走出来时，得到了价格形态的确认。我经常会想，等到价格形态被确认后，行情趋势判断成功的概率就会大许多。当然，如果你已经很熟练，就没有必要费那么大的劲，非要等到某个技术图形出现才采取行动，只要你有能力驾驭行情走势，就可以按照自己的分析进行操作。随后，当行情突然转为下跌走势时，我们会看到随机指标的警告提示。最后，在 2013 年 10 月末期的时候，价格走出头肩顶的形态，随机指标同步反映。当用快速随机指标分析时，由于指标的锯齿属性，价格形态确认比较可信。随着参数增加，平滑了可能性，价格形态和趋势线突破概率虽然没有

完全消除，但确实降低了许多。

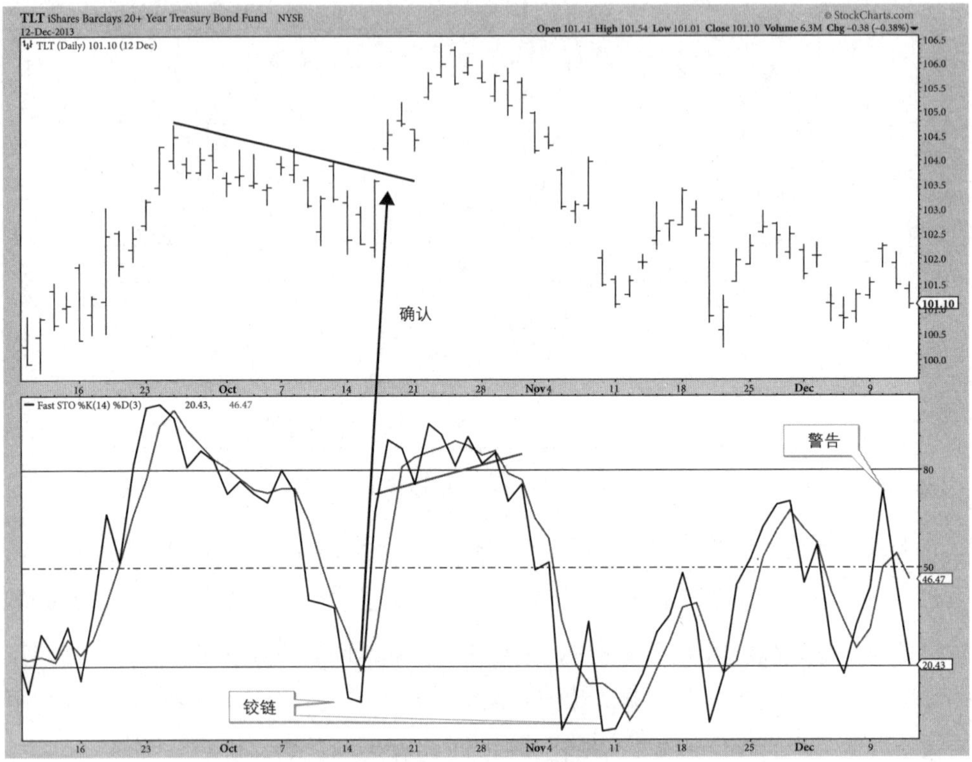

图 11–38　随机铰链（巴克莱 20 年期信托 ETF 2013 年）

图 11–39 以道琼斯周期性消费品 ETF 为例，用 14–8 快速随机指标分析了一些重要的技术走势。在 A 点位置，随机指标已经完成了顶部形态，价格向下突破趋势线，这证实了顶部形态，只是下跌的幅度并不是很大。这很好地佐证了技术分析讨论的是概率问题，并不存在某种一定的走势。要记住：形态的发展会随着时间的前行而发生变化。B 点位置展示的是牛市失败的形态，但实际走势并非如此。这是因为从低位起来的最初反弹应该让 K% 线在 D% 线之上，但实际走势并非如此。这被证实为向上的积极收敛，且受到随后出现的向上突破和小幅反弹所支持。C 点位置是反向失败走势，且被长期上涨趋势突破所证实。最后，随机指标运行到 D 点位置，这是一个相对低位，被价格走势确认后，开始了一波反弹行情。我们注意到，当与其他相对较低的指标结合起来分析时，锯齿形态指标比趋势线和价格形态分析

技术更有效。

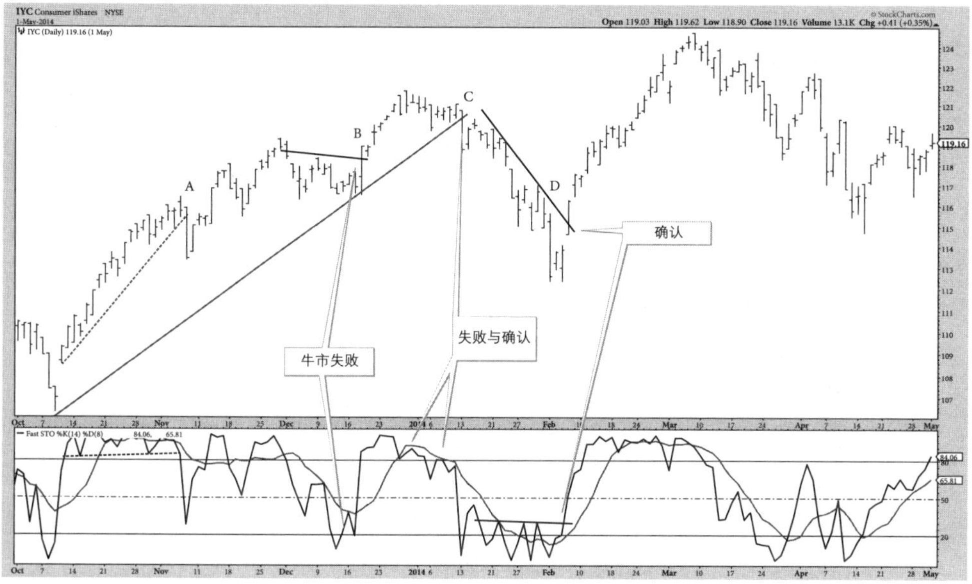

图 11–39　随机指标与其他技术指标混合分析（道琼斯周期性消费品 ETF 2013—2014 年）

图 11–40 是中国 ETF 的走势，这个形态是以周数据为基础，代表滞后随机指标。K% 的真实参数是 24，滞后因素是 10，D% 的设定雷同。这个设定带来正向和反向交叉的能力是非常明显的，且被趋势线突破所证实。2010 年夏季的反向交叉没有得到趋势线突破的证实，就是一个虚假的反向交叉。遗憾的是，随后出现的买入信号同样没有得到证实。2010 年 4 月和 2011 年出现买入信号之后，随之而来的都是一波反弹行情走势，但即使是这样，我们也不能称它们就是成功的信号。这可能是因为图中的主要趋势是向下所导致的，逆趋势信号经常是失败的。

图 11–41 依然是以中国 ETF 为研究对象，只不过时间换成了日周期。我们仍然选择 24、10、10 作为参数，因为这种参数组合效果不错。图中出现了好几个有意思的地方。首先，B 点是一个非常好的买入点，出现了牛市交叉形态且得到了趋势线突破的证实。请注意，C 点位置的熊市失败从未得到证实。随后的 D、E、F 均得到价格突破的证实，尽管在 F 点位置并不是那么成功，因为在这个地方出现了一个小反弹行情，但最终还是快速下跌创新低。

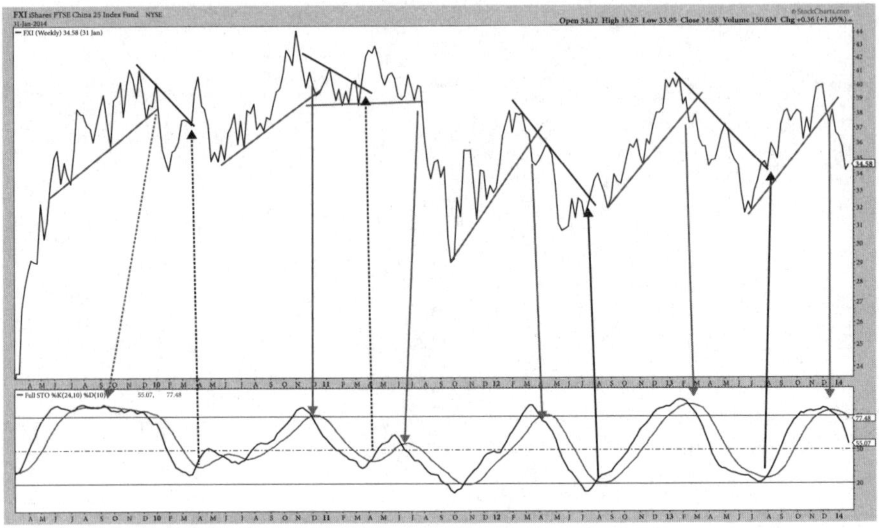

图 11–40　交叉信号（中国 ETF 2009—2013 年）

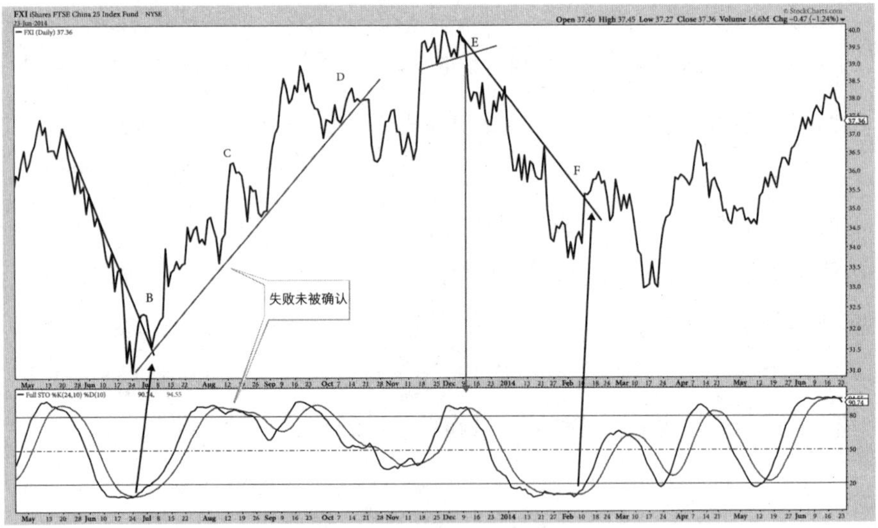

图 11–41　交叉形态与趋势线确认（中国 ETF 2013—2014 年）

完定指标

在 20 世纪 90 年代，我在技术分析中引入了完定指标（KST），是我的朋友伊恩·诺雷（Ian Notley）在周期性思想综合基础上提出来的，而周期性思想综合的原创者是 20 世纪早期非常有名的经济学家约瑟夫·熊彼特（Joseph Schumpeter）。这一思想认为，某个特定时点的价格受一系列不同经济周期的相互影响，综合考虑这些不同经济周期比考虑单个经济周期更有效。例如，当某个特定的周期并没有形成，或者被另一个周期所主导，或者受到很多周期的影响，如果只分析这个周期，意义不大。

重要的技术分析原则： 完定指标的思想是引入一个能反映不同经济周期的指标，这样可以更好地反映行情的基本走势，因为这一指标引入了时间跨度更短的周期，它会让分析更及时有效。

结果就是这一更平滑的指标通过移动平均线的交叉形态为我们提供了更多买卖的信号。完定指标与其他指标，比如随机指标的区别，就在于其默认参数已经设定，反映出不同的期限，具体如表 11–1。换句话说，有特定的公式来监控短期、中期和长期趋势。本文将重点讨论短期和长期的指标分析。之所以用 KST 来命名这个指标，是因为我真的不想再听别人用“完美”“圣杯”“让你致富的秘籍”等名词来称呼这个指标。它只是表示，你知道这是一个确定的事情。与很多其他表现优秀的技术指标类似，这一指标在相当长的时间里，对大多数证券的分析都很有用，当然，并不是永远正确的。

表 11–1 **推荐使用的 KST 公式指标**

	ROC	MA	Welght	ROC	MA	Welght	ROC	MA	Welght	ROC	MA	Welgh
短期 *	10	10	1	15	10	2	20	10	3	30	15	4
短期 **	3	3¶	1	4	4¶	2	6	6¶	3	10	8¶	4
中期 **	10	10	1	13	13	2	15	15	3	20	20¶	4
中期 **	10	10¶	1	13	13¶	2	15	15¶	3	20	20¶	4
长期 ***	9	6	1	12	6	2	18	6	3	24	9	4
长期 ***	39	26¶	1	52	26¶	2	78	26¶	3	104	391	4

* 是基于日数据，** 是基于周数据，*** 是基于月数据。

注：可以通过 MetaStock、Wealth Lab、Trade Station、AmiBroker、Esignal 以及其他软件对 KST 指标进行编程。

重要的技术分析原则：KST 指标应该与其他指标结合起来使用。

短期 KST

顾名思义，短期 KST 就是监控短期趋势，一般时间周期为四到六周。同时也会画上 10 日移动平均线，作为信号线。KST 指标的解读原则与其他指标的解读原则一样，默认的技术就是观察 MA 的正向和反向交叉。事实上，KST 指标的解读与其他动能指标的解读一样，考虑到信号线的交叉，无非是出现背离、超买和超卖等形态。尽管这是一个相对平滑的指标，但它偶尔也可以构建自己的趋势和完整的价格形态。因为其来自四个不同 ROC 时间跨度的平滑处理，因此并没有默认的超买或超卖参考水平，这个参照标准的设定就是根据试错法的常识来界定的，从而使交易的单个证券的波动性相关联。

图 11–42 以 Pring Turner Business Cycle ETF（代码为 DBIZ）为例，向我们展示了短期 KST 的作用。你会发现，移动平均线的穿越为我们提供了很多买入和卖出的信号，不过，由于这个 ETF 正好处于牛市行情，所以我们很难发现图形上显示出超卖的信号。唯一比较明显的失败信号是 2014 年 2 月出现的卖出信号，当然，出现一次失败，也并不奇怪。

图 11–43 向我们展示的是谷歌公司 2012 年到 2014 年间的一系列重要形态走势。我们注意到，在图形所包括的时间范围内，价格始终都在 200 日移动平均线以上，表明这是一波牛市走势。在 X 和 Y 这两点的位置，出现了超卖导致的超买信号，这两个信号都被随后的走势证实。KST 指标在 A 点位置形成了双顶态势，这也被向上趋势线突破所证实。我们注意到价格突破出现在量能衰退之前，通常这也是行情转弱的信号。由于处于牛市行情，下跌幅度有限，但即使这样，最初的下跌调整幅度还是比较大，原因就在于价格突破发生在动能效应之前。

在 B 点位置，我们看到了价格成功向上突破，KST 指标也完成了头肩底形态。最后，在 C 点位置，我们看到了反向背离的确认态势。此外，当你认真研究图形的时候，你会发现，KST 指标突破上升趋势线的位置正是上涨趋势头肩顶的吊颈线位置。

图 11–42　日周期的 KST（Pring Turner Business Cycle ETF 2012—2014 年）

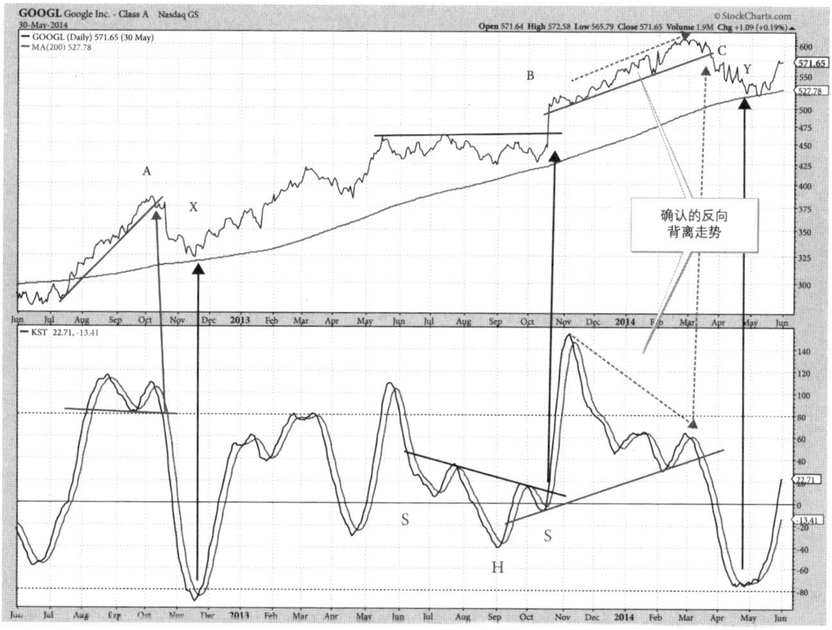

图 11–43　KST 技术分析态势（谷歌公司 2012—2014 年）

长期 KST

长期 KST 指标用的是月数据，试图复制图 2–3 中粗线的走势，因为这根线试图告诉我们行情主要趋势的方向和时间跨度。通常情况下，都用九个月时间跨度的 SMA 线作为信号线。图 11–44 介绍了标准普尔综合指数的走势。我们关注案例图中 KST 指标给出的买入信号，经过几年时间的发展变化，买入信号转变为卖出信号。1982 年到 2000 年这个时间段，市场都处于牛市行情中，但 2000 年之后，牛市行情结束。与其他能够监测到主要趋势的动能指标一样，KST 指标在行情运行到末期的时候，也能够提前给出卖出信号。这就是为什么我们在判断行情的时候，一定要得到价格确认之后才行动。图形上的 A 点位置就是顶部，此时，1995—2000 年间的上涨趋势被突破。

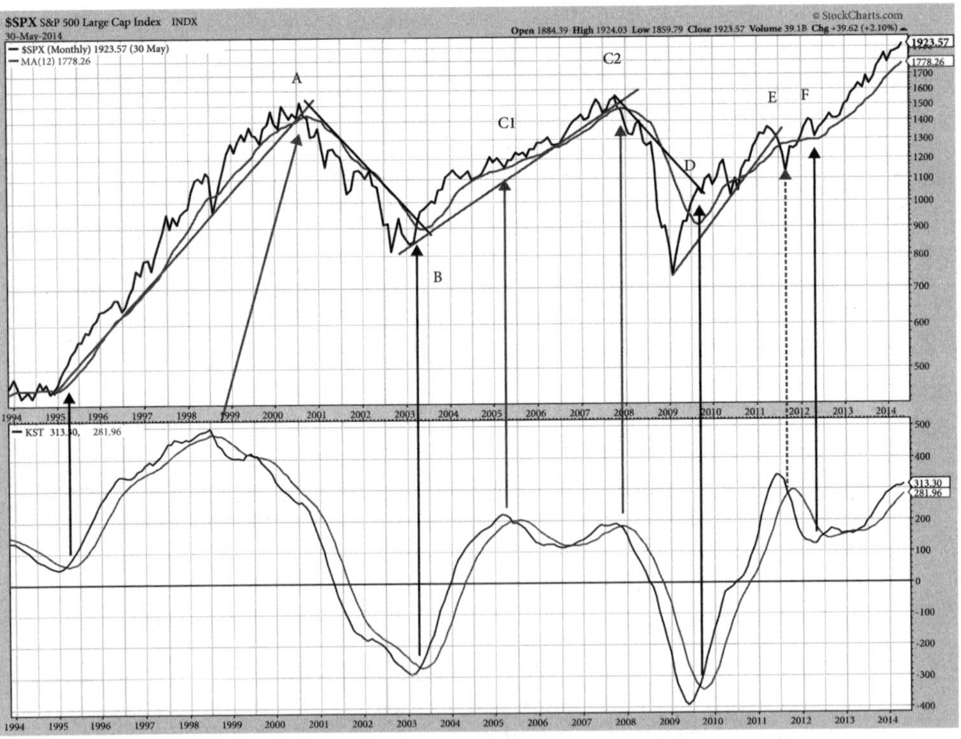

图 11–44　长期 KST 给出的买入和卖出信号（S&P ETF 1994—2014 年）

接下来的关键点位是在 B 点，KST 指标显示买入信号出现，价格熊市走势被突破，突破发生的时间点或早或晚。接下来出现的卖出点位置是 C1 点，但这里是假突破，并没有画出一条有意义的趋势线，此处的卖出信号从来没有得到确认。此外，价格也没有跌破 12 月移动平均线。但在 C2 点，情况就不一样了。KST 指标发生了向下逆转，指数走势也有效地突破了上涨趋势线。在 D 点位置，KST 指标再次显示了买入信号，指数也向上穿越移动平均线。不过，向下的趋势线真正发生逆转要等到几个月之后才出现。总是会出现一些让人感到疑惑的信号，那是因为市场的反转并不总是一蹴而就的，而是会经过反复震荡才确立的。还有一个卖出信号出现在 E 点位置，这个位置出现的信号也被趋势线突破和移动平均线穿越所确认。但此处的下跌行情持续时间并不长，很快就让位给新一波上涨走势。这也给了我们一个提醒，那就是，尽管大多数 KST 信号出现后，都会跟随一波值得信赖的走势，但没有哪种方法，在预测未来价格走势的幅度和时间跨度方面总是正确的。

特殊 K

当把短期、中期和长期趋势的 KST 指标合在一个指标上时，我们就可以创造出一个超级指标。具体的计算方法是将日周期 KST 公式加到以日周期数据为基础的中期和长期系列公式上。这是图 2–3 中虚线（短期趋势）的实际变动走势。同时，这也是长期 KST 指标的缓慢、详细发展路径与锯齿形态更明显的特殊 K 指标比较分析的方法。在理想的状态下，特殊 K 指标的高点和低点位置应该是与价格的牛市和熊市的转折点位置同时出现的，即使不是完全同步，那也是或早或晚的事，差别不大。现实状况也确实如此。当趋势发生逆转时，粗线会在现实走势完成之后，尽快在转折点对此走势进行确认。上涨或下跌转折点位置的前期动能指标的警示作用依然有效。

特殊 K 指标的主要功能是确认主要趋势发生逆转时的点位。在实现这一目标的过程中，它同时还为我们确认短期信号是否有效提供佐证，这些短期信号包括 RSI 指标、随机指标或者日周期的 KST 指标。因为这些指标的计算都是短期数据，所以特殊 K 指标附加的好处就是确认短期趋势，并将短期趋势确认与长期趋势确认结合起来考虑。

如何运用特殊 K 指标确认牛市和熊市

1. 特殊 K 指标是一条曲线，反映的是占主导地位的长期 KST 指标走势，但是更加平滑一些，因为它还包含了反映短期和中期价格走势的数据。
2. 价格主要趋势的高峰和低谷位置经常与特殊 K 指标的高点和低点同时出现。当行情出现直线上涨或下跌趋势时，特殊 K 指标一般都会领先出现转折点和背离走势。图 11–45 中的箭头所指的位置就是 CRB 综合指数的部分转折点。

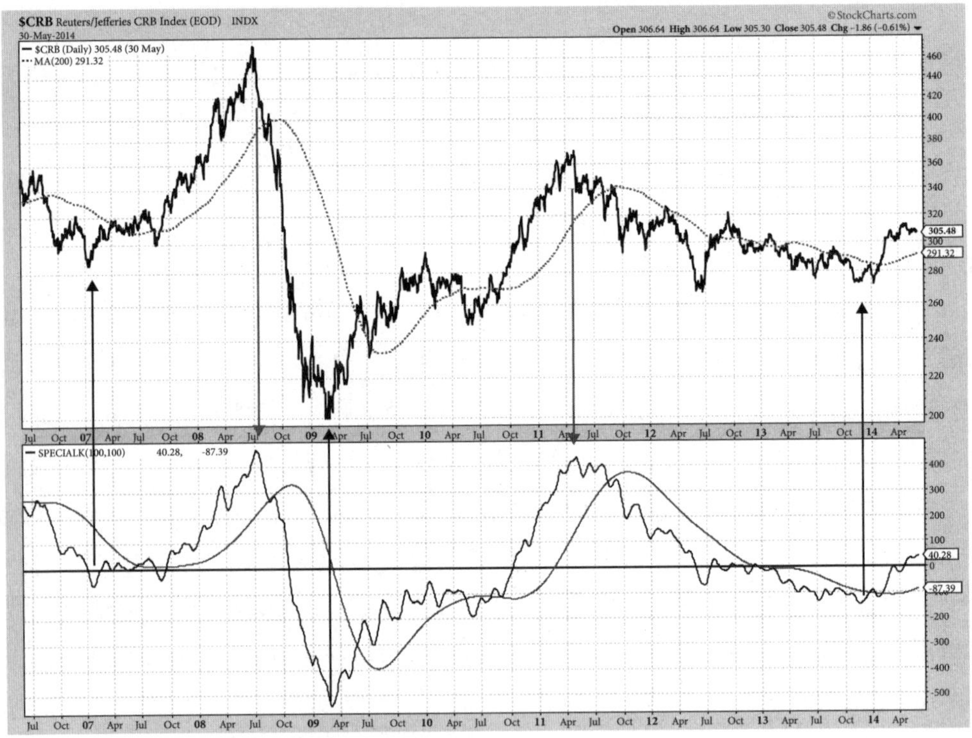

图 11–45　特殊 K 指标主要趋势逆转点（CRB 综合指数 2006—2014 年）

3. 指标本身可以构建趋势线。通常情况下，当特殊 K 指标的周期大于九个月时，主要趋势发生逆转的概率就非常高。不过，这样的逆转要是能够得到价格趋势的确认会更可信，信号作用会更明显。图 11–46 中，CRB 综合指数有几处特殊 K 指标趋势线被穿越时，都得到了价格走势的确认。

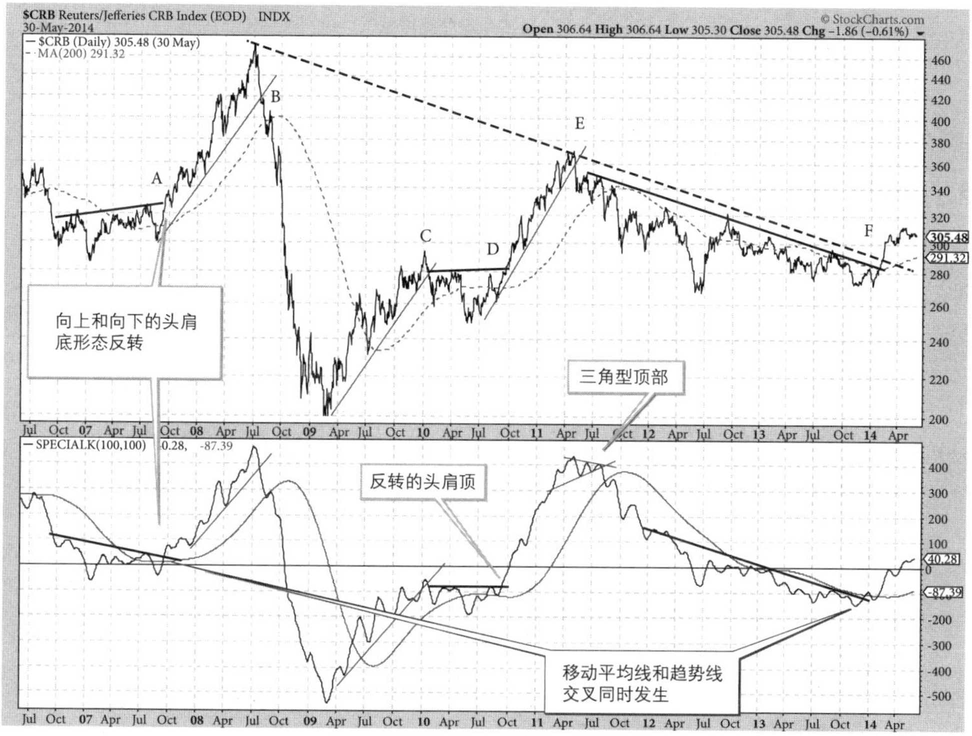

图 11–46　**特殊 K 指标反转确认**（CRB **综合指数** 2006—2014 **年**）

4. 我们注意到运用特殊 K 指标的数据构建的移动平均线同样可以确认主要趋势运行的方向。以 100 天的 SMA 为例，可以构建比较平滑的移动平均线。在 A 点位置，我们发现趋势线和移动平均线联合穿越特殊 K 线，这就是一个特别强的突破信号。这一突破也被价格所确认。注意到特殊 K 线本身也是从头肩底形态向上突破，与价格走势类似。唯一的区别就在于特殊 K 指标是向下的头肩底态势，而价格是向上的头肩底态势。在 B 点位置，趋势线的双重突破再次出现，随后在 C 点也出现了类似的突破。不过，C 点位置的下跌趋势并没有持续多长时间，在 D 点位置，新的买入信号出现，因为 D 点位置，价格形态完美，显示此处正是买入的机会。在 E 点位置，特殊 K 指标完成了一个对称三角形走势，并再次得到价格趋势线突破的确认。最后，在 F 点位置，我们发现特殊 K 指标和移动平均线再次联合突破，而且得到了价格走势突破的确认。

运用特殊 K 指标确认短期的买入和卖出信号

最终，我们可以用移动平均线作为信号线，用特殊 K 指标确认主要趋势是牛市还是熊市，然后，根据短期指标决定如何交易，但这只是从潜在趋势信号的角度出发来考虑的。图 11–47 以明晟全球股票 ETF 为例向我们展示了这一信号的作用。在两个灰色的长方形区域，真实的价格趋势已经发生反转，但系统却并未提示，因为特殊 K 指标和移动平均线都没有给出信号。箭头表明特殊 K 指标信号滞后。虚线箭头表示在熊市里的卖出信号，实线箭头表示在牛市里的买入信号。触发机制是 KST 反转。因此，当 KST 从低位，或者是在稍高于 0 点位置反转时，就是牛市买入的信号；相反，则是熊市卖出的信号。很显然，这一系统不能很好地利用主要趋势发生反转时引发的大行情。不过，考虑到它在牛市和熊市趋势中的作用，这一指标保持着较高的连贯性特征。

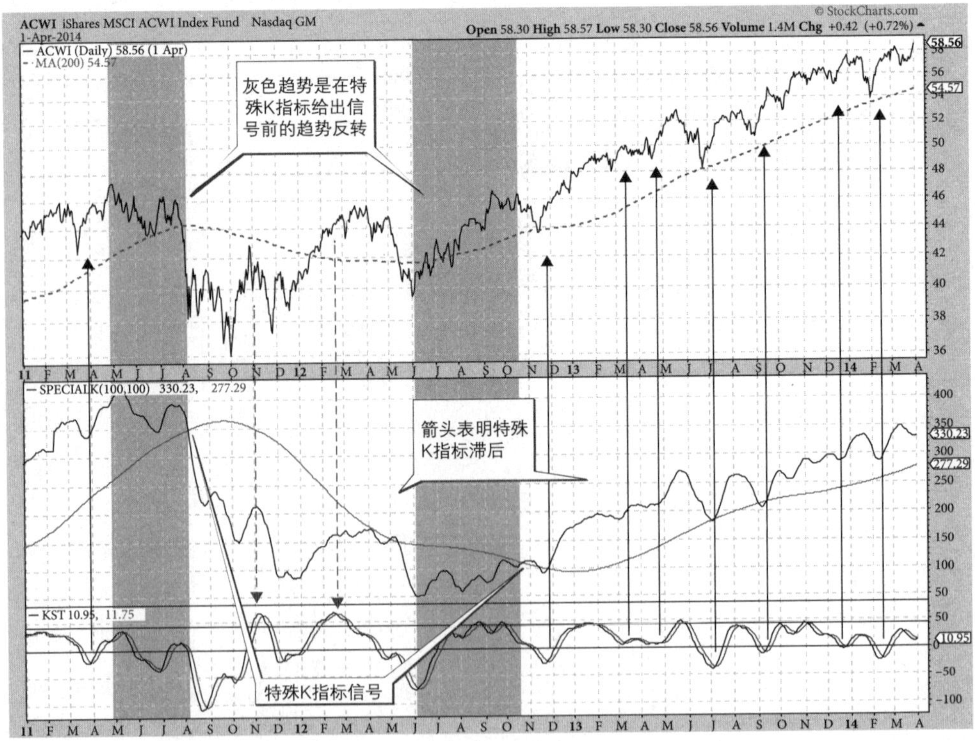

图 11–47 运用特殊 K 指标寻找短期买入卖出点（明晟全球股票 ETF 2011—2014 年）

小结

1. 变动率是最简单的衡量价格趋势加速或减速的概念。
2. 可以计算任何时间跨度的变动率，而且在计算这些变动率时，前面我们所学的各项技术分析原则都有效，特别是趋势线和价格形态构建原则。
3. 变动率原则最大的不足是不能提供准确的标准，从而不能服务于超买线和超卖线的构建。
4. 相对强弱指标是一个取值范围从最小 0 到最大 100 之间波动的区间。
5. 相对强弱指标的优势在于超买 / 超卖分析和背离分析。在运用相对强弱指标时，趋势线突破和价格形态完成同样也是非常有效的技术工具。
6. MACD 是反映两条移动平均线关系的指标。
7. MACD 的运用最后能够结合信号线、趋势线突破和背离分析。以月度数据构建的 MACD 指标更适合分析信号线穿越，比其他时间框架数据更有效。
8. 随机分析方法假定当趋势即将结束时，在上涨的行情中，价格将会比一般的交易时段更高，而在下跌的行情中，价格比一般的交易时段会更低。
9. 随机指标包含两条线：反应较快的 K% 线，反应较慢的 D% 线。
10. 随机指标有助于我们确认交叉、失败和背离行情。
11. KST 是一个平滑指标，时间跨度为短期、中期和长期都可以。
12. 解释其他动能指标的分析工具都适用于 KST 指标解读。
13. 特殊 K 指标监控的是长期趋势，通常与价格走势一起确认行情的高峰和低谷。当然，它也可以作为滞后指标来确定短期的买入、卖出信号。

第 12 章

如何通过 K 线图提高盈利

K 线图来源于几个世纪前的日本，后来才被西方国家看作技术分析的必备工具。现在这一技术变得非常流行，交易员尤其偏好这一分析工具。由于各种各样的 K 线图反映的都是短期现象，它们的预测能力自然也都是短期走势——以日 K 线图为例，它们的分析周期很少会超过 10 天，如果是以小时为分析周期，时间跨度也不超过 10 个小时，以此类推。

构建 K 线图的基本原理

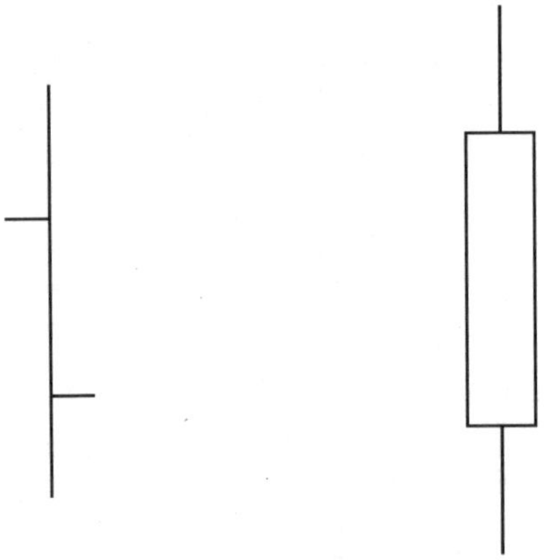

图 12–1　K 线图与高开低收的柱状图

K 线图上显示出来的信息与柱状图完全一样（如图 12–1）。这两种图形上都包括开盘价、最高价、最低价和收盘价。这四种价格在 K 线图上都有特定的表达方式，且都有很强的解释能力。由于它们在短期内展示的信息丰富，因此非常适用于交易目的分析。同时，由于受 K 线图的宽度限制，很多数据不方便标注，这使得 K 线图并不适合长期分析。

柱状图在处理开盘价、收盘价、最高价和最低价时相对比较均衡。

> 重要的技术分析原则：K 线图方法格外重视开盘价和收盘价。

K 线图的支持者认为，在每一个交易日，投资者准备交易时，都能够从 K 线图中找到他们特别在意的信息。开盘价和收盘价构成了一个长方形，如图 12–2 所示。

长方形的上边界代表开盘价和收盘价的较高者，而下边界代表两者中的较低者。例如，收盘价为 10 美元，开盘价为 9.5 美元时，长方形的下边界就代表 9.5 美元，上边界就代表 10 美元。你可能会问："我怎么知道哪个是开盘价，哪个是收盘价？"答案就在长方形的颜色会有所不同。如果长方形是空白或者空心，如图 12–2 的左边图，这就意味着开盘价比收盘价要低，下边界是开盘价，上边界是收盘价。还有一种情况就是长方形是黑色或者实心，就意味着开盘价比收盘价要高，开盘价位于长方形上边界，而收盘价位于长方形下边界。通常情况下，我们都希望看到价格能够上涨，所以黑色或者实心的 K 线图代表市场下跌，或者熊市走势。在技术分析术语中，这些长方形被称为实体。

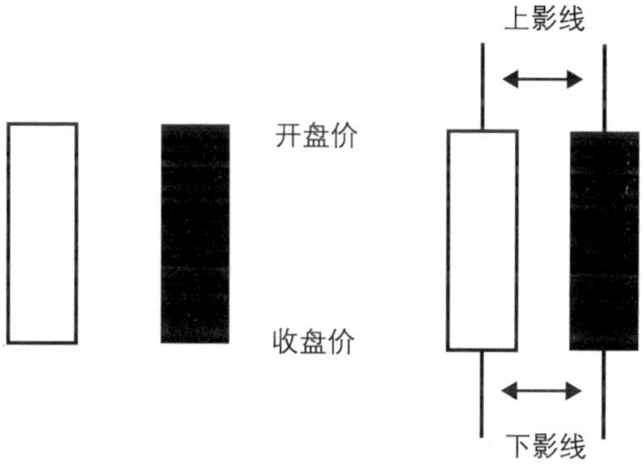

图 12–2 K 线图上的开盘价、最高价、最低价与收盘价

当我第一次看到 K 线图时，很快就推断出日数据的 K 线图中，黑色图形代表下跌行情，白色图形代表上涨行情。当然，这不一定准确，因为今天的黑色 K 线图收盘价有可能比前一天黑色 K 线图收盘价还高，甚至还比前一天的最高价都要高。黑色的 K 线图只是表示当天的收盘价比当天的开盘价低，白色的 K 线图也只是表示当天的收盘价比当天的开盘价高。但一天中的最高价和最低价又如何表示呢？这就是我们在图形上看到的长方形实体上面或下面比较纤细的影线。实体上面的影线称为上影线，实体下面的影响称为下影线。有时候，我们也称它们为上下灯芯线。

由开盘价、收盘价、最高价和最低价四个价格组成的 K 线图存在各种各样的变异。图 12–3 和图 12–4 向我们展示了一些具有代表性的 K 线图。如果开盘价和收盘价相同，那么 K 线图的实体部分就是一条水平线，如果最高价和最低价都不相同，那么这样的 K 线图就是标准的十字线。对这些 K 线图的解读要结合它们所处的市场环境，但从根本上来说，由于开盘价和收盘价完全一样，或者非常接近，这本身就反映出买卖双方之间力量的均衡。开盘价和收盘价都集中在顶部位置（伞形）或者底部位置（射星形），这两个形态都有可能出现。在这些形态里，实体部分的形状更像是正方形而不是长方形。下跌行情之后出现的伞形往往意味着牛市信号，上涨行情之后出现的伞形往往意味着熊市信号。如果这些形态都是出现在箱体里面震荡，那它们就没有什么重要的意义。

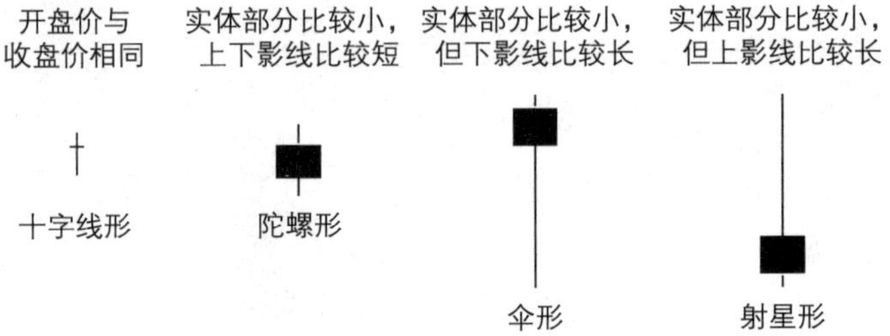

图 12–3 实体部分比较小的 K 线图

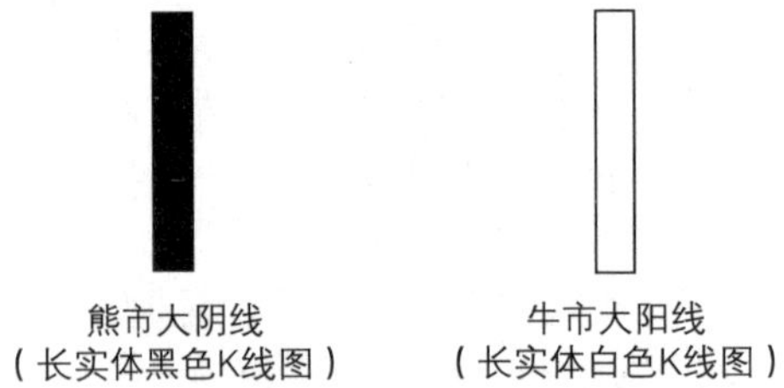

图 12–4 长实体的 K 线图

最后，当 K 线图的交易范围非常小时，实体距离很短，我们称之为陀螺形。这种形态的 K 线图上下影线比实体部分要长。但确定为陀螺型的主要因素并不是上下影线，而是 K 线图的实体部分规模。如果价格走势是在箱体内震荡，这样的 K 线图形态参考意义不大，但如果是出现在其他价格形态走势中，它们就有比较大的价值和意义，后面我们会具体分析一些比较重要的价格形态。

如果实体部分包括 K 线图的最高点和最低点，那说明这样的 K 线图中就没有上下影线，如图 12–4 所示。这些 K 线图被我们俗称为多头阳线和空头阴线。为了确认多头阴线走势，开盘价和收盘价之间的距离要相对较大，这里的相对，指的是相对前一个交易日的 K 线图而言。多头阳线一般预示着牛市走势，空头阴线一般预示着熊市走势。本章中，图 12–2 和图 12–3 向我们展示了多头阳线和空头阴线的形态走势。

一些极端形态的 K 线图有很强的预测能力，并有属于它们的专有特征，就好比我们前面分析过的柱状图中的外包日、关键反转日等。正如柱状图中的很多棒能够形成不同的价格走势趋势，我们在随后的分析中也会发现 K 线图形成的很多走势图。两者之间最大的区别是 K 线图往往都是短期趋势，所以只需要很短的时间周期就可以完成这些形态。想要了解多头形态走势的形成，只需要结合前期的 K 线图走势来分析。例如，在一个波动比较剧烈的时期内，K 线图的波动幅度会比较大，多头的走势就比较难形成，如果走势比较明确，多头形态就比较容易形成。多头 K 线图的实体上下边界代表着潜在的压力位和支撑位，偶尔上下影线也承载着这一功能。由于一些术语对你来说可能比较新奇，所以我还是先对它们做一个简单的介绍：

1. 当收盘价远高于开盘价时，就是大阳线；
2. 当收盘价远低于开盘价时，就是大阴线；
3. 收盘价与开盘价基本相当时，就是十字形；
4. 实体部分很窄且接近 K 线上影线，就是伞形；
5. 实体部分比较小，上下影线的距离超过实体部分，就是陀螺型。

我们已经介绍完最基本的概念，现在我们可以回顾一些独立的走势图。受篇幅限制，我们不可能介绍所有的潜在形态和技术。

锤头线和上吊线

锤头线（图 12–5）和上吊线（图 12–6）都是单根 K 线上呈现出来的反转态势。这两种线本身都是伞形 K 线图，它们的名字源于它们在趋势中所处的位置。锤头线是在价格下跌之后形成的，而上吊线则是在价格上涨之后形成的。之所以叫锤头线，是因为大家都觉得底部是用锤子锤出来的。不管是锤头线还是上吊线，它们的走势都是开盘后，价格快速下跌，但收盘的时候，价格又快速回升，收在最高位或者接近最高

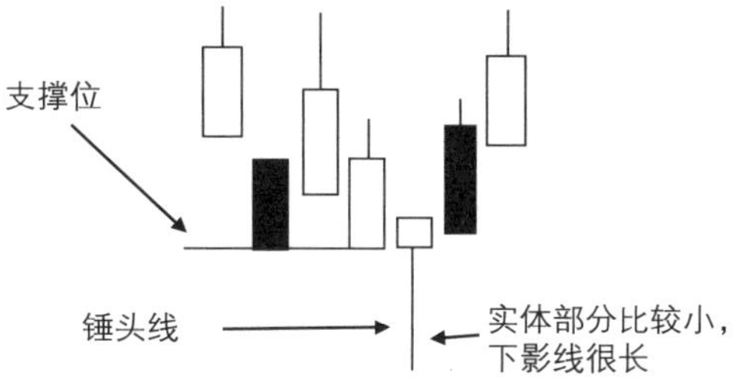

图 12–5 锤头线

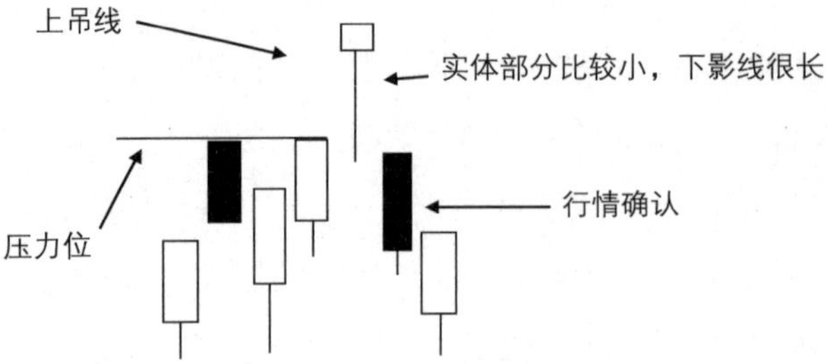

图 12–6　上吊线

位的地方。一般说来，影线的长度至少是实体部分的两倍，甚至更多。

对锤头线来说，快速下跌意味着做空力量彻底释放，收盘能够收在最高位置本身就表明做空力量释放完毕。上吊线则是在一波反弹行情之后出现的。从比喻的角度来看，上吊线的实体部分就好像人的头，下影线就好像上吊人的腿。当行情经过长时间的上涨之后，我们就应该慎重对待出现的上吊线，特别是当上吊线的影线位于前期箱体之上时，就形成了西方技术分析中所谓的“缺口”现象。在日本技术分析中，这个现象被称为“窗口”。不管是锤头线还是上吊线，它们实体部分的颜色其实并不重要，价格变动才是最关键的地方。本章后面的图 12–6 和图 12–7 将会向我们展示两类 K 线图的具体演变。这些形态的具体分析将会出现在“市场案例”那一节。

乌云盖顶和刺穿线

众所周知，乌云盖顶意味着暴风雨即将来到。K 线图上所说的乌云盖顶（见图 12–7）有着相同的含义，只不过即将来临的是价格下跌。这种形态是由两根 K 线组成的。第一根 K 线是实体大阳线，第二根 K 线是实体大阴线，且大阴线的收盘价位于第一根大阳线的一半位置以下。还有一点也很重要，那就是第二根大阴线的开盘价位于第一根大阳线的收盘价之上。你甚至可以肯定地说，第二根大阴线的实体上边界比第一根大阳线的上影线顶端位置都要高。通常来说，第二根大阴线的实体部分收盘价越低，熊市形态

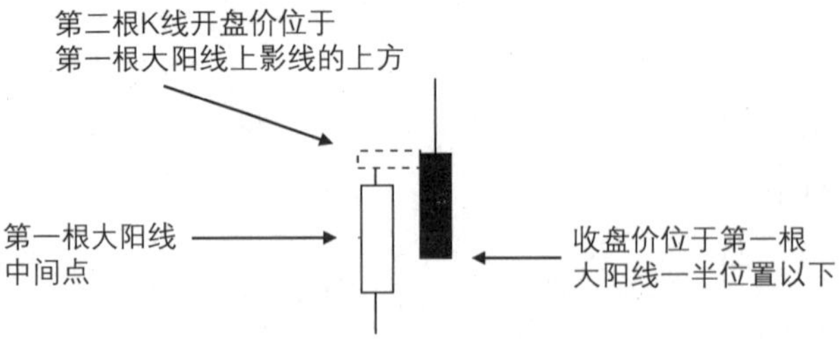

图 12–7　乌云盖顶

就越明显，实体部分越大，信号作用就越强劲。

刺穿线一般出现在市场底部位置，它的运行正好与乌云盖顶完全相反。正是因为这个原因，我们可以用晴朗的天空来形容刺穿线。在图 12–8 中，第一根 K 线是实体大阴线，第二根 K 线是大阳线，大阳线的收盘价位于第一根 K 线的中间点以上。跟前面的乌云盖顶形态类似，刺穿线形态中，第二根 K 线的开盘价与第一根 K 线的收盘价之间存在缺口，意味着第二根 K 线是低开高走。此外，第二根 K 线的收盘价应该在第一根 K 线实体部分中间点以上的位置，位置越高，积极意义越突出。自然而然，第二根 K 线的成交量越大，说明买方的热情越高涨，意味着行情越受欢迎。本章中图 12–24 将向我们详细展示这一价格形态。

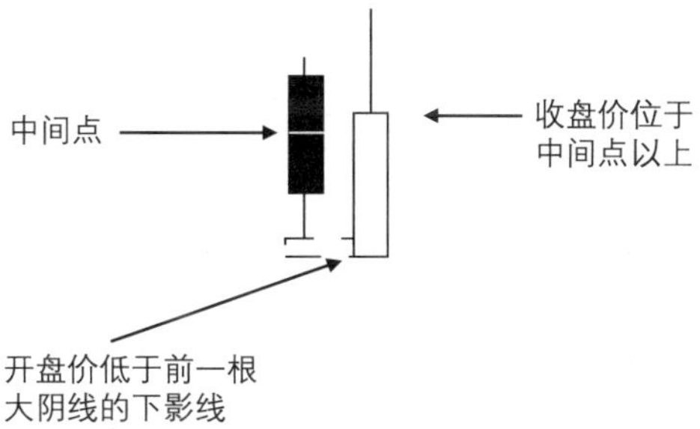

图 12–8　刺穿线

吞没形态

吞没形态是由两根 K 线构成的形态，如图 12–9 和图 12–10 所示。熊市吞没形态一般出现在一波反弹行情之后，如图 12–9。第一根 K 线是长实体阳线，紧接着的第二根 K 线实体上下两端都比前一根阳线的实体距离长，是一根实体距离更大的阴线。第二根大阴线的开盘价比前一根大阳线的收盘价要更高，第二根大阴线的收盘价比前一根大阳线的开盘价要更低。所以，第二根大阴线的实体部分完全吞没了第一根大阳线的实体部分。需要重点强调的是，这两根 K 线的上下影线都很短，甚至没有。

牛市吞没形态与熊市吞没形态正好完全相反，如图 12–10 所示。这种形态一般出现在下跌行情的末期，在一根实体大阴线之后，出现了一根实体距离大于前一根大阴线实体距离的大阳线，第二根大阳线的实体部分完全吞没第一根大阴线的实体部分。第二根实体大阳线有着很强的心理暗示作用。在图 12–9 形态中，第二根 K

线的开盘价位于第一根K线收盘价之上，意味着投资者希望上涨的行情能够持续下去。然而，在随后的交易时间里，牛市情绪逐渐消失，交易价格回落到前一个交易日开盘价的下方。而在牛市吞没形态中，背后的心理活动正好相反。第二根K线的开盘价低于前一日的收盘价，意味着投资者预期下跌的行情还会继续。然而，第二根K线却实现了反转行情，价格不断走高，完全超过前一根大阴线的开盘价。因此，第二根K线在动能上的反转意义非常重要，是市场情绪发生反转的重要信号。综上，我们可以得出：

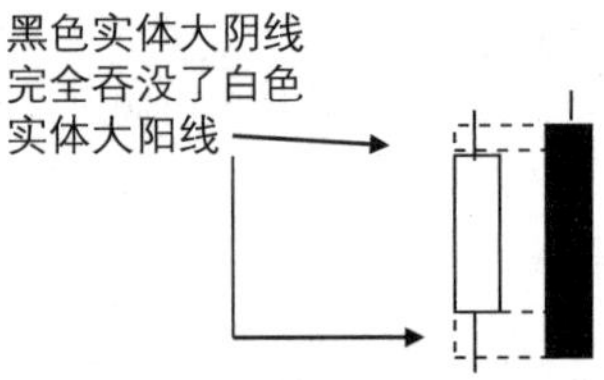

图 12–9　熊市吞没形态

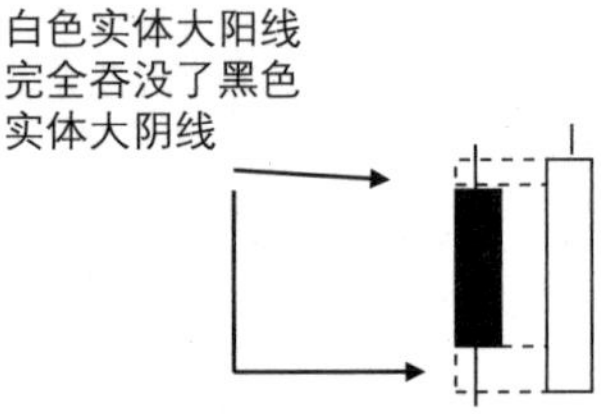

图 12–10　熊市吞没形态

重要的技术分析原则：K线反转之前的趋势运行得越长久，其信号作用就越明显。

例如，短暂价格下跌之后出现的牛市吞没形态，一般说来，其重要意义就没有长期价格下跌之后出现的牛市吞没形态那么明显。注意，我在这里用的是一般说来，因为凡事都有例外。技术分析都是讲概率的，没有绝对的事情。

图 12–25 将会向我们展示宝洁公司价格走势中出现的牛市吞没形态和熊市吞没形态。

星型

星型是长实体和陀螺型的结合体，主要有四种形态：早晨之星、黄昏之星、十字星和射星。让我们先从早晨之星开始分析。早晨之星（见图 12–11）意味着希望之星，是牛市行情来临的征兆。这种价格形态是由两根长实体K线中间夹杂一根陀螺型K线组成的。真正的星型是夹在中间的陀螺型K线，如图 12–11 所示，你会发现中间的陀螺型与前后的两个大实体 K 线都存在缺口。在图中，陀螺型 K 线的实体上边界与前后两根 K 线实体的下边界都有一段缺口，在有些形态中，陀螺型 K 线的上影线可能还会与前后两个 K 线的实体下边界重叠。但在本图中，陀螺型 K 线的实体部分与前一根 K 线完全没有任何交集。第一根实体 K 线是一根黑色 K 线，预示着未来趋势发展的方向。第二根 K 线的实体部分颜色非常重要。如果是牛市趋势，那么第二根 K 线的实体部分一定是白色。而且第二根实体大阳线的收盘价应该位于第一根实体大阴线中间点位置以上，这意味着市场情绪从熊市转向牛市。如果收盘价位于中间点位置以下，说明市场牛市情绪比较弱，牛市情绪彻底反转的信号并不是很强。第二根实体大阳线对应的成交量放大并不是行情发生反转的必要条件，当然，如果成交量出现放量情形，信号作用会增强，趋势发生有效反转的概率会大大提高。

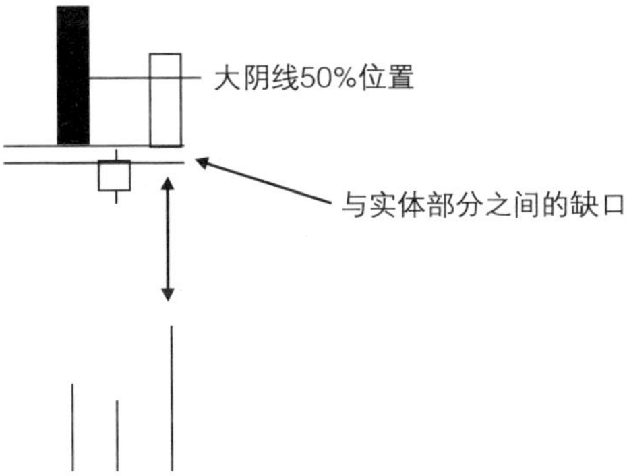

图 12–11　早晨之星

黄昏之星（见图 12–12）意味着上升趋势的终结，是早晨之星的相反形态。它同样是由三根 K 线构成，第一根 K 线是长实体白色 K 线，中间是陀螺型 K 线，第三根是长实体黑色 K 线。中间陀螺型 K 线的实体部分与前后两根 K 线的实体部分不会出现重叠。最后，第三根 K 线的收盘价应该位于第一根 K 线实体部分的中间点以下（水平线位置）。

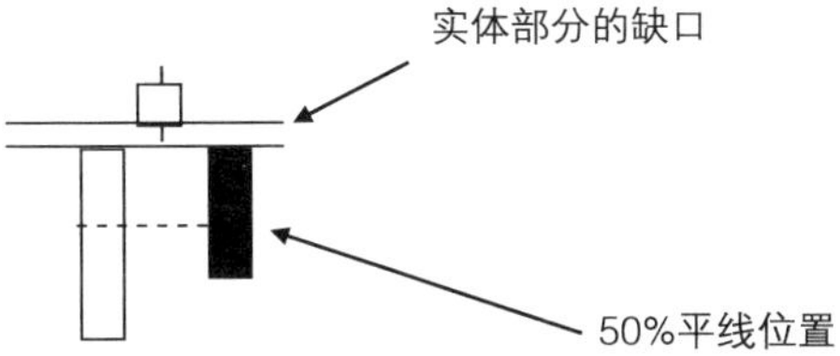

图 12–12　黄昏之星

技术分析师通常都喜欢看到星型形态的确认。如果是在顶部，必定要出现长实体黑色 K 线。如果紧跟在顶部黄昏之星形态之后的是长实体白色 K 线，那么这个黄昏之星形态失败的概率就会上升。

十字星（见图 12–13）是由一根长实体阳线以及随之而来的小十字星形态构成

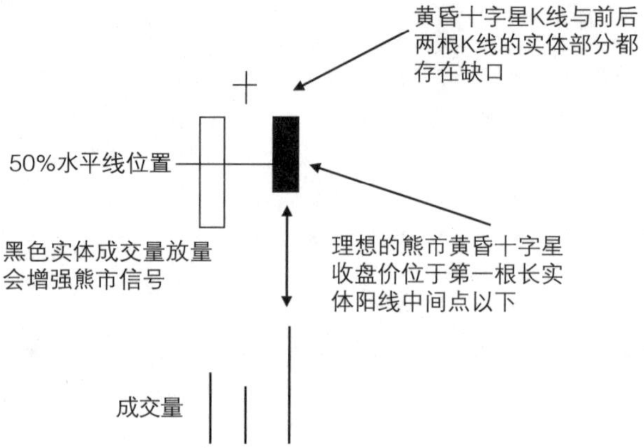

图 12–13　**熊市黄昏十字星形态**

的。你肯定还能够回想起，十字星形态是开盘价和收盘价基本相等的 K 线图。十字星意味着趋势即将发生反转，信号作用明显。具体趋势将会发生什么样的反转，要看之前的趋势和长实体部分的颜色。换句话说，如果之前的趋势是上涨行情，那十字星形态的第一根 K 线应该是白色实体阳线，如图 12–13 所示。如果之前的趋势是下跌行情，那十字星形态的第一格 K 线应该是黑色实体阴线，如图 12–14 所示。十字星 K 线与前面第一根 K 线实体之间存在缺口。我们还应该注意到十字星 K 线本身的上下振幅非常窄。

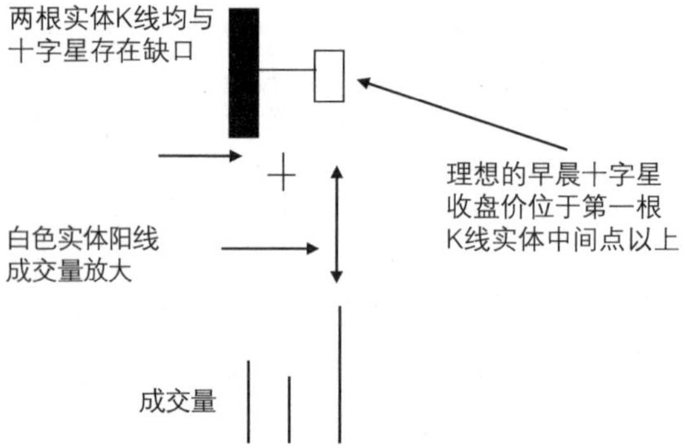

图 12–14　**牛市早晨十字星形态**

事实上，从第一根 K 线中，我们可以发现市场情绪很强劲，但随之而来的十字星 K 线却没有对前一日的市场情绪起到助力或者加强的作用，因为十字星 K 线表明，不管是买方还是卖方都没有能力将价格推向有利于自己的方向前进。但第三根 K 线却给出了方向，特别是在巨额成交量的支持下，当第三根 K 线的收盘价超过第一根 K 线实体部分中间点时，趋势就明确了。

我们都知道，市场是所有参与者行动的最终反映，每个参与者的想法也是经常发生变化的。这就意味着有时候 K 线图分析并不起“作用”。例如，在熊市十字星形态中，如果第三根 K 线是一条白色实体阳线，且跟十字星 K 线存在跳空高开缺口，这意味着市场情绪并没有从牛市转向熊市，而且原来的熊市十字星形态也不复存在（见图 12–15）。同样地，如果在早晨之星形态中，第三根 K 线是实体大阴线，且价格还存在跳空低开缺口，那说明原来的牛市趋势预期也发生了改变。

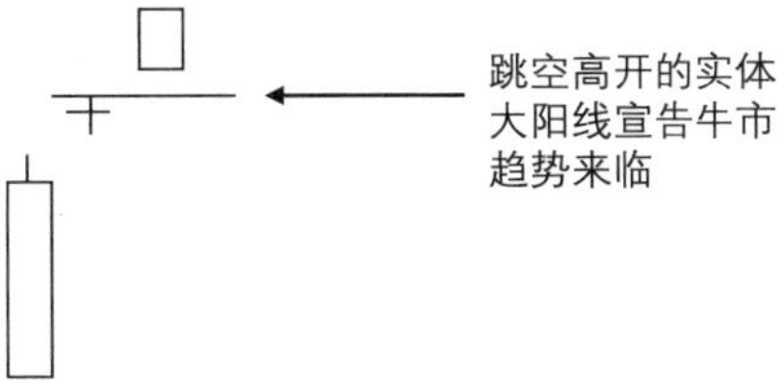

图 12–15　终结熊市黄昏之星的 K 线图

最后，我们来看看射星形态（见图 12–16）。这是短期头部的形态走势，在经过一波上涨行情之后，价格出现小幅向上跳空高开，但留下长长的上影线之后，收盘的价格与开盘价相比涨幅并不大，射星实体部分比较窄。从某种意义上来说，射星是上吊线的反转形态。射星的颜色是黑是白并不重要，缺口会强化这条 K 线的重要性。射星表明开盘价和收盘价都靠近最低价位置，反弹曾经很大，但最终上攻无效，让人印象深刻。不过，反弹最终失败，收盘价落在开盘价附近或其他地方，取决于实体部分的颜色是黑色还是白色。让人遗憾的是，射星出现的最高价无法维持，意味着所有在这个位置进去的投资者，收盘的时候，都面临亏损。

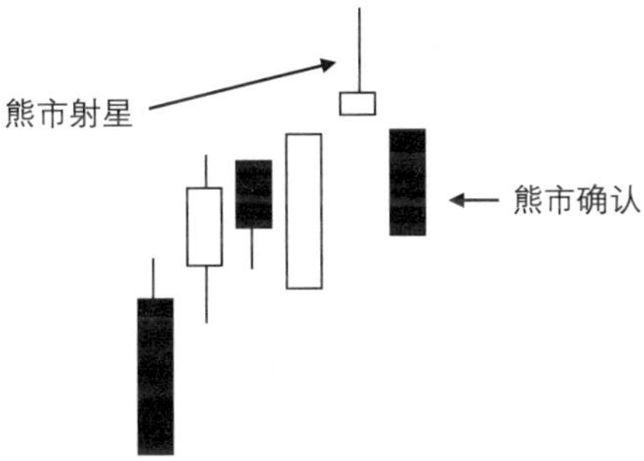

图 12–16　熊市射星

当经过一波下跌行情之后出现射星时，是我们熟知的倒锤头型 K 线，因为这个形态看上去很像一把倒过来的锤子。这颗射星的形成与前面的分析是类似的，只不过它是在一系列下跌行情之后出现的，意味着牛市上涨趋势来临（见图 12–17）。这里的关键还是短实体部分与上影线的比较分析。倒锤头 K 线的颜色并不重要。如果是牛市倒锤头 K 线，随后的走势一定会出现确认信号。接下来的 K 线可能是跳空高开的长实体白色 K 线。一般说来，跳空高开的幅度越大，确认信号作用就越明显。如果这根 K 线真的是一条长实体白色 K 线，

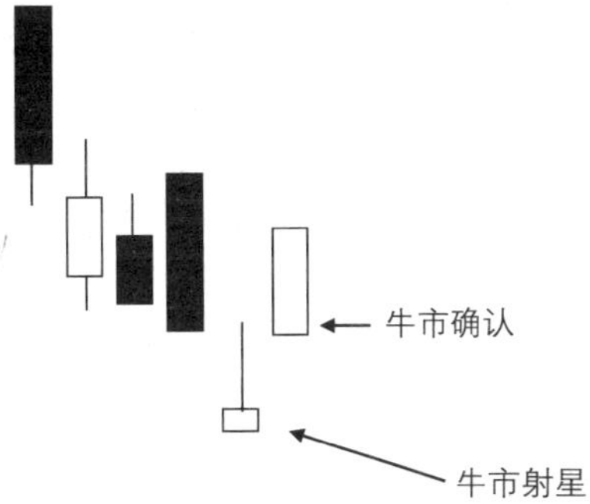

图 12–17　牛市射星

那说明确认有效。通常情况下，价格在倒锤头型实体上边界运行的时间越久，底部形态确认的概率就越大。从表面上来看，倒锤头型是熊市走势，因为反弹不能持续，价格上涨之后又回落，收盘的位置比较低，所以确认很重要。很显然，很多投资者在看到这个形态之后，都会选择做空。因此，如果有一天行情反转得到确认，价格跳空高开并持续反弹，行情的演绎就不会像之前空头所预测的那样进行，它们会改变立场，由空翻多，加入多头部队，进一步推动行情上涨。倒锤头行情演变为牛市走势的情况并不是很常见，更多的还是反弹失败的熊市走势。

在后面的案例分析中，我们将会在图 12–24 中分析微软公司 K 线图，图 12–26 中分析道琼斯 ETFK 线图，图 12–27 中分析俄罗斯 ETFK 线图走势。

孕线

孕线是由两根 K 线组成（图 12–18）。第二根 K 线完全被第一根 K 线所包裹。孕线来自日本的古老谚语，表示怀孕的意思，第二根 K 线就好像一个怀孕女人子宫里面的孩子。孕线与前文所介绍的吞没形态完全相反，唯一相同的地方是两根 K 线的颜色正好相反，但吞没形态中第二根 K 线的幅度要宽于第一根 K 线，而在孕线形态中，第一根 K 线就完成了吞没形态构建，而不是第二根 K 线。对于孕线来说，两根 K 线颜色不同尽管并不是前置条件，但还是非常有利的。不过，对经历了一波上涨的行情来说（从信号的可靠性视角分析），出现两根黑色 K 线会更让人放心。在经历一波下跌行情之后，出现两根白色 K 线会更有意义，如图 12–19 所示。

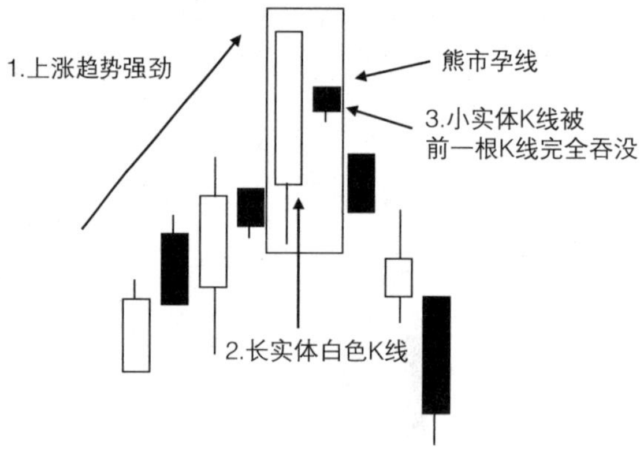

图 12–18　熊市孕线

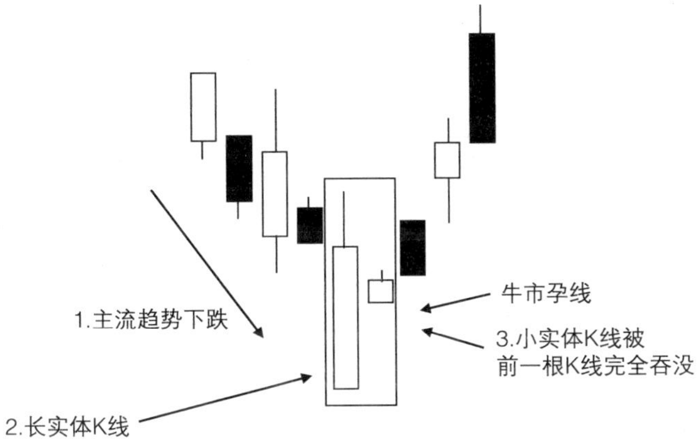

图 12–19 牛市孕线

正常情况下，孕线与西方技术分析中的内侧棒一样，只不过内侧棒将会完全包裹在前一个趋势的箱体震荡范围内。**对孕线来说，其 K 线实体部分一定包裹在前一根 K 线范围内**。

一条基本的原则就是第二根 K 线的实体部分与第一根 K 线实体部分相比，第二根 K 线实体部分越小，形态就越有效。这是因为第二根 K 线反映出的投资者心态与第一根 K 线相比出现了非常明显的改变。因此，孕线形态中的第二根 K 线表明没有投资者紧跟第一根 K 线的方向前行，买卖双方的意见趋向一致，只有新的力量加入才会发生趋势反转。这样的话，两根 K 线实体部分对比就显得更明显。在下跌的行情中，如果前面都是一系列实体大阴线，突然出现一根被包裹的且振幅很窄的十字星 K 线，就意味着行情即将发生反转，信号作用明显。这表明，在前期下跌的行情中，空方占据着控制位置，但在孕线形态中第二根 K 线结束的时候，买卖双方进入了总体均衡的状态。

如果第二根 K 线是十字星 K 线，我们称这样的形态为孕线十字星。图 12–20 是一个牛市形态的案例。因为十字星形态与前面的 K 线形态有非常明显的不同，所以通常情况下，孕线十字星要比普通的孕线形态更有说服力。同时，由于十字星 K 线意味着开盘价和收盘价基本相当，说明买卖双方都犹豫不决，行情处于纠结震荡中，这与前期卖方占据控制地位的走势完全不同。尽管上下影线会扩大震荡幅度，但孕线的一个必要特征是第二根 K 线的实体部分与前一根 K 线的实体部分相比，

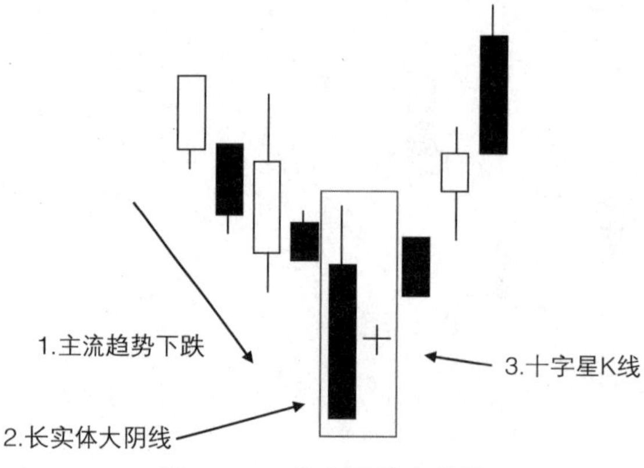

图 12–20　牛市孕线十字星

幅度显著缩减。

总的来说，如果是在反弹行情下，在一根大实体阳线之后出现的孕线形态或孕线十字星形态是趋势震荡整理的信号，而不是反弹趋势继续前行的信号。与此相反，长期下跌行情之后，在底部位置出现孕线，特别是前一根K线是实体大阳线时，就意味着接下来的行情很可能不是下跌而是震荡整理和巩固。

另一方面，在上涨行情中，如果第二根K线在第一根K线实体部分下边界附近震荡，孕线呈反转形态的概率就增加许多。在下跌趋势中，如果第二根K线是在第一根K线实体上边界附近收盘，说明犹豫不决的行情将会被买方终结，市场上涨的概率提升。

孕线是很普通的价格形态，与吞没形态一样，值得信赖的程度并不是很高。不过，如果孕线形态中的第二根K线完全包裹在第一根K线里，包括上下影线都包裹在内的话，这个信号作用还是很有效的。

本章后面会在图12–24中对这一形态做更深入的分析和解读。

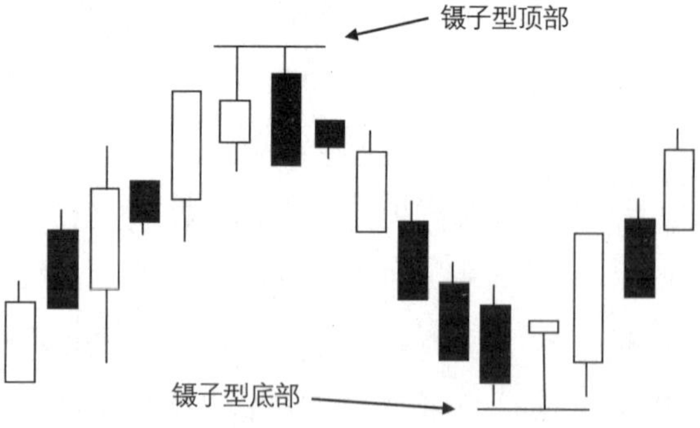

图 12–21　镊子型顶部与底部

镊子型顶部与底部

如果你将手里的镊子拿起来观察，就会发现镊子的两个脚处于完全相同的水平。这一点与镊子型顶部形态相似（见图12–21），两根K线的上影线最高点处于相同的位置。事实上，镊子型顶部可能不止两根 K 线，它可以包括多根 K 线，只要它们的最高点位置一样就行。不要误解我们所说的最高点，这里所说的最高点，既可以是实体上边界，也可以是上影线，还有可能是开盘价。这是短期熊市的走势，因为第一根 K 线的最高价就是压力位，当第二根 K 线不能突破这一最高点时，这里的顶部位置就确立了，它表明向上的动能衰竭。在图 12–21 中，第二根 K 线还是吞没形态，这一点很重要，因为镊子形态在形成的过程中通常会包括其他形态的构成。

镊子底部形态的构成通常是经过一波下跌行情之后，出现了两根或多根最低价格位置完全一样的形态。这表明下跌动能的衰竭，因为这里的最低位置形成了强大的支撑位。在图 12–21 的右边部分，我们发现这几根 K 线的最低点基本处于完全相同的位置。

通常来说，镊子形态并不是非常明显的形态。当我们分析底部的支撑位或顶部的压力位时，镊子形态的重要性就体现出来了。例如，当正常的市场经过一段时间的上涨之后，市场显示出衰竭的态势要比价格缓慢震荡的上涨趋势来得更快。你可以试想一下，一个运动员跑完马拉松之后去跳高与慢跑一小段距离之后去跳高，前者的难度是不是要比后者高出许多倍。这与市场的走势类似。一种情况是价格快速上涨到某一个压力位，另一种情况是价格缓慢上涨到某一个压力位，如果两者的压力位（其他情况都相同）一样，那么前者的压力位作用更显著。

影响镊子形态作用的第二个因素是形态形成的自然特性。例如，在镊子型顶部形态中，如果第二根 K 线是上吊线，行情发生反转的信号就有两个，一个是镊子形态，另一个是上吊线。

本章后面的图 12–31 将会向我们详细分析镊子型顶部形态的形成。

腰带线

图 12–2 中就出现了腰带线，这是由单根长实体大阳线构成的，开盘价位于 K 线的底部，收盘价位于 K 线的顶部（白色实体 K 线）。收盘价并不一定要在最高点，但是实体部分越长，K 线的积极意义就越明显。同样地，如果图形中很长时间都没

有出现腰带线，这也是不正常的。因此，这样的结果依然值得我们重视，因为投资者非常相信他们对出现腰带线的市场运行发展方向的感觉，特别是与前期出现幅度较小的K线趋势相比，这种市场感觉会更强烈。设想一下，在闹哄哄的环境下，突然出现一声洪亮的喊叫。这个喊叫明显来自一位希望大家都能够听到他声音的人。因此，在一系列幅度很小的K线图之后出现的腰带线，其作用与我们刚才所说的喊叫声一样。这是单日行情态势，就好像说："大家都听我的，因为我会告诉大家，短期趋势已经发生改变。"

熊市腰带线正好相反，图12–2中也有这条线，开盘价就是当天的最高价，然后价格一直向下走，收盘价是当天的最低价（图中长实体黑色大阴线）。由于腰带线几乎没有上影线，或者非常短，所以有时候它们被称为白色或黑色光头线。当白色腰带线的收盘价在开盘价下面，或者黑色腰带线的收盘价在开盘价上面时，这些腰带线形态也会失效。

腰带线通常都是非常重要的K线，因为最高价和最低价偶尔会成为随后价格运行的压力位和支撑位。腰带线实体部分的中间点位置也应该重点关注，因为价格会围绕这个位置上下震荡。

市场案例分析

图12–22以黄金信托ETF为分析对象，向我们演示了一条强有力的穿刺线形态。当然，你也可以称这个形态为吞没形态，因为第二根长实体白色K线正好完全吞没了前一根K线的实体部分。你怎么称呼这个形态其实并不重要。你会发现这个形态的牛市信号非常强劲。价格在突破穿刺线低位之后，随之而来的三根K线呈现出十字星锤头状，对上涨形态做了进一步确认。

我将2013年10月末的价格形态界定为吞没形态，这个形态部分成立。不过，真实的熊市吞没形态应该出现在反弹行情顶部位置，由一根长白色实体K线和实体部分比前面白色K线更长的黑色K线构成，后面的黑色实体K线完全吞没前面的那根白色实体K线。在本例中，第一根K线是黑色实体，且实体部分比较短，尽管并不符合吞没形态的所有特征，但依然有效。最后，在 2014 年初，完成双底形态，在第二个底部位置，一根穿刺线低开高走，收盘价比前面那根 K 线的中间点位置还要高。

图 12–22　穿刺线与吞没形态（黄金信托 2013—2014 年）

图 12–23 以政府五年期债券为例，刻画了一系列腰带线，这些腰带线最后成为 K 线图上的压力位与支撑位。图形从 A 点位置由一根小型白色实体腰带线起步，在这个区域构建了行情的支撑位。B 点位置出现了另外一条腰带线，带有一根很短的上影线，成为 2013 年 11 月行情的支撑位。C 点位置看上去像是熊市腰带线，但随后的反弹证明这里并不是真正的压力位，反而成为反弹走势的支撑位。这也表明，技术分析并不是精准的科学活动，我们没法非常肯定地明确某个点位就一定是支撑位或压力位。最后，有两处位置比较低的熊市腰带线确实成为两波反弹行情的压力位，其中一条还带有上影线。

图 12–24 以微软公司股票走势为例，向我们展示了一系列由腰带线形成的支撑位或压力位。我们会发现，在 2013 年 12 月，下跌趋势被一根锤头线所阻止，然后出现了牛市吞没形态。随后的反弹行情在遭遇乌云盖顶之后开始下跌。这个乌云盖顶并不是很厉害，因为前面的反弹本身也不强劲，所以反转的压力不会很大。2014 年初出现的穿刺线很有代表性。这是因为两根 K 线都很有说服力，尤其是第二根大阳线，其白色实体部分很长。这个形态向市场释放出行情发生逆转的重要信号，市

场情绪发生了显著改变。

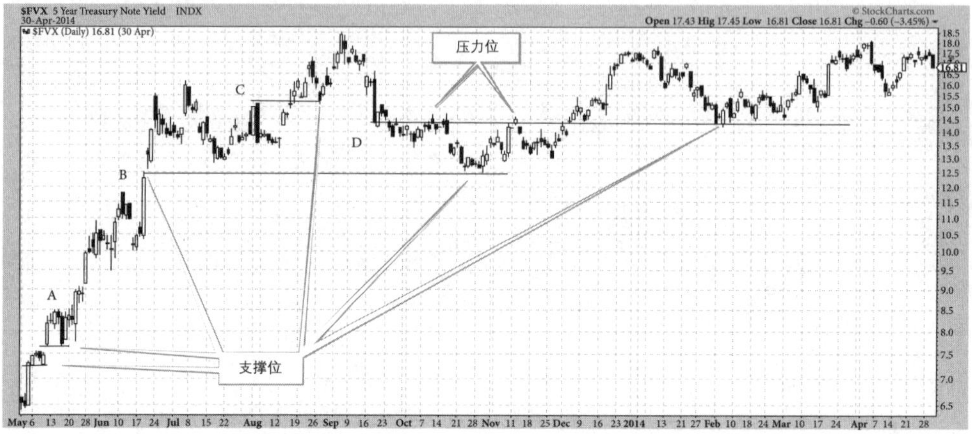

图 12–23　白色 K 线和黑色 K 线成为潜在的支撑位 / 压力位（政府五年期债券 2013—2014 年）

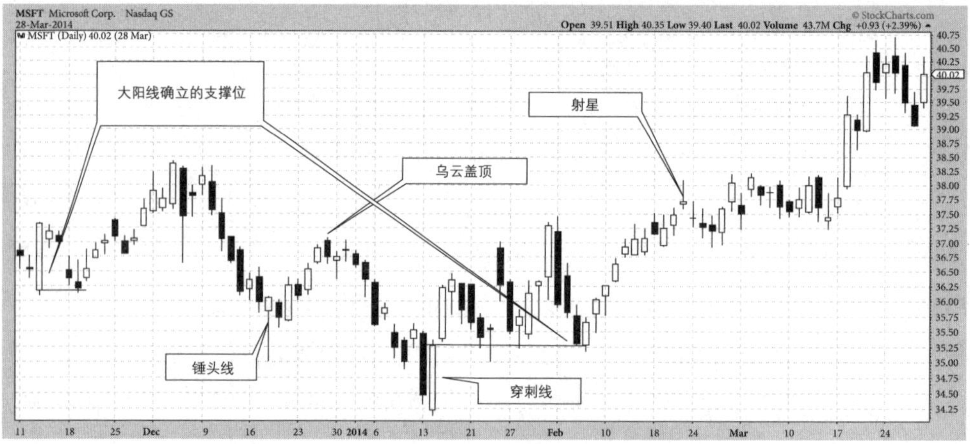

图 12–24　各类反转形态（微软 2013—2014 年）

最后，我们在 2014 年 2 月的时候看到了射星形态。这个形态并没有得到很好的确认，并不是那么让人感到意外，所以下跌走势也比预想的要短。

图 12–25 向我们展示了宝洁公司在 2013 年 5 月经历的熊市吞没形态走势。让人感到非常诧异的是，这个熊市吞没形态并没有带来大跌行情，反而只是一个震荡整理的走势。在 10 月的时候，还出现了牛市吞没形态。最后，在 11 月和 12 月，

顶部区域出现了两个上吊线的走势。

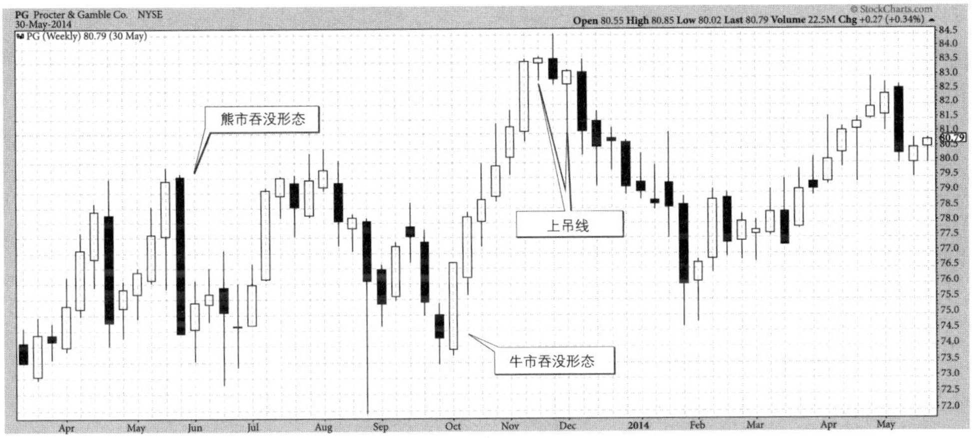

图 12–25　**各类反转形态（宝洁 2013—2014 年）**

图 12–26 上的道琼斯 ETF 有两颗星，一颗是十字星，另一颗是黄昏之星。比较讽刺的是，黄昏之星本来有非常强大的技术支撑，因为随后出现了黑色长实体阴线。然而，价格仅下跌了一天，随后就开始震荡走高。所以，不管技术形态看上去多么完美，我们也很难确保技术分析一定有效。

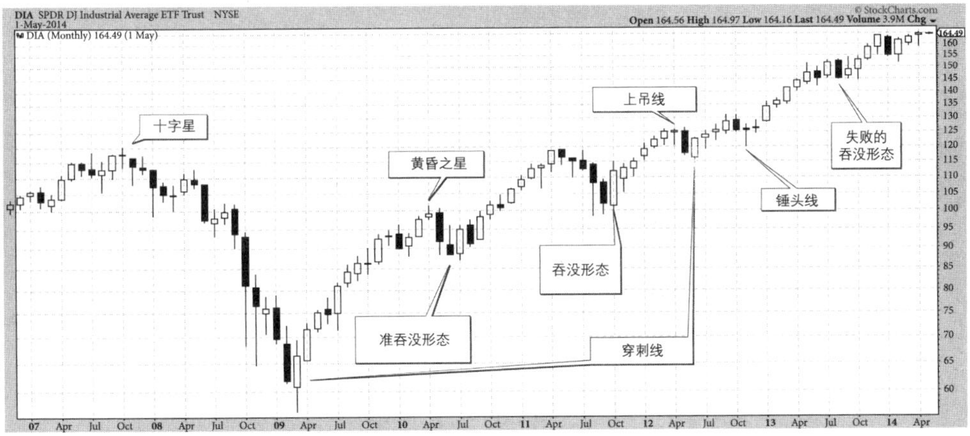

图 12–26　**星型和吞没形态（道琼斯蜘蛛消费品 ETF 2007—2014 年）**

2009 年 3 月的时候，市场给我们提供了最佳的入场机会，一根白色的穿刺线宣告市场底部成立。就穿刺线本身来说，它并不能表明熊市结束，因为这根线只能代表短期走势。当你认真分析这张K线图的时候，你会发现，16根K线构成了下跌走势，这16根线没有一根给出潜在行情即将反转的信号，直到穿刺线出现。接下来的三根白色实体阳线宣告下跌趋势结束。我第一次使用准吞没形态来描述后面的走势。因为在这个地方，阳线和阴线的最低点几乎一样，如果它们的最低点不一样，就会形成完整的吞没形态走势。从一般意义来说，这并没有什么大不了的，因为牛市重新回到了上涨的通道中。第二波上涨的走势被真正的吞没形态所逆转，再次出现穿刺线之后，市场迎来了第三波上涨行情。我们注意到这根穿刺线是一根实体阳线，结束了前面出现的熊市上吊线走势。图形的尾部是技术层面非常完美的吞没形态，但很遗憾，这个吞没形态被随后的行情证实是假吞没。

图12–27向我们展示的是俄罗斯ETF走势。首先，压力位和支撑位都得到长实体阳线和阴线的证实。其次，2012年末的时候出现了上吊线。最后，2013年末的时候形成的黄昏之星形态很完美。理想的状态是黑色阴线的上边界形成了反弹行情的高点位置，这条黑色阴线收盘应该低于白色阳线中间点位置会更好。严格说来，这不应该是黄昏之星，因为随后的第三根K线以暴跌的方式宣告下跌行情正式开启。

图12–27 各类K线表现（俄罗斯ETF 2012—2014年）

图12–28以2012年2月上海综合指数为例，为我们提供了一个更有说服力的案例。仅仅从心理层面去考虑。第一根长实体大阳线之后，迎来了12月到1月这

段时间的强反弹。在顶部位置，出现了一根陀螺型 K 线，而且与前一日收盘价之间存在高开缺口，随后迎来了一根长实体大阴线，几乎吞没了陀螺型 K 线前一天长实体大阳线的涨幅。实际上，在这三天里进场的投资者都面临亏损。这意味着接下来的行情走势将会有非常大的卖盘压力。

图 12–28 各类 K 线表现（上海综合指数 2012—2014 年）

我们在 12 月和 1 月的时候也见到了走势完美的吞没形态，但很遗憾，随后的失败锤头线和失败穿刺线表明反弹无效。

结合动能指标的 K 线图案例

脑海里要经常回忆实证方法的重要作用，将动能指标以及其他西方技术指标与 K 线图结合起来分析是一个很不错的方法。图 12–29 以道琼斯住房 ETF 为例，将 K 线图与 25 日变动率指标结合起来分析。在本例中，你会发现在 2011 年 10 月出现了正背离。在突破前期两个低点之后，行情在这里创新低并走出锯齿状震荡。正如图形显示的那样，在锯齿状突破之后，行情迎来了强势反转。事实上，整个市场的走势与标准普尔指数的走势非常相似。当行情突破 8 月到 10 月间的下降趋势之后，每一次震荡犹豫走势都被上涨所化解。

图 12–29 穿刺线与锯齿突破相结合（道琼斯住房 ETF 2011—2012 年）

在图 12–30 中，我们详细分析了标准普尔月 K 线图。当我们看到第三根黑色阴线收盘价位于前面白色阳线中间点位置以下时，认为这个地方的 K 线形态是黄昏之星。这里更像是震荡整理的行情，因为前面经历过一波熊市下跌走势。熊市的底部由一根白色穿刺线确定，此处的 RSI 指标也显示处于超卖状态，并向上突破趋势线。由于下跌来势汹汹，没法构建有效的下跌趋势线。在中间开始出现的温和下跌走势里，我们再次看到了黄昏之星，但是这颗黄昏之星并没有什么意义，因为它很快被牛市吞没形态所战胜。请记住：市场由一个个具体的投资者构成，人的情绪经常会发生改变，所以牛熊态势经常会交替出现。我们继续分析行情的走势会发现，应该紧紧追踪最新的价格形态。毫无疑问，在主流趋势是牛市的大背景下，黄昏之星也只是逆走势的信号而已，并不是走势真正发生了逆转。

图 12–30 K 线与动能的结合分析（标准普尔 ETF 2006—2014 年）

接下来的中期顶部出现在 2011 年，由一系列上吊线形成顶部形态，并得到价格和 RSI 趋势线突破的确认。我在这个图形中用“温和”一词来形容行情的走势，因为效果良好的上吊线形态应该是比较长的腿线配合比较短的头部实体。一般这个长度比为 3：1，此处的上吊线当然满足这个条件。只是比例太大会导致更大幅度的下跌。在本例中，下跌调整行情结束也是由牛市吞没形态所确认。最后，2012 年初迎来了一波修正整理行情。其实并没有什么实际意义，因为一根穿刺线几乎立刻出现，让行情很快进入继续上涨的态势。我用震荡巩固来形容这根穿刺线，因为这里的修正可有可无，存在感比较弱，市场主流上涨行情态势明显。

图 12–31 向我们展示了辉瑞公司在 2011 年 9 月的镊子型顶部的形态，图形的时间轴是以小时为单位。有两根 K 线触碰到了压力位，中间的那根 K 线其实没有触碰到压力位。不管怎么样，这里的 K 线组合表示此处代表着那个时间段的压力位，而且九小时的 RSI 指标也显示处于超买状态，价格自然会面临下跌。随后，我们看到在经历了更多的下跌行情之后，K 线的实体部分变得越来越短，然后出现了一根作用明显的长实体大阳线（腰带线）。它不仅吞没了前一根 K 线，而且还完全

吞没了前面六根K线。这根K线表明买方毫无疑问处于绝对的主动地位。同时还要注意到RSI处于超卖状态，与价格一道，成功实现了趋势线的强力突破。

图 12–31　结合K线与动能指标的小时图（辉瑞）

我曾想过，在快速反弹之后的A点位置，其实是有争议的吞没形态，而且还处于超买状态，理论上这里应该出现更多的下跌走势，但实际上并非如此。镊子型顶部形态是熊市形态的第三个特征。然而，一条很小的锤头线就化解了这个下跌趋势。一般情况下，当信号与主流趋势不一致时，这些形态最终都是以失败告终的。请记住：技术分析只讲概率，从来不会绝对化！所以，你在准备进场前，一定要想清楚什么时候该离场，这一点非常重要。换句话说，你应该准确地衡量为了获得潜在的收益，需要承担多少风险！不过，这是我们最后一章讨论的主题。

小结

1. K线与西方技术分析的图表功能类似，向我们揭示同样的价格信息，但是K线能够比西方图表分析技术更及时地向投资者发出趋势反转的信号。

2. 在时间跨度上，K 线指标给出的是更加严格的短期信号。

3. K 线指标非常重视开盘价和收盘价，这是 K 线的实体部分。最高价和最低价由上下影线来表示。

4. K 线可以构建反转形态和持续形态。

第 13 章 用相对强势指标战胜市场

概念分析

大多数技术分析工具都会告诉你何时买入，但相对强势指标则告诉你买什么。它通过对比两只证券来构建指标。有一点非常重要，这里所说的相对强势（RS）与我们第11章分析的、威尔斯·怀尔德提出来的相对强势指标（RSI）完全没有关系。我在这里所说的相对强势指的是比较它们的相对强度，用一只证券除以另外一只证券，把结果连成一条线。我们可以用好几种方式来表达这一思想。

RS 可以用来比较两类不同的资产，比如对比分析股票和债券，或者把一只股票与另一只股票进行对比。不管怎么样：

> **重要的技术分析原则**：相对强势指标最基本和最重要的应用是将某只股票与市场平均水平相比较。

例如，我们可以比较微软公司与标准普尔综合指数的表现。当用这样的思路使用相对强势指标时，它在个股选择方面就会发挥非常重要的作用。本章我们将会集中讨论如何把个股或行业与市场平均水平进行比较分析。请注意：除非特别说明，在本章中，我们都是把美国股票或行业与标准普尔综合指数进行比较分析。

构建相对强势线

用一个产品的价格除以另外一个产品的价格就可以构建出一条相对强势线。在这个分数中，分子通常是某只股票的价格，分母通常是市场业绩表现，比如标准普尔 500 指数。这一思想可以运用到很多领域。例如，在商品市场领域，可以用某种具体的商品价格，比如玉米的价格，与商品指数相比较，商品指数可以用商品研究局（commodity research board，CRB）指数表示。我们还可以将各个国家 ETF 与明晟指数中的全球股票 ETF 相比较，以此类推。

图 13–1 上半部分是股票收盘价格线，下面那条线是 RS 线。当 RS 线上升时，表明股票的表现比市场要好。在这个案例中，我假定分母是标准普尔综合指数，所以上升的 RS 线表明股票的表现要强于市场指数。随后，个股的价格持续上涨，但 RS 线却掉头向下。这只是意味着个股的表现没有市场表现好，但其本身的价格还是处于上涨趋势中。

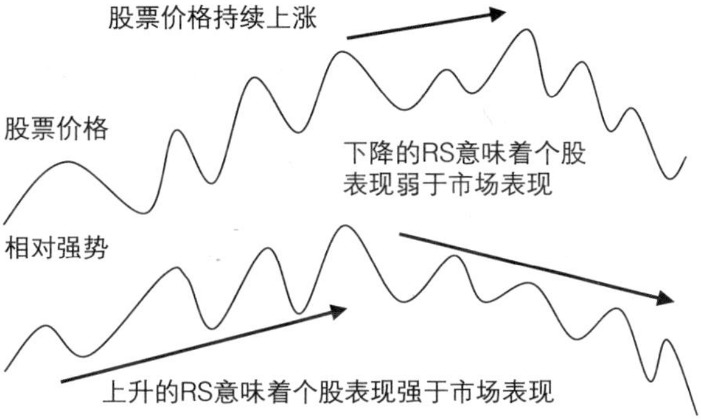

图 13–1 RS 上升和下跌趋势

> **重要的技术分析原则：**相对强势指标最重要的特征是它衡量的是发展趋势，而不是绝对价格。

这表明 RS 指标适用于趋势反转技术分析，这一功能与之前我们所学的价格形态、趋势线和移动平均线穿越类似。对价格本身运行趋势的解读原则也完全适合相对趋势的解读。有一点需要特别强调：RS 指标正如其名字所表达的意思，它重点考察的是相对性！上升的 RS 线并不意味着股票的价格处于上涨趋势中，它只是表明个股的表现要强于市场。它可能是比市场涨得更快，也有可能是比市场跌幅小一些而已。这两种情况下，个股的表现都强于市场。

解读 RS

解读绝对价格发展趋势的方法同样适用于相对趋势解读。不过，相对分析的引入会让方程的解读更具动态特征。这是因为用相对强度来比较两列数据，与单纯地分析两列数据变化还是有很大的差别。

由于 RS 趋势比绝对价格变化更随机，所以我们通过研究，认为以周数据和月度数据构建的图形比用日数据或者日间数据构建的图形更值得信赖。同样的分析原则当然也适用于绝对价格分析，但是在我看来，可能还是更适合于相对强势分析。

正背离与负背离

当绝对价格和 RS 指标都处于上涨趋势，我们称之为“同档”。重要的趋势基本上绝对价格和相对价格都是同步进行的，但最终 RS 线不能确认价格新高。这种情况表明个股可能在接下来的一段时间里将会比市场表现差一些。不过，RS 走弱并不是卖出的绝对信号，这只是表明个股比市场弱，可能会走低，这只是一个相对指标，说明情况发生了变化，由原来的强势地位转变为相对弱势。

这样的情况很常见，所以：

> **重要的技术分析原则：** 价格和 RS 指标的背离，或者出现一系列背离是趋势发生改变的早期信号。

图 13–2 中，最开始的时候，绝对价格和 RS 线处于同档状态，但很快，RS 线与价格趋势出现了三次背离。最终，价格自身完成了顶部形态构建，随后进入下跌趋势。

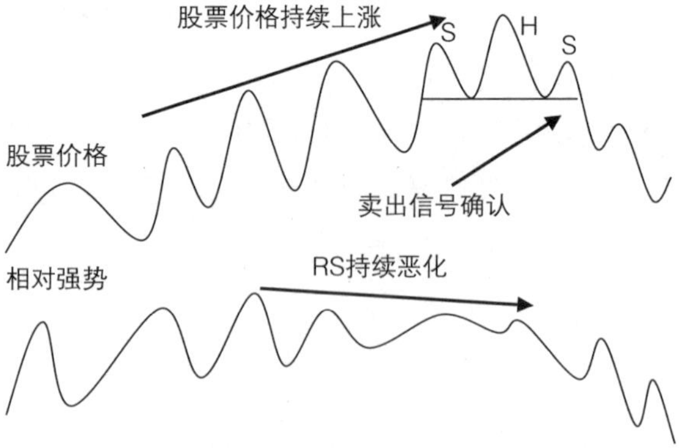

图 13–2 RS 负背离

在下跌趋势中，外界条件发生了完全相反的改变，但两者之间的运行原则依然成立：当 RS 的表现强于价格水平时，这就是积极的信号。图 13–3 就是例子。这一次，形态确认来自价格趋势线的突破。

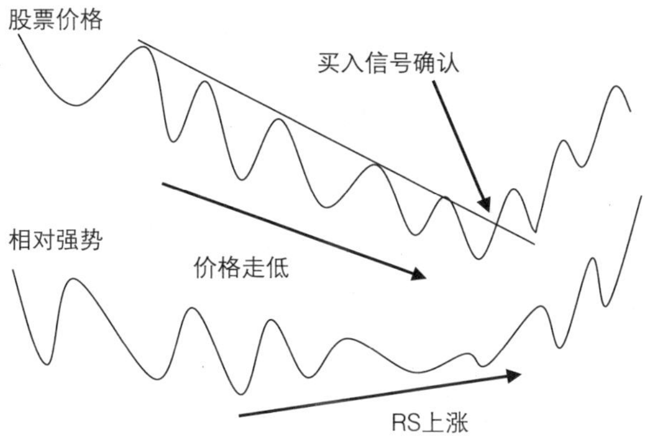

图 13–3　RS 正背离

图 13–4 以 IBM 公司股票为例，构建了一条 IBM 与标准普尔综合指数的 RS 线，这条线在很长的时间周期内经历了好几次负背离。第一次负背离出

图 13–4　RS 负背离（IBM 与标准普尔综合指数的 RS 1983—2007 年）

现在1983年到1987年。我们注意到价格的高点出现在1987年，但这个时候，RS线已经开始快速下降。我们经常会发现RS线都会先于价格走弱，但是如果两者之间的差异很大时，就需要我们认真对待。两者之间的第二次分歧严格说来并不能称为背离，因为RS线在价格之后达到顶点。通常情况下，这是积极的信号，意味着价格会跟着创新高。然而，如果价格不能通过创新高的方式确认强势的RS线，那两者随后都会进入下跌趋势中。这种负差异相当于确认负背离形态。

趋势反转技术

由于相对趋势的演变与绝对价格的走势雷同，所以有关价格的技术分析同样适用于相对趋势分析。

1.MA穿越。有时候，用移动平均线穿越作为趋势发生逆转的信号是一个不错的主意。用同样的方式分析相对强势线一样可行，但是由于RS线的波动性要更大一些，所以这个技术用在RS线分析上经常不能带来盈利，因为这条线会出现太多的锯齿形态。这一点，在短期趋势分析上尤为明显，不过，即便是在长周期移动平均线分析上，诸如简单40周指数线或65周指数线，锯齿形态依然不少。图13–5为我们提供了案例。它包括两条移动平均线，一条是短期的，一条是长期的，用穿越来表示趋势发生改变的信号。该方法当然可以减少锯齿形态，但是这是以牺牲反转信号出现次数为代价的。

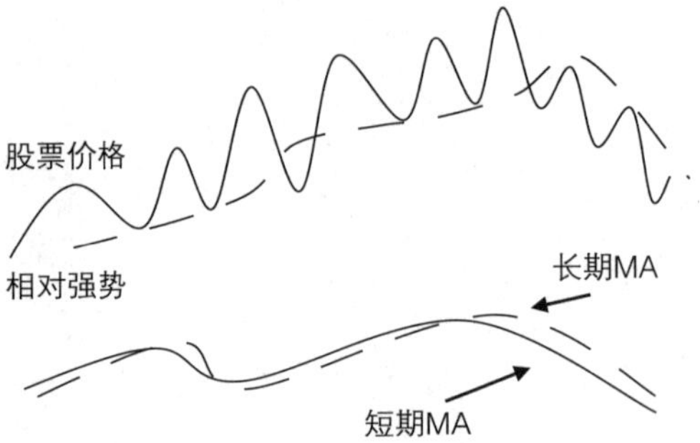

图13–5　在MAs的帮助下提高RS趋势确认的作用

图13–6以日本ETF和明晟指数全球股票ETF为例构建出RS线。图上方是50日移动平均线与RS线相结合。我们可以看到很多锯齿形态。案例图下半部是50日到200日移动平均线的走势。箭头线表示牛市和熊市转换的穿越。虽然并不是很完美，但减少了很多锯齿形态。由于我们分析的整个背景是大熊市走势，所以牛市突破信号比较少。你能够幸运地准确判断出主要趋势的走向，这一点很重要，你可以根据你对风险的态度开展相应的投资活动。

图 13–6 RS 与 MA（日本 ETF 和明晟指数全球股票 ETF 的 RS 2008—2014 年）

2. 趋势线穿越。我认为趋势线能够替代移动平均线，实现与 RS 线的完美结合。这一思想是沿着 RS 线画出一条趋势线，通过观察趋势线是否出现突破走势来确认反转信号是否成立。这条趋势线可以对 RS 形态改变引发价格变化进行确认。图 13–7 向我们展示了上涨趋势转为下跌趋势的确认过程。

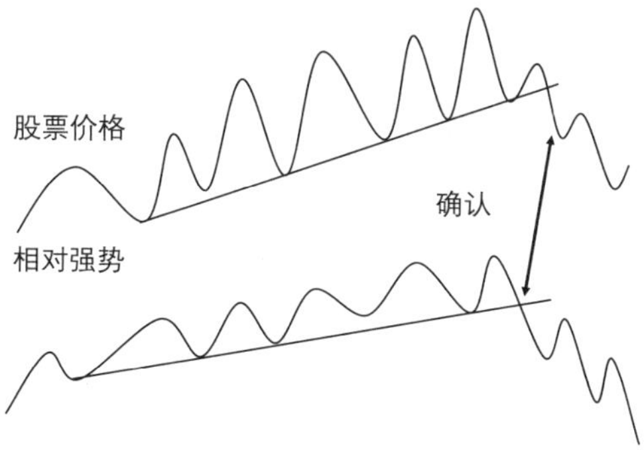

图 13–7 RS 与熊市趋势线突破

图 13–8 向我们展示了用这一方法可以有效地确认买点。首先要做的就

是耐心等待 RS 线的反转。然后，当价格同样出现反转信号时，买点得到确认，你就可以买入了。这样的信号很少同时出现，但是一旦它们同时出现，你就可以大胆行动。在本例中，正背离增强了 RS 线的信号作用。背离并不代表着买入信号，但是背离为积极行动提供了外界环境，表明技术形态正在不断优化。与此同时，股票价格运行形态得到确认，这个确认未必是突破走势，只要能够确认向上反弹形态完成就行。当然，这个形态一定要值得信赖。我要再次强调值得信赖这个词，移动平均线突破或者其他的反转信号等，都是值得信赖的技术指标。

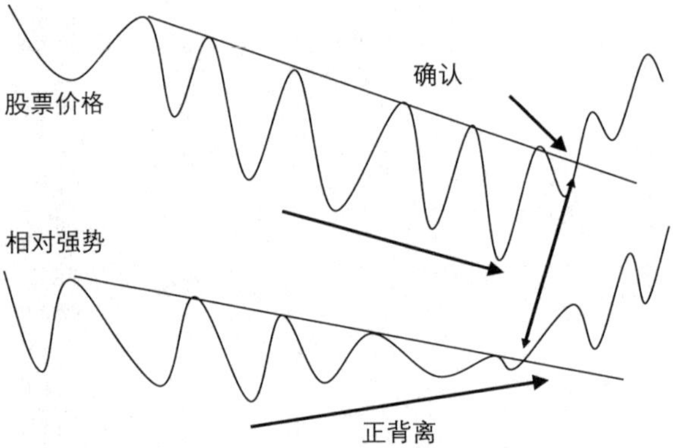

图 13–8　RS 与牛市趋势线突破

图 13–9 表明相对指标也可以用来比较两类资产。在本例中，我们会对 CRB 综合指数和标准普尔综合指数加以比较分析。在冲向 A 点位置之前的大多数时间里，

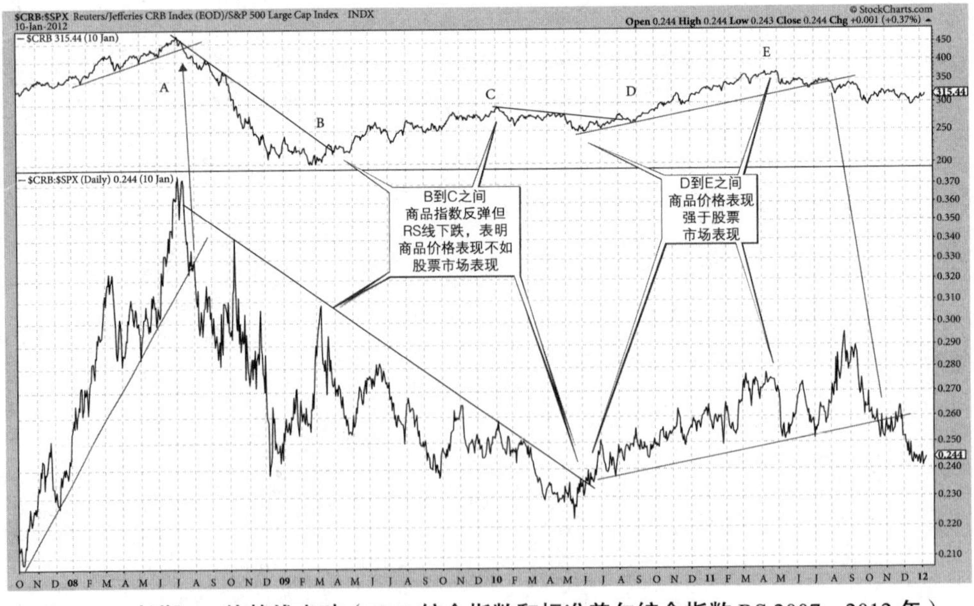

图 13–9　长期 RS 趋势线突破（CRB 综合指数和标准普尔综合指数 RS 2007—2012 年）

RS 线都是向上的，说明商品综合指数表现较好。现实生活也确实如此，从 2010 年夏季到 2011 年春季的这段时间，商品指数比标准普尔指数表现优秀。在 B 点到 C 点这个区间里，商品价格指数在经过前期下跌之后，处于反弹行情状态。不过，RS 线却显示股票市场指数要强于商品价格指数，因为 RS 线依然处于下降趋势中，直到 2010 年春季才形成突破。从 D 点开始，一直到 E 点位置，商品价格指数表现都比标准普尔指数强，这一趋势也被随后出现的 RS 线反转所确认，RS 线的这一上涨趋势一直运行到 2011 年底才再次反转。

3. 价格形态完成。价格形态同样可以用于相对强势分析。在图 13–10 中，RS 线就完成了头肩顶的形态。这表明 RS 线趋势已经发生反转，而且有足够的证据证明从价格走势相对较弱的股票换到价格走势相对较强的股票是完全合理的选择，RS 线随后的走势也会佐证这一转变的正确性。不过，这并不表明股票的绝对价格即将下跌，尽管在很多情况下，股票的价格确实在下跌。在这个特别的案例中，当短期水平的趋势线被突破之后，绝对趋势发生反转的信号就确立了。这是因为不断抬高的一系列底部和顶部位置已经发生了逆转。请注意：尽管随后的价格反弹依然是在趋势线之上，但这并不影响波峰–波谷形态的进程，趋势依然是负背离的状态。

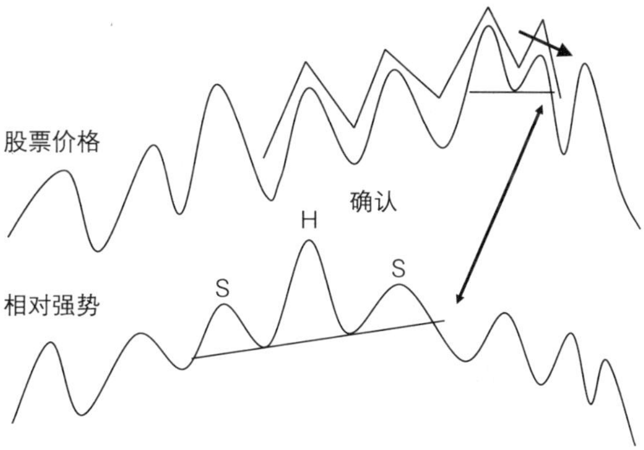

图 13–10 RS 与熊市价格形态

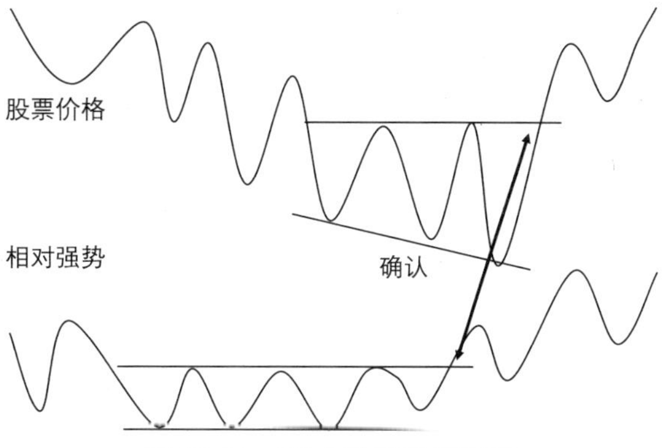

图 13–11 RS 与牛市价格形态

图 13–11 向我们揭示的是价格形态从下跌趋势转向上涨

趋势。首先，RS 线与价格走势出现了积极的分离状态。这向我们发出最初的信号，即两个趋势都会发生改变。然后，RS 线开始了长方形箱体震荡，继而向上突破，价格随之完成了宽幅平台整理，整理完成之后，也开始向上突破。

图 13–12 向我们展示了印度 ETF 和标准普尔 ETF 两者之间在 2009 年春季形成的牛市对称三角形 RS 线。我们注意到随后的走势是正背离状态，价格走势也确认双底形态构建成功。B 点位置出现负背离，在完成头肩顶形态之后，RS 线从 C 点位置开始加速赶底。最后，RS 线在 D 点位置向下突破对称三角形形态。

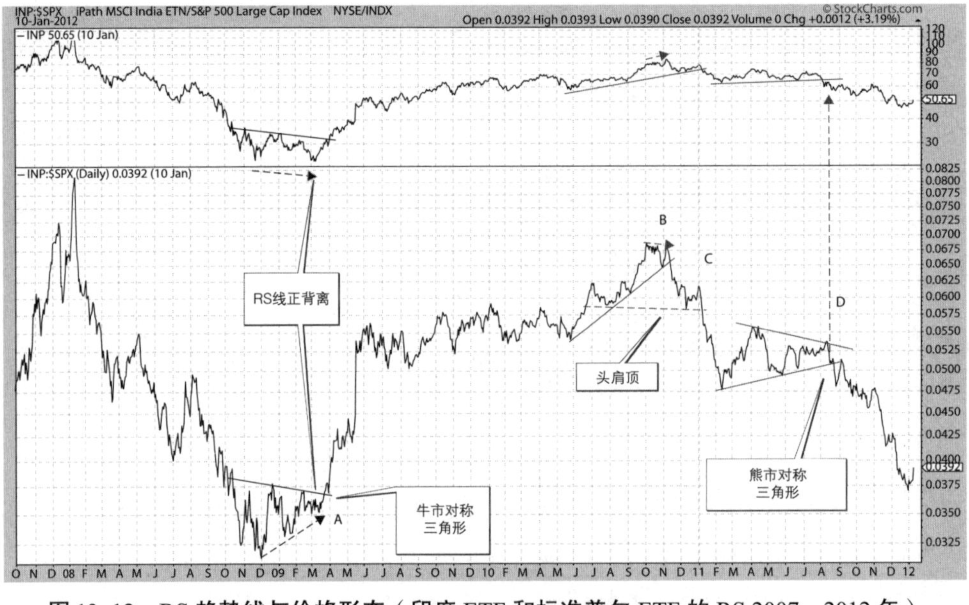

图 13–12　RS 趋势线与价格形态（印度 ETF 和标准普尔 ETF 的 RS 2007—2012 年）

> **重要的技术分析原则：**当一条 RS 线不仅拒绝确认价格趋势，而且还在原有趋势下创新低，价格或早或晚会跟随这一趋势，这一信号通常是值得信赖的。反过来也是如此，相对强势指标会带动价格的弱势反弹趋势。

长期相对强势

图 13–13 用铜的月度收盘价与 CRB 商品综合指数相比较，这个图形的时间跨

度非常长，包含了近三十年的数据。这条长期 RS 线非常有用，因为它能够向我们提示长期趋势是如何演变的。毫无疑问，将周期放长，不会出现很多信号，不过一旦信号出现，那就意味着反转趋势会持续很多年，甚至数十年。例如，2003 年下半年的时候，长达数十年的下跌趋势被突破后，价格走势和相对强势双双都确认了向上突破的信号，于是在接下来的几年时间里，一波强势反弹如期而来。

图 13–13 长期 RS 趋势线突破（铜与 CRB 商品综合指数 RS 1991—2008 年）

很明显，没有人会每周都花时间研究这些长期趋势是否发生改变，但是回顾长期趋势相对强势线是非常有用的，特别是当主要趋势形成之后，用这一分析技术能够帮助我们确认未来趋势的发展，至少可以每个季度回顾一下长期趋势。然后，我们可以在季度分析的基础上，将分析周期缩短，以月度数据为研究对象，随后，逐步推广到周数据和日数据，这样就可以让我们更好地分析整个趋势是如何演变的。

图 13–14 从长期视角向我们展示了道琼斯周期消费型 ETF 的绝对价格和相对强势走势，在箭头线 A 所指的位置，我们首次看到负背离态势。当到了箭头线 B 所在的位置时，价格创出新高，而 RS 线却快速走低，这说明市场即将走弱，随后在 2007 年 4 月两条线出现的快速下跌趋势也确认了这一信号。不过，在 2002—2009 年的熊

市走到一半的时候，RS线在底部爆发，随后与价格线经历了一系列正背离。到2009年4月，熊市末端的时候，RS线已经成功向上穿越多年的趋势线，价格线随后也完成了双底形态的构建。这几年的行情向我们证实，价格指标和相对强势指标都成了牛市的领先指标。请记住：趋势大逆转的信号都是最先从相对行动中表现出来的。

图 13–14 RS价格形态、趋势线和背离
（道琼斯周期消费型ETF与标准普尔综合指数RS 2004—2011年）

相对强势与动能

分析相对强势行为最有效的方法之一就是将动能指标分析原则应用于相对强势

分析中。这是因为相对行为本身就具有很强的周期性，而动能指标分析的原则正好满足这个特点。

长期趋势

因为经典的趋势决定分析技术都可以用于 RS 线分析，所以我们可以将源自 RS 线分析的动能指标考虑进来，让我们的分析变得更加全面。尽管动能指标非常适合短期分析，但我相信，在长时间跨度内使用动能指标分析一样有效，因为分析周期越长，就越能平滑各种意外波动带来的影响。

图 13–15 向我们揭示了费城银行指数与标准普尔综合指数的 RS 线变化情况。案例图的下半部分是相对形态的 MACD 线。尽管这条线并没有向我们完美地展示长期 RS 趋势是如何演变的，但毫无疑问，分析的出发点还是值得信赖的。MACD 的高点和低点与长期 RS 线的转折点基本是重叠的，但我们还是有必要讨论一下 RS 线本身出现的趋势突破形态。事实上，MACD 在 2009 年春季的时候就出现了买入信号，但这一买入信号并没有得到趋势线突破的确认。1997 年和 2004 年 MACD 出现的卖出信号都得到 RS 线突破的确认。值得注意的是，RS 线本身比绝对价格运行

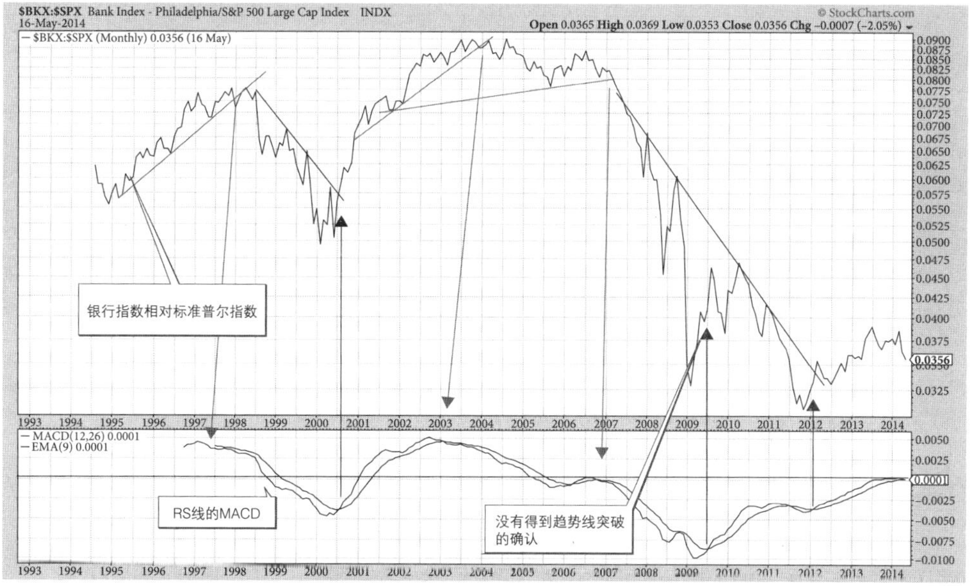

图 13–15　MACD 月度 RS（费城银行指数与标准普尔综合指数的 RS 1992—2014 年）

更具周期性特征，这是因为市场整体呈线性发展的时候，行业内部经常出现周期性波动。因此，当用来描述相对形态的主要趋势变化的时候，MACD 等指标还将自身运行特征也涵盖在内。

一旦 RS 长期趋势分析的方向和期限确定之后，我们就应该对短期趋势加以分析。

短期趋势

图 13–16 向我们刻画了道琼斯经纪人 ETF 的相对强势形态。在这个案例中，我会用到 24/15/10 相结合的随机指标。图形中，箭头线向我们指明了牛市和熊市的穿越情况。在 A 点位置，我们看到了买入信号，但由于坡度太陡峭，这里构建的下降趋势线意义不大。不过，RS 动能指标给出的买入信号得到了价格向上突破信号的确认。在 B 点位置，我们看到了随机指标穿越获得了另外两条趋势线的确认。C 点

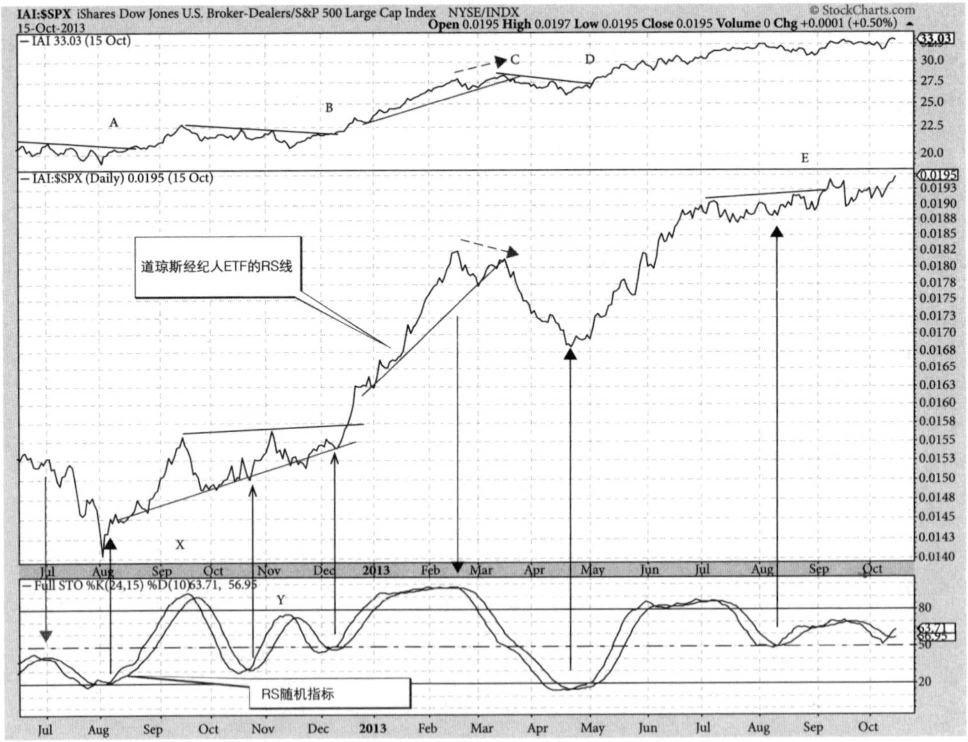

图 13–16　RS 线的随机指标（美国道琼斯经纪人股份 / 标准普尔 500 大公司指数）

位置出现的随机卖出信号存在负背离形态。这一信号随后被价格和 RS 线突破所确认。D 点位置随机指标给出的买入信号得到了价格上涨的确认。在本案例中，相对强势指标的下降过于陡峭，不利于下降趋势线的构建。E 点位置代表一系列锯齿形态，RS 线也未能突破压力线的限制。尽管价格和 RS 线最终都是向上运行的，并没有给投资带来太多损失，但这也表明，这一分析方法并不像我们所期望的那样有效。最后，X 和 Y 点出现的两处随机卖出信号失效，原因就在于它们并没有得到 RS 线突破趋势线的确认。

小结

1. 相对强势指标是用一只证券的价格与另外一只证券的价格进行比较。将比较出来的结果画成一条线。
2. 最常见的用法是用某只证券或某个行业指数与市场平均指数相比较。当 RS 线处于上升趋势时，表明这只证券或这个行业的表现要强于市场表现，反之亦然。
3. 绝对价格和相对强势指标之间的背离是潜在强弱对比出现变化的信号。
4. 相对强势指标沿趋势前进。任何用来分析趋势波动的技术分析工具都可以用来分析相对强势线。
5. 分析相对行为主要趋势变化的有效分析工具之一就是长期平滑指标体系。

第 14 章 投资活动中的实用技巧

一些常见的现象

我们花了很多时间学习技术和方法，但学习实务操作和实际投资活动中控制我们情绪与技术的方法一样重要。换句话说，学习和掌握技术分析的理论和原则非常重要，但同样重要的是如何将这些理论和原则应用到实战中，这正是本章所要讨论的内容。阅读这类书，学习一些书本上传授的技术分析方法，是比较简单的事情。在实际投资活动中运用所学的技术分析方法却是另外一回事。因为交易涉及的面很广，受很多因素的影响。不仅仅是理论模型会影响你的决定，你自己的情绪以及市场上其他参与者的情绪也会影响你的投资决策。每个人都对赚钱感兴趣，从做多的角度来看，只有市场处于上涨的趋势中，你才会赚钱，你所赚的利润都是别人的亏损，反之亦然。当市场处于下跌趋势时，卖空才会赚钱。短期市场交易是一个零和博弈游戏，一方的盈利必定是另外一方的亏损。在交易或投资的过程中，消除情绪的影响是目标之一，这也是完全可以实现的，就是要做到尽可能客观。之所以要强调尽可能客观这几个字，是因为你永远不可能彻底消除情绪对交易的影响，不过，你对情绪的把控做得越好，投资效果会越明显。

在《金融怪杰》(*Market Wizards*)这本书中，杰克·施瓦格(Jack Schwager)指出真正伟大的交易者在实际进场之前，都在脑海里演练过自己的交易。这就意味着他们事先确定了在哪儿止损止盈，所以在进行具体交易的时候，如果行情的发展与他们的预期不一样，他们也能够从容地应对。他们都事先准备周密的计划，然后按照计划行事。对他们来说，交易不只是赚钱那么简单，更意味着是战胜自己的挑战。

成功地运用技术分析同样要求合理地管理资产。其中一条，就是在期待赚钱之前先考虑一下，如果出现亏损应该如何办。事实上，你首先应该评估下跌的风险，因为技术分析讲的是概率，从来不存在什么确定性的东西。即便你认为赔率是 90 比 10，那也意味着市场依然还有 10% 的概率与你预期的方向相反。在真正交易之前，准备好如何应对这些不利局面，这一点非常重要。等市场发展与你的预期不一致时，你才会从容地客观处理。

当市场环境发生改变，或者市场并不是按照你的预期前进时，你必须做好调整仓位的准备。从某种意义上来讲，这一章将会重点回顾我们之前所学到的实战技巧。我将会回答两个至关重要的问题：何时买与何时卖。

入场的最佳位置

在入场之前，首要的任务是：

> **重要的技术分析原则：** 在交易之前，合理地评估与你收益目标相对应的风险水平。

总的来说，除非胜率达到 3∶1，否则不要入场。因为这只是预测，所以千万不要用欲望替代客观分析，理性地进行科学分析非常重要。图 14–1 向我们展示了反转的头肩底形态。假设我们想在突破点的位置买入，那么潜在的收益率是多少？风险在哪里？我们都知道收益率就是目标价位。这是头肩底形态中头部和肩部距离的投射距离。另一方面，风险就是价格涨不到这个目标位置的可能性。在牛市中，价格能够上涨到的潜在位置最后没有实现，这就意味着突破形态失败。事先确定目标价位，并在比目标价位高一点点的位置下达卖出指令，这样的操作很有价值。在本例中，比较有参考价值的价位应该是右肩下面的地方。我们同样还可以将头部和右肩相连接画出趋势线，但在图 14–1 中，这一方法可能并不适合，因为前期头部位置下跌太快，这样画出来的趋势线的可靠性比较低。设置止损指令的重要原则是：

> **重要的技术分析原则：** 在目标价位稍高的地方设置止损指令，如果目标价位到达，可能支持交易的最初证据已经发生了重大变化。

图 14–1 表明风险价位，或者说止损价位，应该是在右肩位置下一点点。在本例中，根据投射的最小距离计算，这里比潜在价位要高一点。右肩下面的低位是重要趋势发生改变的关键位置。首先，前期的低点位置代表强支撑位。其次，右肩位置被突破意味着一系列不断抬升的底部和前面的头部被突破。价格如果下跌，将头肩底形态破坏，且关键支撑位没有守住，这些事实足以让投资者选择清仓。如果下跌过程中成交量放大，那更佐证了趋势的运行方向。请注意，我们并不是设定我们能够承担或者准备承担的风险水平。这一指令与市场无关。我们只是在探讨情绪对交易指令设置的影响，因为这个位置的损失对我们来说，接受起来比较从容，但是如果图形上不是这样呈现的，我们的分析就没有意义。可能行情会给我们一个意想不到的结果——让我们瞬间损失惨重。任何按照这种方式设置交易指令的投资者都会在市场信号明确的时候进场，在市场信号并没有发生实质性改变的时候离场。

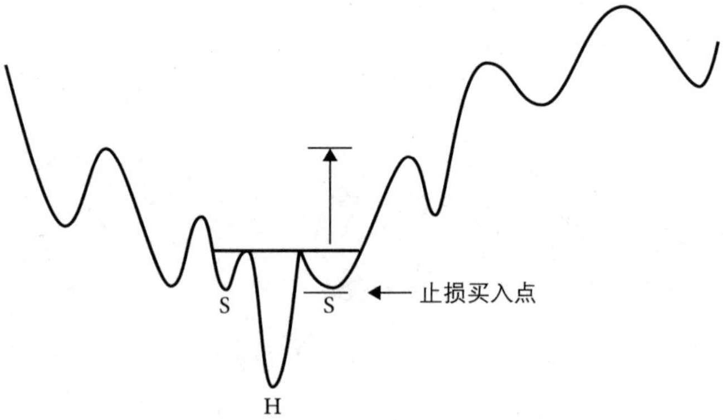

图 14–1　风险测度

设置交易指令的过程，或者只是在脑海里演练这个过程，是非常重要的环节。这会让你在心理上事先告诫自己市场可能如何进展，或者会与你之前的预期偏离。当价格开始下跌时，满怀期待希望市场能够涨回来是大多数人的想法。永远不要迷恋希望，我们要尊重客观事实。如果你是局外人，当看到价格跌到右肩下部时，你可能不会考虑买入。如果你是基于前期价格突破的形态买入股票，但现在突破失败，价格跌到了右肩下部位置，对你来说，依然没有理由继续持有股票。当价格跌到这个位置，或者走势比较犹豫时，请记住果断执行你的交易指令。设置这样的交易指令不只是为了降低风险。如果你发现自己处于这样的境地，不要在最开始的地方买入，因为接下来真实的交易风险 / 回报都是不确定的，不会让你满意。还要再次强调一下，在这里设置止损指令是为了安全起见。在流动性不足的市场，或者对消息反应迅速的市场，价格会快速跌破止损指令位置，从而引发大量交易指令的执行。将各种形态的变化都考虑在内并不是一个坏主意。

在我们前面分析价格形态的时候，突破表示趋势反转的信号，意味着到了入场的好时机。不过，我们不可能总是很顺利地在突破的节点上买，因为有时候价格突破来得太快。在高杠杆的期货市场尤其明显，几秒钟的延迟可能就是上千美元的损失。在图 14–2 中，我们发现行情的突破来自前期震荡整理平台。反弹来势汹汹，上涨趋势很陡峭，不容易买进。不过，随后的回撤行情基本上回到了启动前的位置。在这种情况下，我们可以将下降过程中的反弹高点相连接，构建一条趋势线，当价格向上突破这个趋势线时，就是行情再次启动的时机，此时进场就比较安全。我们注意到突破的时候伴随着成交量的放大，在回撤的时候，成交量有所缩减。最后，在回撤见底之后，行情再次启动，成交量也再次活跃起来。

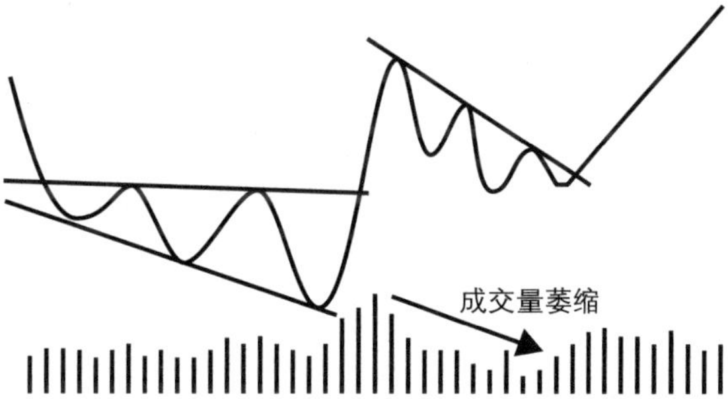

图 14–2 在回撤再次向上突破时进场

图 14–3 向我们展示了蜘蛛消费品 ETF 的市场进入机会。我们可以看到价格经常回撤到前期上涨行情的中间某个点位，所以当价格回撤到前期突破前的位置时入场是一个不错的选择。请记住，支撑位和压力位的角色经常会互换，所以前期价格上涨时候的压力位有多重要，在行情转向下跌的时候，这个位置就会成为同等重要的支撑位。大多数人面临的问题都是当行情再次上涨的时候，买入热情没有第一次那么高涨。事实上，再次上涨的起始位往往都是入场的好时机。本例中入场的好时机就是当价格回撤到延伸的吊颈线附近时。在价格快要回撤到吊颈线延长线位置的随后三个交易日里，都是入场的好时机。这一次反弹力量还是很明显的，因为牛市形态外侧棒出现在图形里。我们还注意到行情回撤的时候，伴随着成交量的萎缩。这一特征更佐证了这次回撤是假的向下突破。外侧棒当天成交量的放大再次确认回撤走势已经结束，价格将再次进入

上涨通道中。

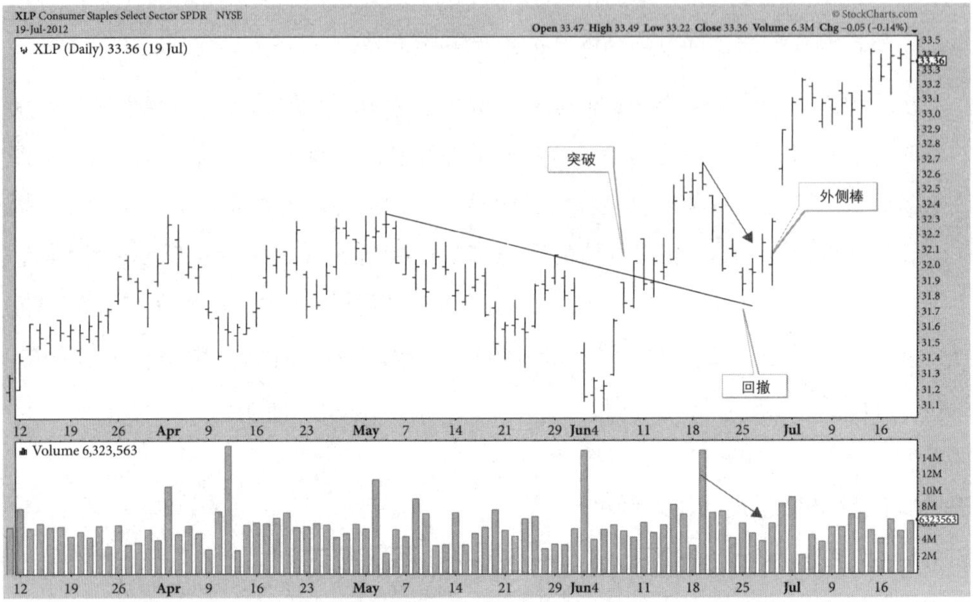

图 14–3　在回撤时买入（蜘蛛消费品 ETF 2012 年）

图 14–4 是明晟全球 ETF 的走势，我们见到的是另外一个突破，这个突破是价格回撤到吊颈线延长线上之后开始的。这里同样是潜在的买入点。另外一个选择是等待回撤结束，价格再次上涨信号明确之后，再选择入场。随后的突破证实这里入场风险非常小。在本例中，我们可以将止损点设在趋势线突破下方的 B 点位置，或者设在将 6 月和 9 月的低点位置相连接形成的支撑线上。如果放在支撑位 A 点，风险会比较大。正如我所提到的那样，一定要密切关注成交量的变化，因为行情在回撤的过程中成交量会萎缩。在回撤行情结束之后，随之而来的反弹都会伴随着情绪的释放。缺口形态表示情绪集中释放，但缺口最终会被回补，回撤反弹的情绪变化与此类似。总的来说，成交量在行情突破的时候会放大，在行情回撤的时候萎缩，当回撤行情反转的时候又会再次放量。

图 14–5 以道琼斯金融 ETF 为例，其价格突破来自一个复杂的反向头肩顶形态。这一次，回撤走势运行到前期突破点以下，到了反向头肩顶形态的右肩位置。如果你在价格回撤到突破点以下的时候还坚信形态有效的话，从风险 / 收益的角度考虑，

止损指令的设定需要等上一段时间，因为这个形态下止损指令应该设置在右肩水平支撑位附近，而这个点位与回撤的最初高位有一定的距离。随后，价格向上突破回撤趋势线，为我们留下进场的好时机，而进场后将会迎来一波不错的反弹行情。

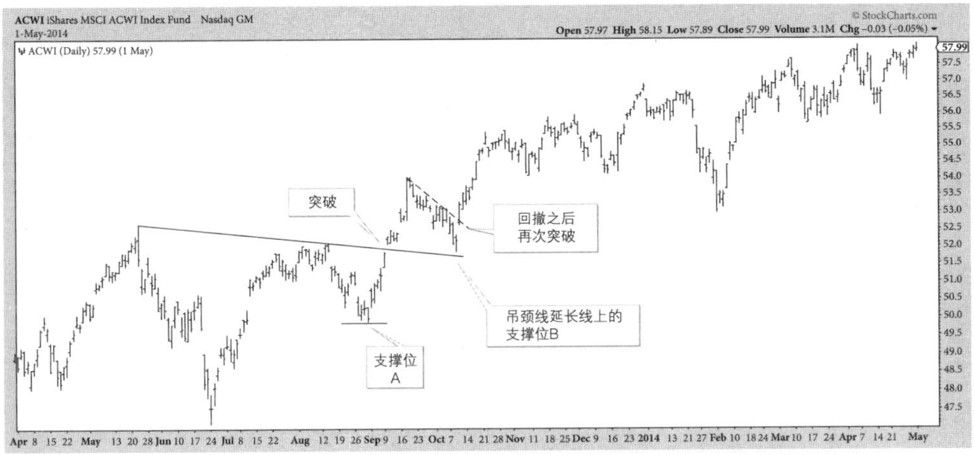

图 14–4　在回撤反弹时买入（明晟全球 ETF 2013—2014 年）

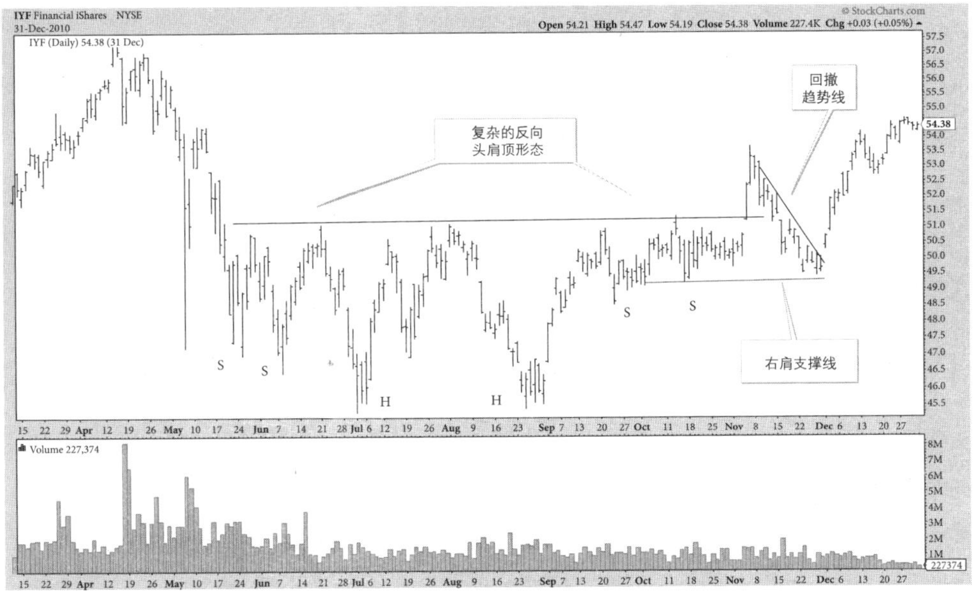

图 14–5　在回撤反弹时买入（道琼斯金融 ETF 2010 年）

同样的回撤分析原则也适用于移动平均线。图 14–6 以 KAR 拍卖服务公司为例，向我们展示了当价格跌到 200 日均线附近且 14 日 RSI 显示超卖的时候，就是进场的绝佳时机。这里你必须加倍小心，因为当主要趋势是下跌行情时，市场对超卖信号并不敏感，所以过分扩展的外界条件并不必然出现反弹走势。在本例中，尽管我们观察到价格位于 200 日均线上方，这就是行情处于牛市的信号，但我们要小心。在任何情况下，我们都应该清楚地知道在哪个点位设置止损指令。在本例中，我们的止损指令应该设置在移动平均线以下，从而为我们构建一个低风险高收益的投资交易。

图 14–6　超卖动能与移动平均线支撑（KAR 拍卖服务公司 2012—2013 年）

图 14–7 向我们展示了牛市环境下道琼斯金融 ETF 的价格走势。纤细的虚线箭头指明 9 日 RSI 指标首次到达了超买位置。由于这是与趋势相反的卖出信号，它们通常出现得都比较早，大多数情况下作用不大。同时，图中比较粗的虚线表明最初的卖出信号开始出现。不过，这两个超卖信号都靠近 150 日移动平均线，图中用实箭头线标注，所以这里就是非常及时的入场点。正如我前面所说的那样，超买线并没有多大作用，因为它包含了太多的反弹，很容易触发卖出信号，但实际上这个卖

出信号又来得太早。我意识到了这点，但这里的思路是我们试图在牛市背景下构建真实的超卖水平。如果我为超买和超卖背景设置更宽的条件，比如 20 日和 80 日，那么在这三年时间里，可能就不会出现任何超卖信号。

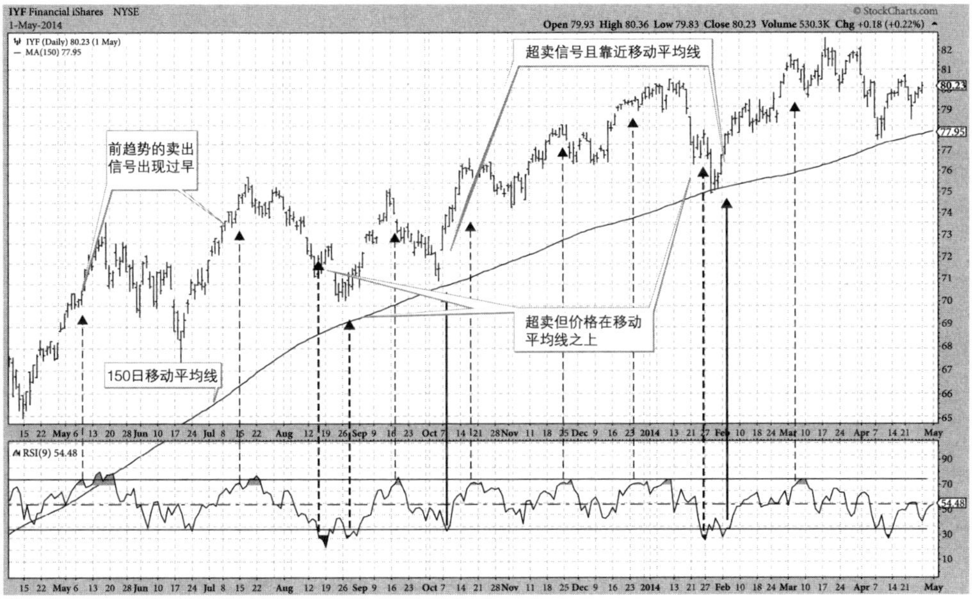

图 14–7　超卖动能指标与 MA 支撑（道琼斯金融行业 2013—2014 年）

因为技术分析讲究的是概率问题，特定方向下值得信赖的指标数值越大，信号成功的概率就越高，信号就越值得信赖。

图 14–8 向我们展示了标准普尔 ETF 的案例。向上趋势线在 RSI 处于超买状态的外侧日被突破。在本例中，我们提供三个重要的证据证实短期反转成立，这三个证据是：外侧日、趋势线突破和过分延展的环境。空头的短期止损指令应该设置在外侧日的高点以上位置，因为这个位置代表图形上的情绪释放点，从而也是潜在的压力位。虽然这次的交易策略效果不错，但我还是要给各位提个忠告，这是在主要趋势为牛市的背景下起作用的，如果主要趋势是熊市，这种交易策略很可能会失败。

图 14–9 以政府五年期债券为例，向我们展示了多个证实信号的不同形式。在这个例子中，价格向上突破形态在同一天完成，同时突破 30 日和 200 日移动平均

线。当这样的突破同时出现时，沿着移动平均线向上运行的趋势就形成了。我们可以在图形上很清楚地看到 7.25 美元区域代表着强阻力，一旦这个位置被突破，价格就会向上猛涨。价格随后的走势也向我们证实了宽幅震荡整理形态完成后的突破威力。

图 14–8 超买动能指标与趋势线突破（标准普尔 ETF 2013 年）

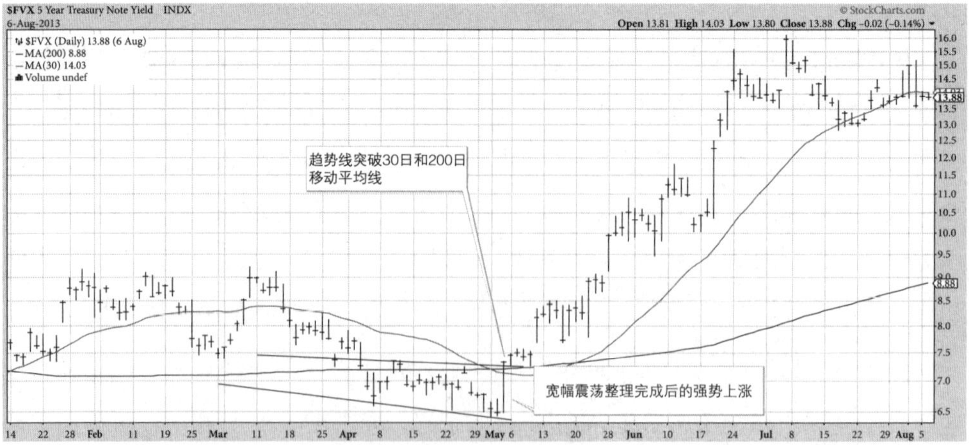

图 14–9 同时完成的价格形态和 MA 穿越（政府五年期债券 2013 年）

图 14–10 我们以银惠顿公司为例，分析几种特殊事件的影响。在 A 点位置，我们看到了价格和震荡指标的双重突破。考虑到趋势线的长度和被触碰的次数，我对上涨趋势有更多的期待。不过，由于这次突破出现在熊市大背景下，所以反向趋势的运行会受到一定的限制。第二个事件出现在 B 点位置，这里的形态演变就比较成功，因为这是在延续之前的下降趋势。这里形态发生转变的诱因是向下反转由过度扩展的 RSI 指标和 200 日移动平均线的虚假向上突破。这是一个不错的卖空机会，因为止损指令就设置在200日移动平均线上方的位置，高度正好与锯齿突破日相等。接下来的事件——趋势线的双突破出现在 C 点，低风险的止损位可以设置在前期比较低点的 19.30 美元。这一次反弹值得信赖，而且价格是从底部一点点走出来的。最后，在 D 点这个位置，趋势线和 200 日移动平均线的双突破其实反弹空间有限，因为 RSI 指标在这个区域震荡得太久。

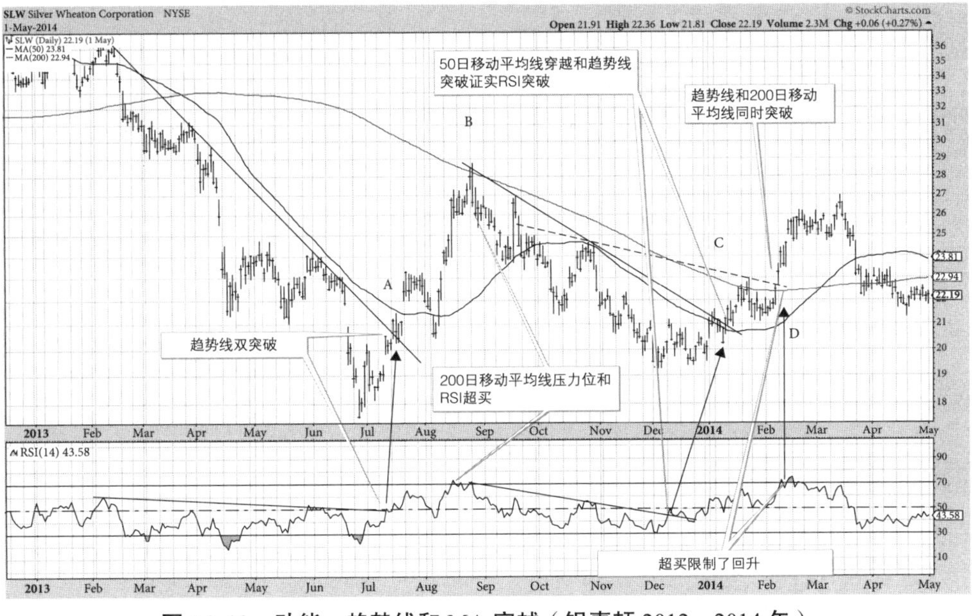

图 14–10 动能、趋势线和 MA 穿越（银惠顿 2012—2014 年）

图 14–11 以石油 ETN 为例，向我们展示了完全不同的另外一种分析方法，这种方法是追踪几条移动平均线，等到它们收敛在一起与趋势线突破或者价格形态的完成同时出现时，才进行交易。2013 年 6 月，我们见到了多条移动平均线黏连在一

起，即使价格很低且显示超买的时候，但并没有哪条趋势线被突破。另一方面，等到了9月末，由于移动平均线向下粘连和趋势线突破同时出现，这里可能是做空的好时机。这里的确也是上涨趋势过程中的吊颈线和倾斜的头肩顶形态重叠区。反弹的高度有限，在15日移动平均线的位置形成了强压力位，因此在这里应该设置止损交易指令。运用多条移动平均线的收敛来分析市场的技术，其作用是双面的。首先，每条移动平均线都代表着一个压力位/支撑位，这取决于价格所在状态。其次，当它们收敛在一起的时候，表示买卖双方之间的力量达到了一个非常均衡的水平。因此，任何打破这个均衡状态的力量，都会促使市场沿着被突破的方向前进，形成一波行情。

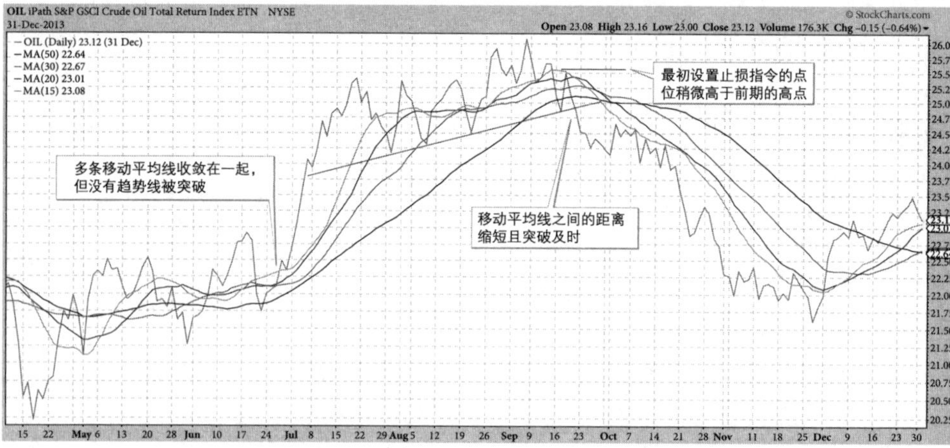

图 14–11 多条移动平均线线收敛到一起（石油 ETN 2013 年）

止盈止损的关键点位

前面的内容我主要是简单地分析了一下在哪里设置止损指令。现在，我们有必要对这个问题进行更深入的探讨。入场是非常容易的事情，毕竟摆在你眼前的机会有很多。我们面临的大多数难题是什么时候离场，不管是止盈离场还是止损离场。这主要是因为我们只有在价格和动能指标等离场信号非常清晰的时候，才会果断地抓住这些卖出机会，选择离场。于是，我们就会在图形上认真寻找前期支持我们入场的那些指标的反面形态。这就是为什么当我们入场的时候，就必须想好离场对策，不管是选择止盈离场还是选择止损离场，都需要事先做好准备。如果与大多数成功的投资者交流，你会发现他们更偏保守和小心，我的意思是他们经常会设想当市场没有按照他们预期的那样前行时，应该如何办，并且在脑海里反复演练退出策略，不管是止盈退出还是止损退出。

总的来说，当你在某个价位入场的时候，你就要设置好离场的交易策略和卖出点位。这样，你在投资过程中面临的风险就大大降低了。当你准备为手里的股票设立止损止盈指令时，你应该这样问自己："如果当前趋势继续上涨的概率显著下降，那么股票价格将会落在哪里？"因为这是交易决策，不同于投资决策，这里所说的当前趋势要么是短期，要么是中期，不会像普通投资项目那么长。通常情况下，你需要时刻盯着关键支撑位。当支撑位被突破，趋势发生逆转的概率会提高不少。诸如真实的价格水平、趋势线、趋势延长线、移动平均线或前期相对低位都可以是支撑位。

在图 14–12 中，我们在现实生活里会经常遇到，当价格穿越移动平均线，也即图中的虚线，以及实线画出来的趋势线和前期低点时，形态即将发生逆转，价格运行本身就给出了卖出信号。

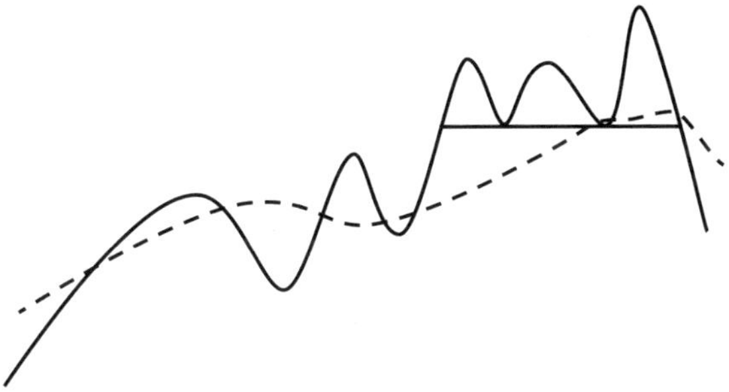

图 14–12　收敛的趋势线和 MA

另外一个问题是，是否在日间交易或者收盘价基础上设置止损止盈指令。我们假定所有的价格线都是处于同等重要的位置，收盘价构成的图形同样重要。这是因为仅由收盘价构建的图形反映的是持有头寸的交易者愿意持股过夜，这就让图形的每一点都变得有价值、值得信赖。相比较而言，柱状图比锯齿图更直观。当投资者考虑是否准备持股过夜的时候，不要忘记日间交易与收盘价相比，更容易受到市场操控和流言的影响。

我刚才说的所有线都是同等构建出来的，我的意思是，当两条趋势线，一条是将日间交易的高点相连，另外一条是将收盘价相连，它们俩的长度应该基本相当，而且被触碰到或接近的次数也差不多。假设日间交易线被触碰或接近的次数为四五次左右，而收盘价构建出来的连线只被触碰两次，我倾向于选择相信柱状图，因为柱状图能够更好地反映市场潜在的趋势。

脑海中要记住的一件重要的事情是，平缓的或者稍微上涨或下降的移动平均线穿越比向上或向下角度陡峭的移动平均线穿越更值得信赖。因为在快速上涨趋势中，行情回撤到移动平均线上，更容易找到支撑位。事实上，移动平均线以角度陡峭的方式上升很有可能为我们提供了一个低风险的买点。稍微高过移动平均线的地方便是止损指令设置的点位。同样，当移动平均线以比较平缓的速度上涨时，保持这样的上涨速度比较容易，所以累积的盈利会越来越大。

图 14–13 向我们展示了以色列 ETF100 日的移动平均线。总的来说，陡峭的穿越给出的信号，可信度一般都比较低，但 2010 年 9 月出现的信号是一个例外。我们注意到 2011 年夏季的移动平均线比较平缓，构成了价格的重要支撑位。

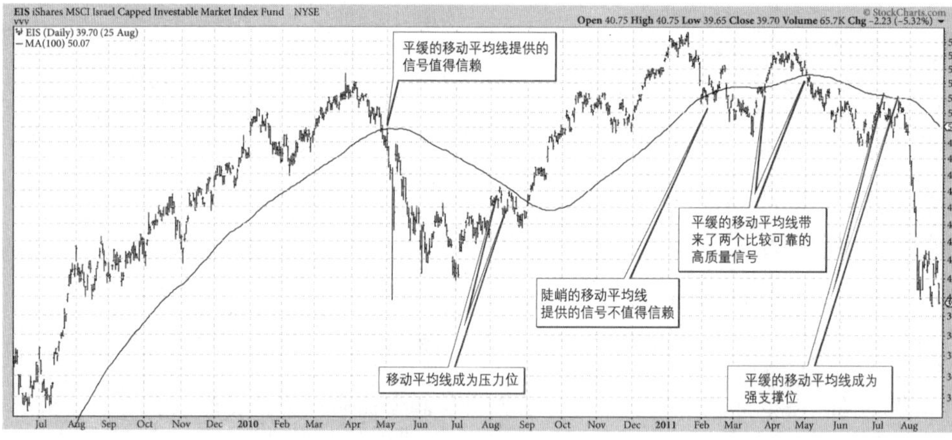

图 14–13 陡峭的和平缓的移动平均线穿越（以色列 ETF 2009—2011 年）

图 14–14 以白银 ETF 为例，向我们展示了在特定情况下如何保住盈利，避免亏损。核心思想是当动能指标到达超买数值时很可能会迎来趋势突破，在突破的时候卖出是保住部分盈利的不错选择。当然，这不是趋势反转的信号，但是它代表着这样的点位，即价格进入盈利区间，虽不能准确地在顶部卖出，但在突破时卖出至少会获得一定比例的盈利。

在图 14–14 中，两个非常重要的买点分别是 A 点和 B 点，价格突破下行的趋势线，且 RSI 指标也没有过度扩张。我们永远都不知道趋势将会延续多久，所以在指标进入超买区域，选择卖出保住部分盈利，并不是一个坏主意。当价格第一次运行到超买水平时卖出，往往会获得比较大的利润。在本例中，14 日的 RSI 超买水平是 70。同时，我们注意到反弹过程中的超卖并不会带来多少盈利，这是因为 2012—2013 年间，白银 ETF 的主要趋势是熊市走势。

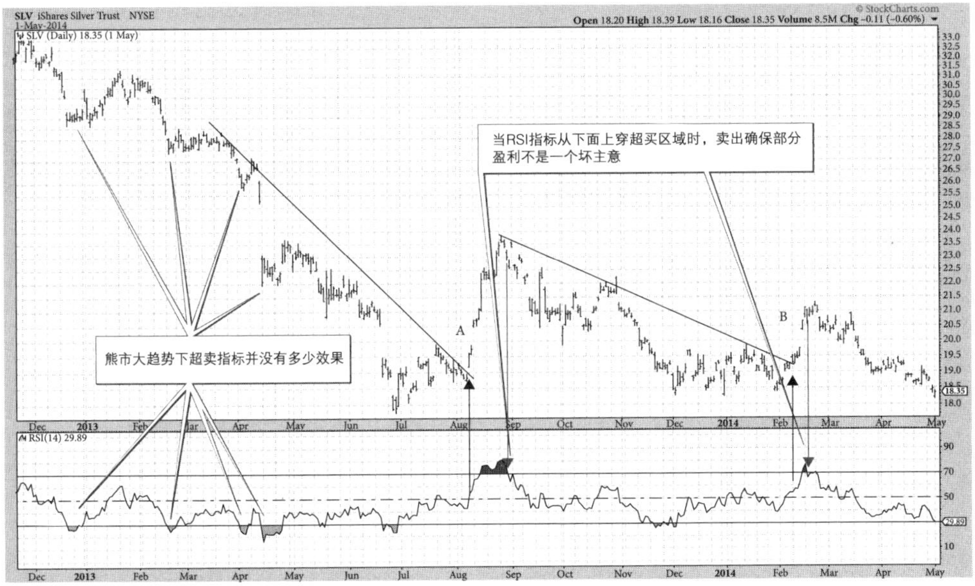

图 14–14　RSI 顶部与底部（白银 ETF 2012—2014 年）

如何应对假突破

不幸的是，假突破是我们生活中必须面对的现实。即便我们从价格形态以及成交量两个角度去分析，发现了一个关键突破，也很有可能我们面对的只是一个锯齿形态。首先要明确的是：当我们入场之后，市场并不是像我们预期的那样前行，我们应该如何应对。当我们已经对行情的发展做了充分的假设，认为行情不可能会是锯齿震荡，且突破看上去特别可信，而事实上行情又不是如我们所假设的那样发展时，提前做好预防便显得格外重要。前面我们已经分析过，在反向头肩顶形态失败的时候，要在右肩下部的点位附近设置止损指令。这并不总是有效的，但某种意义上，提前给自己设一个警告不是坏事。当在趋势线和右肩形态中选择谁做触发机制时，一定要记住：平缓的线比陡峭的线更有说服力，更值得信赖。

图 14–15 向我们展示了谷歌公司 2010 年经历的向上假突破形态。有一件事情可能会影响投资者在应对突破时延迟操作，因为在突破的时候，随机指标处于超买水平，可能会形成锯齿形态。随后的信号基于这样的事实：随机指标处于低位，且显示出现负背离。当价格快速下跌突破上涨趋势线时，锯齿形态得到确认。在顶部的时候，看上去上涨还会继续，但几个月之后，价格明显回落，此时进场成本更低。

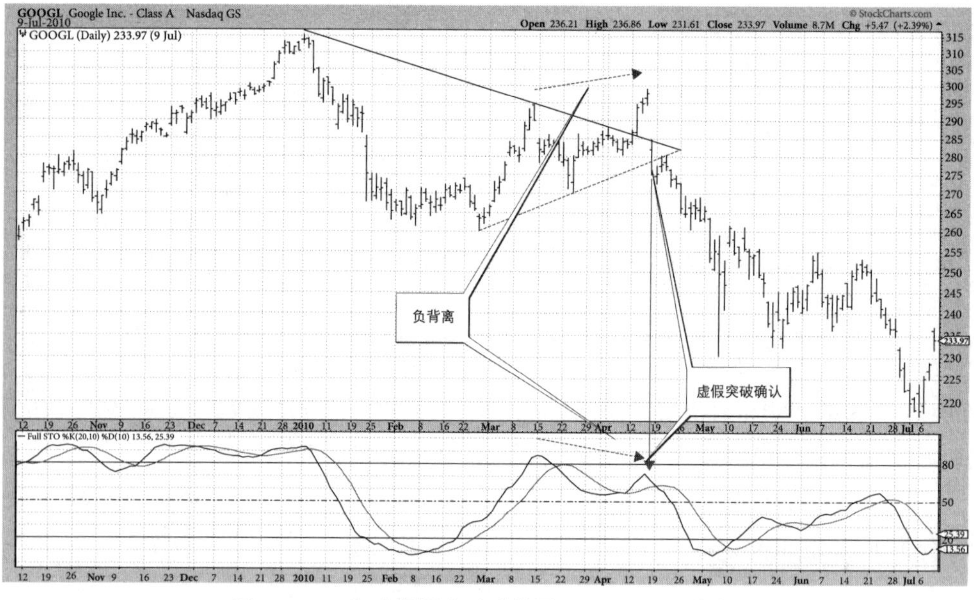

图 14–15 应对虚假突破（谷歌 2009—2010 年）

图 14–16 向我们展示了道琼斯住房建筑 ETF 在下降趋势中的经典锯齿形态。我们注意到在下降趋势跌破支撑线之后，迎来了一根强穿刺线。在白色实体穿刺线当天，收盘价位于趋势线之上，这就是一个非常强烈的信号，意味着前面的向下突破不成立。ROC 和价格之间的正背离是另外一个信号，预示着锯齿形态可能出现。毫无疑问，此刻加入白色实体大阳线之后的下跌趋势被上涨趋势所突破。这是一个很

常见的案例，就是一个向下运行的锯齿形态如何在向上突破之后演变为新的反向锯齿形态。在本例中，基于趋势线突破的止损指令应该设置在水平支撑线以下，这也是紧挨着穿刺线之后的长实体大阳线的开盘价（最低价）所在的位置。你可以回想一下，腰带线的极值点通常代表潜在的支撑位 / 压力位。

图 14–16　下跌趋势的锯齿突破（道琼斯住房建筑 ETF 2011—2012 年）

图 14–17 向我们展示了英镑虚假的反向头肩形态突破。当 2011 年 9 月，价格向下突破上涨趋势线时，锯齿形态就确认了。不过，这里也出现了一些预警信号，意味着突破可能不会成功，因为随机指标出现超买状态，且反弹不能超过前期高点位置，于是出现了负背离。你可能已经注意到在很多类似的失败案例中，动能可能在或者接近极值位置，有些趋势发生改变的背离形态也悬而未决。

案例图 14–18 向我们展示了苹果公司在 RSI 处于超卖状态下两种形态的突破所面临的问题。你应该还记得，超卖状态表明价格应该进行反弹行情，而不是继续下跌。每个锯齿形态都被公平及时的趋势线突破所确认，不管是价格还是动能指标，都是如此。这两次锯齿形态之后都紧跟着意想不到的价格大涨行情，再一次向我们证明了锯齿形态的威力。

图 14–17 应对失败突破（英镑 2010—2011 年）

图 14–18 应对锯齿形态与趋势线突破（苹果电脑 2010—2011 年）

最后，我们来看看巴克莱银行 20 年期信托产品的 40 周移动平均线虚假穿越的案例（见图 14-19），只是这两次突破的成交量都比较小，不够活跃。特别是与 2010

年 5 月的突破相比较，前两次虚假突破的成交量显得尤为不足。2010 年 5 月价格穿越移动平均线，与此同时，一个小型双底形态构建完毕。毫无疑问，这里买入的投资者都是赚钱的。

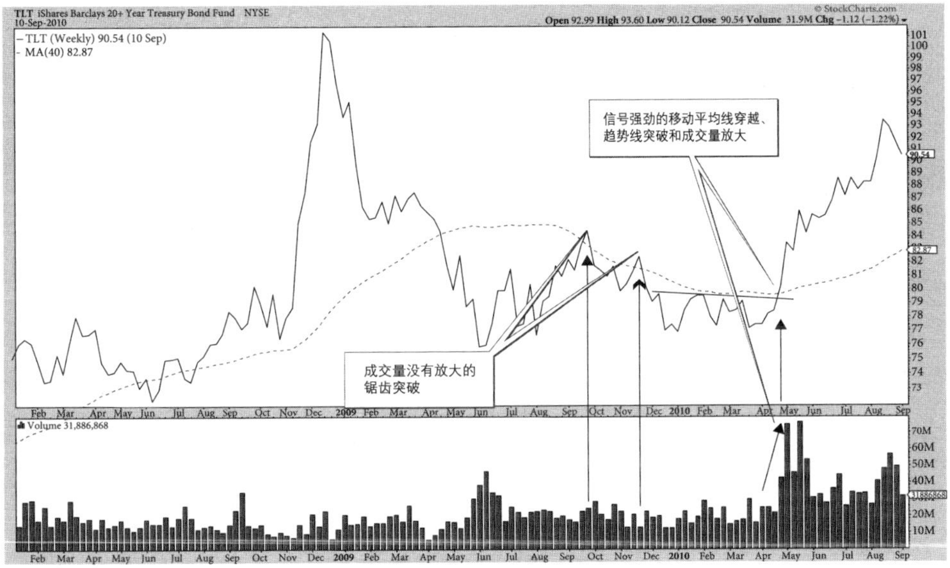

图 14–19　**上升突破过程中成交量显著放大（巴克莱银行 20 年期信托 2008—2010 年）**

小结

1. 如果行情向上突破非常强劲，比较好的一个买点就是行情回撤的时候，特别是在外界环境比较平稳、操作风险比较低的情况下。
2. 脑海里要经常梳理一下：如果行情的演绎与自己预判的不一致时，应该如何撤退。在入场之前，我们就应该在脑海中或者实际操作中设置好止损指令。
3. 当设置止损指令时，要综合考虑支撑位 / 压力位所在区域。这些位置可能是实际价格运行的位置、前期的低点位置、趋势线或移动平均线所在位置。
4. 远离缩量和超买同时出现的向上突破行情。

Martin Pring's Introduction to Technical Analysis,2e

ISBN:9780071849371

北京阅想时代文化发展有限责任公司为中国人民大学出版社有限公司下属的商业新知事业部，致力于经管类优秀出版物（外版书为主）的策划及出版，主要涉及经济管理、金融、投资理财、心理学、成功励志、生活等出版领域，下设“阅想·商业”“阅想·财富”“阅想·新知”“阅想·心理”“阅想·生活”以及“阅想·人文”等多条产品线，致力于为国内商业人士提供涵盖先进、前沿的管理理念和思想的专业类图书和趋势类图书，同时也为满足商业人士的内心诉求，打造一系列提倡心理和生活健康的心理学图书和生活管理类图书。

《巴菲特投资与经营哲学》

- 投资者必读的、系统而全面分析巴菲特投资思想、解秘“伯克希尔·哈撒韦帝国”经营神话的书。
- 首次揭示了巴菲特 60 年来能够保持 20% 回报率的秘密，以及巴菲特的核心财富驱动力。

《聪明的期权投资者：期权交易中的价值投资策略》

- 晨星公司创始人、CEO 倾情推荐。
- 一本系统、有效学习期权投资策略、完善投资组合、改进投资结果的实战指南书。
- 以深入浅出的方式、通俗易懂的大众语言为投资者梳理期权投资中的有效策略，并介绍了通过期权完善个人投资组合应具备的一切要素。

《投资的心理护城河：影响投资决策的非技术性因素》

- 深刻剖析最常见的干扰投资决策的非技术性因素。
- 认清投资决策中易犯的心理学谬误，制定避免投资失败的最佳策略。
- 远离恐惧和贪婪，充分把握市场时机，为投资筑起强大的心理护城河。